信托业内部控制与管理

华澳国际信托有限公司　编著

中国金融出版社

责任编辑：张哲强
责任校对：刘 明
责任印制：丁淮宾

图书在版编目（CIP）数据

信托业内部控制与管理（Xintuoye Neibu Kongzhi yu Guanli）/华澳国际信托有限公司编著.—北京：中国金融出版社，2015.7
ISBN 978-7-5049-7987-2

Ⅰ.①信… Ⅱ.①华… Ⅲ.①信托业—企业内部管理 Ⅳ.①F830.8

中国版本图书馆CIP数据核字（2015）第138548号

出版
发行 中国金融出版社
社址 北京市丰台区益泽路2号
市场开发部 (010)63266347，63805472，63439533（传真）
网上书店 http://www.chinafph.com
(010)63286832，63365686（传真）
读者服务部 (010)66070833，62568380
邮编 100071
经销 新华书店
印刷 保利达印务有限公司
尺寸 148毫米×210毫米
印张 10.25
字数 266千
版次 2015年7月第1版
印次 2015年7月第1次印刷
定价 39.00元
ISBN 978-7-5049-7987-2/F.7547

本书编写组

顾　问：张　宏　杨自理

主　编：赵文杰　方　烨

副主编：杨宇浩　姜福来

组　员：吴坚隽　许　都　董　彦　黎沐松

张王婧　赵　婧　孙彦哲　张　怡

胡天翼　陈　弭　吴　琪　高诚鸿

邵　哲　张　琪

序　一

中国信托业自1979年恢复以来，经历了三十多年的发展和五次大规模的清理整顿，特别是从2007年开始，信托业在分类监管的要求下得到了持续迅速地发展，信托资产规模几乎每年以约万亿元计的增长速度不断刷新纪录，逐步成为中国金融市场不可或缺的重要组成部分。截至2013年底，信托业所管理的信托资产已超过10万亿元，成为继银行之后的第二大金融行业。为了维持可持续发展的态势，并分享信托业高速增长过程中所带来的高收益，强化和提升信托公司内部的管控越来越多地受到关注和重视。

信托公司作为委托人指定的受托金融机构管理着众多的信托财产，信托公司所特有的经营范围广泛、业务品种繁多、产品结构不断创新等特点使其面临的风险比其他金融机构更加多样和复杂，加强和改善信托公司的规范化经营和管理也一直成为外部监管机构监管的重点。2007～2010年，银监会先后颁布了《信托公司管理办法》、《信托公司集合资金信托计划管理办法》和《信托公司净资本管理办法》，并协同证监会、保监会、财政部、审计署共同颁布《企业内部控制基本规范》及配套指引文件。此外，银监会于2014年第二季度颁布了《关于信托公司风险监管的指导意见》，进一步明确和细化了对信托公司防范化解风险和推动转型发展的要求。伴随着一系列的信托政策制度的出台，促使信托业需要进一步加快内部管理的变革，并对信托公司内控体系的建设提出了更高的要求。

华澳国际信托有限公司是一家中外合资的信托公司。华澳国际信托有限公司的前身为昆明国际信托投资公司，成立于1992年，

2009 年迁址上海，并更名为华澳国际信托有限公司。本公司自成立以来，一方面致力于信托产品的创新及业务的拓展；另一方面，不断强化风险的管控，特别是在内部风险管控方面，本公司高级管理层始终坚持内控优先的风险管理理念，逐步通过调整组织架构、完善制度体系建设、建立风险自我评估体系及优化信息系统等方式加强内部控制管理。

此次公司邀请外部专业咨询机构帮助建立内部控制自我评估体系，在项目的实施过程中，合作双方萌发了编写一本信托业内部控制体系建设书籍的想法，因此才有了现在这本书的诞生。本书凝结了华澳国际信托有限公司在内部控制与管理方面的探索、实践以及在项目实施过程中与专业咨询机构在内控体系建设方面共同研究的成果。本书通过解析信托公司的治理架构、信托业务流程，对与信托相关的配套政策，辅以大量实务操作生动案例与分析，对信托公司的内控建设的管理内容及业务控制规范进行深度解读。

本书的编写体现了华澳国际信托有限公司对中国信托业在风险防控和内控建设方面健康发展的关注和贡献。希望本书的出版能够促进我国信托公司对内部控制体系建设的深入思考和有益实践，同时，也希望以本书为起点，与业内同仁共同探讨中国信托业未来的发展之路。

华澳国际信托有限公司董事长

张　宏

序　二

进入21世纪，中国经济以每年超过8%的幅度高速发展，伴随而来的是为支撑实体经济的扩张国内信贷规模的迅速放大，特别是一些非银金融机构利用其所持有业务牌照的优势和特性，为实体经济的发展提供持续的支持。

然而，经济高速发展随之而来的是风险的加剧，特别是近年来由于中央政府调整了宏观经济政策，将稳增长、控通胀、防风险和调结构作为未来发展的目标，中国的经济从高速增长转变为结构调整的重要时期，这也迫使中国的金融机构面临着重大的转变，特别是在风险管控和内部管理上提出了更高的要求。

国内金融机构的内部控制建设起步较晚，与国外金融机构相比存在着较大的差距。银监会于2006年12月8日颁布并实施的《商业银行内部控制指引》以及保监会于2011年1月1日颁布并实施的《保险公司内部控制基本准则》对中国金融服务业中的银行业和保险业的内部控制建设作出了规范。而信托业在经历了历史上五次清理整顿后，行业经营得到规范，业务规模得到迅速的发展，并超过保险业一跃成为仅次于银行业的中国金融服务业的第二支柱。因此，信托业在大发展的同时需要提高其自身的内部控制建设水平，主要体现在两个方面。

一、完善公司内部控制环境

公司的内部控制环境决定了内部控制体系建设的成败。然而，目前信托公司主要致力于业务的发展，往往忽视了公司内部控制环境的建设。公司良好的控制环境应当包括：（一）完善的公司治理架构。公司治理又称法人治理，公司需要明确权力机构、决策机构、执行机构和监督机构相互独立、权责明确、相互制衡的关系，对公司所有权、经营权、决策权和监督权实现分离。（二）合理的人力资源政策。公司实现良好运作的关键是人。人力资源的建设不是仅仅停留在人员招聘和离职，需要综合考量公司目前的经营规模和理念，制定符合公司需要的人力资源发展政策，并且在如何引进人才、如何培育人才、如何留住人才上多下功夫。（三）良好的公司文化。公司文化是一种无形的资产，它是公司长期实践活动中所形成的产物。公司需要建立具有自身特色的价值观念、团队意识、行为规范，为员工打造良好的企业文化环境，需要让员工在公司物质层面和精神层面都具有归属感。

二、构建公司内部控制体系

信托公司现有内部控制体系参差不齐，不少公司相对薄弱，部分信托公司完全缺失内部控制，其主要表现在公司管理架构设置不合理，董事会下属委员会功能缺失；前、中、后台职责定位不清晰，特别是中台风险管理部门风险管控意识薄弱；政策制度体系不完善，部分制度缺失；业务开展过程中不按章办事，随意性较大；未建立或未明确负责内部控制管理的部门，内部控制管理职能缺失；尚未发挥审计稽核部的稽核检查功能，部门独立性较差。因此，一个良好的内部控制体系的构建应当贯穿于公司各个层面的经营活动，它是基于公司战略规划和经营发展计划前提下，从公司董事会、高级管理层、业务管理部门和业务开展部门等层面制定内部控制体系的关键要素，包括内部环境、目标设定、风险评估、风险应对、控制活动、信息沟通和监控，最终实现公司自上而下的内部控制体系。

本书的侧重点在信托业的内部控制基本规范，在考量银行业与保险业过往开展内部控制体系建设的实践经验，同时基于国内外专业机构对金融机构内部控制理论的研究，阐述了信托公司内部控制体系的构建，包括风险的识别、关键控制活动、潜在发生的问题以及应对措施等内容。同时，结合信托业的业务特性，从公司层面、业务层面、管理层面、信息控制层面剖析了关键性风险发生的成因和影响因素，针对每一类风险提出了应对方法和应对策略，并配以实际案例分析。本书以通俗的语言、可操作性的方法和工具、过往实际经验和案例解决信托公司在开展内部控制管理所面临的问题，也为其他信托公司提供参考的依据。我们衷心地希望信托公司在业务大发展的同时能够推动和强化内部管理的需求，并且持续为我国经济的发展贡献力量。

方 烨

（作者系德勤企业风险管理华东区金融服务主管合伙人）

目　录

第一章　内部控制概述 ………………………………………… 1

一、内部控制的发展历程 …………………………………… 1

二、内部控制的要素 ………………………………………… 13

三、内部控制与公司治理 …………………………………… 28

第二章　信托行业内控概述 ………………………………… 33

第一节　信托行业介绍 ……………………………………… 33

一、信托的历史起源 ………………………………………… 33

二、中国信托业的发展历程 ………………………………… 34

三、中国现代信托行业概况 ………………………………… 37

第二节　信托行业面临的风险 ……………………………… 42

第三节　信托行业监管要求 ………………………………… 47

一、信托行业监管现状 ……………………………………… 48

二、信托行业监管趋势 ……………………………………… 51

第四节　信托行业内部控制概述 …………………………… 53

一、信托公司内部控制现状 ………………………………… 54

二、信托公司内部控制特点 ………………………………… 56

三、信托公司内部控制发展方向 …………………………… 58

第三章　内部控制与自我评估体系 ………………………… 63

第一节　内部控制体系介绍 ………………………………… 63

一、建立卓有成效的内部控制环境 …… 63
二、打造以内部控制理念为核心的制度体系 …… 65
三、建立和完善内部控制评价监督机制 …… 67
第二节　内部控制自我评估体系介绍 …… 73
一、内部控制自我评估体系的构建 …… 74
二、内部控制自我评估体系的关键要素 …… 78

第四章　资金信托业务内部控制与管理 …… 87
第一节　资金信托业务的内部控制与管理 …… 88
一、资金信托业务概览 …… 89
二、资金信托业务流程风险与内部控制 …… 90
第二节　集合信托业务的内部控制与管理 …… 115
一、集合信托业务概览 …… 115
二、集合信托业务流程风险与内部控制 …… 115
第三节　单一被动信托业务的内部控制与管理 …… 124
一、单一被动信托业务概览 …… 124
二、单一被动信托业务流程风险与内部控制 …… 125
第四节　融资类信托业务的内部控制与管理 …… 136
一、融资类信托业务概览 …… 136
二、融资类信托业务流程风险与内部控制 …… 137
第五节　证券投资类信托业务的内部控制与管理 …… 148
一、证券投资类信托业务概览 …… 148
二、证券投资类信托业务流程风险与内部控制 …… 151

第五章　事务管理类信托业务内部控制与管理 …… 165
一、事务管理类信托业务概览 …… 165

二、事务管理类信托业务风险与内部控制 …………………… 167

第六章　固有业务内部控制与管理 …………………………… 179
一、固有业务概览 ……………………………………………… 179
二、固有资金标准化投资业务流程风险与内部控制 ……… 180
三、固有资金非标准化投资业务流程风险与内部控制 …… 188

第七章　支持保障体系内部控制与管理 ……………………… 194
第一节　人力资源内部控制与管理 ……………………… 194
一、人力资源管理概览 …………………………………… 197
二、人力资源管理流程风险与内部控制 ………………… 201
第二节　财务管理内部控制与管理 ……………………… 219
一、财务资源管理概览 …………………………………… 220
二、财务管理流程风险与内部控制 ……………………… 225
第三节　固定资产和无形资产管理内部控制与管理 ……… 251
一、固定资产管理概览 …………………………………… 252
二、固定资产管理流程风险与内部控制 ………………… 255
三、无形资产管理概览 …………………………………… 260
四、无形资产管理流程风险与内部控制 ………………… 262
第四节　行政管理内部控制与管理 ……………………… 268
一、采购管理概览 ………………………………………… 268
二、采购管理流程风险与内部控制 ……………………… 271
三、印章管理概览 ………………………………………… 280
四、印章管理流程风险与内部控制 ……………………… 283
五、文件及档案管理概览 ………………………………… 286
六、文件及档案管理流程风险与内部控制 ……………… 289

第五节　信息科技管理内部控制与管理 …………………… 291
一、信息科技管理概述 ………………………………………… 291
二、信息系统开发流程风险与内部控制 ……………………… 293
三、信息系统运行与维护流程风险与内部控制 ……………… 296

第八章　内部审计在内部控制中的地位 …………………… 303
一、内部审计在内控建设中的作用 …………………………… 303
二、内部审计在内控自我评估中的作用 ……………………… 305
三、内部审计在内控自我评估中的工作步骤 ………………… 307
四、内控自我评估报告的介绍 ………………………………… 308

第一章　内部控制概述

内部控制是指企业及员工所实施的权责明确、制衡有力的动态管理过程。内部控制实施的主要目的是提高管理的效率、保证信息质量的真实和完整、保护资产的安全和完整、促进法律规定的有效遵循以及实现企业发展战略的目标。

下面从内部控制的发展历程、内部控制的要素及内部控制与公司治理的关系三个维度对内部控制的框架进行阐述。

一、内部控制的发展历程

（一）内部控制在美国的发展历程

内部控制（Internal Control）最早于 1936 年由美国会计师协会（AICPA）提出，明确内部控制为保护公司资产安全、检查账簿记录准确性而在公司内部采用的各种方法和手段。在内部控制发展的初期，主要表现为对会计账目和工作实施岗位分离和牵制，从而确保会计记录真实完整和财产物资的安全。

1992 年，美国反欺诈财务报告全国委员会（Treadway Commission）赞助旗下单位组成 COSO（Committee of Sponsoring Organizations of the Treadway Commission，COSO），实现了内部控制发展史上的一个重大转折。COSO 于 1992 年发布了《内部控制——整合框架》（*Internal Control—Integrated Framework*）报告，并于 1994 年对其进行了修订。该报告提出内部控制由三大目标和五大要素组成，三大目标包括经营的有效性和效率、财务报告的可靠性以及符合使用的法律法规；五大要素包括控制环境、风险评估、控制活动、信息与沟通以及监督。该报告对内部控制有效性的评估提供了重要指引，其发布得到美国会计总署（GAO）、美国证券交易委员会（SEC）、美国公众公司会计监督委员会（PCAOB）等的认可，于企业之间广泛运用，在世界许多国家产生了极其广泛的影响。

2001年陆续发生Enron，WorldCom等弊案后，对企业内部控制的管控提出了新的要求。2002年美国国会出台了《公众公司会计改革和投资者保护法案》，该法案由美国众议院金融服务委员会主席奥克斯利和参议院银行委员会主席萨班斯联合提出，因此又被称为《萨班斯—奥克斯利法案》（*Sarbanes - Oxley Act of* 2002，SOX，以下简称《萨班斯法案》）。该法案的第302条款及第404条款要求公司管理层应负责建立及维护适当的与财务报告相关的内部控制，在年度报告中包含内部控制报告，以对内部控制实施的有效性进行评价，并且还应由担任年度报告审计的会计师事务所按照公众公司会计监督委员会（PCAOB）发布或认可的准则进行测试和评价，并出具相应的评价报告。从内部控制的演变以及《萨班斯法案》相关规定我们不难看出，内部控制已经从单纯地为管理层服务转变为利益相关者特别是为投资者服务的角度上来，内部控制评价报告已和传统的财务报告一样成为反映公司业绩和管理水平的重要依据。

COSO于2004年发布其第二份报告：《企业风险管理——整合框架》（*Enterprise Risk Management—Integrated Framework*），从单纯的内部控制延伸到企业公司治理及风险管理等范畴，并将内部控制的目标提高至战略目标的层级，也将内部控制的要素由五大要素扩充至八大要素，包括内部环境、目标设定、风险识别、风险评估、风险应对、控制活动、信息与沟通、监控。上述变化已将内部控制上升至全面风险管理的高度。

由于COSO认识到财务报告可靠性的重要程度，因此于2006年发布其第三份报告：《财务报告基础上的内部控制——小型公众公司指导》（*Internal Control over Financial Reporting—Guidance for Smaller*

Public Companies)，报告集中于对财务报告的内部控制目标以及内部控制的要素进行阐述，并基于小型公众公司的特殊情况考虑内部控制的执行成本、效率及效果。由于经济规模的考虑，小型公众公司面临资源分配上的限制，为达到符合成本效益的内部控制，应重视管理职能的分工、防止管理层逾越权限、发挥董事会的治理功能、选择合格的会计人员、管理重点集中于财务报告、导入信息科技及自动化控制以及强化监督功能等。

近年来，COSO 认为如果要落实内部控制，监督功能的有效发挥是不可或缺的，因此组成专业团队积极研究，并于 2009 年发布其第四份报告：《监督内部控制系统指引》（*Guidance on Monitoring Internal Control Systems*），旨在协助企业辨识出现已存在且有效执行的监督程序，以达成内部控制最大效益。同时，通过辨识无效率与无效果的监督程序，提出改善措施，使得内部控制体系更加完善，进而提高目标达成的可能性。

表 1－1 对内部控制在美国的发展历程进行了归纳概述。

表 1－1　　美国内部控制的发展历程

发布时间	名　称	制定组织	内部控制相关规定
1949 年	《内部控制：系统协调要素及对管理者和审计师的重要性》	美国注册会计师协会（AICPA）	针对内部控制的目标、定义及分类进行了阐述
1958 年	《审计程序公报 SAP No. 29》	美国审计程序委员会（CAP）	将内部控制有效区分为会计控制及管理控制
1972 年	《审计程序公报 SAP No. 54》	美国审计程序委员会（CAP）	在将内部控制有效区分为会计控制及管理控制的基础上，提出外部审计人员要重视会计控制，而内部审计人员既要重视会计控制，也要重视管理控制

续表

发布时间	名　称	制定组织	内部控制相关规定
1977 年	《反国外贿赂法案》	美国国会	法案要求在美国证券交易管理委员会管辖下的公司必须维持内部会计控制制度和内部审计制度
1987 年	《Treadway 委员会研究报告》	反欺诈财务报告全国委员会（Treadway）	研究报告要求所有上市公司应在年度财务报告中附列具有管理层签名的内部控制报告
1988 年	《风险评估准则 SAS No. 55》	审计准则委员会（ASB）	提出内部控制的要素包括控制环境、会计系统及控制程序
1992 年颁布，1994 年修订	《内部控制——整合框架》	反欺诈财务报告全国委员会（Treadway Commission）发起组织的委员会（COSO）	明确内部控制是一个由企业董事会、管理层和所有其他员工共同实施的过程，旨在为下列目标的实现提供合理保证：经营的有效性和效率、财务报告的可靠性、符合使用的法律法规。同时提出构成内部控制的五要素：控制环境、风险评估、控制活动、信息与沟通、监督
2002 年	《萨班斯法案》	美国国会	以法律的形式要求上市公司管理层在年度报告中包括内部控制报告，且由担任年报审计的会计师事务所按照公众公司会计监督委员会（PCAOB）发布或认可的准则进行测试和评价，并出具相应的评价报告

续表

发布时间	名　　称	制定组织	内部控制相关规定
2003 年	《最终规则：管理层的财务报告内部控制报告和交易法案定期报告中披露的确认》	美国证券交易委员会（SEC）	明确 COSO 框架可以用作管理层内部控制年度评价和披露所要求的评价框架
2004 年	《风险管理——整合框架》	反欺诈财务报告全国委员会（Treadway Commission）发起组织的委员会（COSO）	明确企业风险管理是一个过程，它由企业的董事会、管理层和其他员工实施，应用于战略制定并贯穿于企业的整个经营过程，旨在识别及管控可能会影响企业的潜在风险事项，并为企业战略目标的实现提供合理保证。企业风险管理有八大要素：内部环境、目标设定、风险识别、风险评估、风险应对、控制活动、信息与沟通、监控
2006 年	《财务报告基础上的内部控制——小型公众公司指导》	反欺诈财务报告全国委员会（Treadway Commission）发起组织的委员会（COSO）	集中于对财务报告的内部控制目标以及内部控制的要素进行阐述，并基于小型公众公司的特殊情况考虑内部控制的执行成本、效率及效果
2009 年	《监督内部控制系统指引》	反欺诈财务报告全国委员会（Treadway Commission）发起组织的委员会（COSO）	强调了控制监督在整个内部控制的实施以及组织目标实现的过程中的重要作用

（二）内部控制在中国的发展历程

中国政府有关部门自20世纪90年代起便逐步开始推进企业内部控制建设。中国人民银行、财政部、中国证监会等机构先后发布过有关内部控制的行政规定。

1999年新修订的《会计法》从法律的角度对内部控制作出规定，要求各企业应当建立健全企业内部的会计监督制度，并由企业负责人承担相应的会计法律责任。与美国的会计内部控制发展的历程相似，中国最初的会计内部控制仍从会计记录保证和财产物资保障的维度出发进行规范。

2001年起，财政部陆续发布了《内部会计控制规范》及“货币资金”“采购与付款”“销售与收款”等一系列规范作为《会计法》的配套措施，该规范针对当时部分内部管理松弛及内部控制弱化的企业，要求其加强与会计相关的控制，形成完善的内部牵制和监督制约机制，以堵塞漏洞，消除隐患，保护财产安全，防止舞弊行为，促进经济活动健康发展。

同年，证监会发布了《证券公司内部控制指引》，该指引以内部控制的五要素为基础，依据证券公司业务活动的特点对其内部控制进行了详细规定，并明确了管理层检查监督内部控制的相应职责，且要求其对内部控制质量作出合理保证。

其间，中国注册会计师协会、证监会、审计署、内部审协会、银监会、上海证券交易所、深圳证券交易所又相继发布了《内部控制审核指导意见》《证券投资基金管理公司内部控制指导意见》《审计机关内部控制测评准则》《内部审计具体准则第5号——内部控制审计》《商业银行内部控制评价试行办法》《关于提高上市公司质量的意见》《上市公司内部控制指引》《首次公开发行股票并上市管理办法》《商业银行内部控制指引》，从内部控制的各维度，针对不同类型及性质的企业进行了内部控制管控的规范，内部控制的理念得到了普遍的宣导及运用。

2008 年，财政部、证监会、银监会、保监会、审计署五部委发布了《企业内部控制基本规范》，这是中国企业内部控制发展历程上的实质性飞跃。2010 年，为增强企业内部控制的实操性，提升内部控制管控的效率与效果，五部委相继于 2010 年发布了《企业内部控制配套指引》，包括《企业内部控制应用指引》《企业内部控制评价指引》和《企业内部控制审计指引》，要求根据《企业内部控制基本规范》，应用指引以及企业的内部控制制度，围绕内部环境、风险评估、控制活动、信息与沟通、内部监督等要素，确定内部控制评价的具体内容，对内部控制设计与运行情况进行全面评价。《企业内部控制基本规范》及《企业内部控制配套指引》的发布及应用标志着中国企业内部控制体系发展的成熟。

表 1－2 对内部控制在中国企业的发展历程进行了归纳概述。

表 1－2　　　　中国企业内部控制的发展历程

发布时间	名　称	制定组织	内部控制相关规定
1985 年，1999 年修订	《中华人民共和国会计法》	全国人民代表大会及其常务委员会	从法律的角度对内部控制作出规定，要求各企业应当建立健全企业内部的会计监督制度，并由企业负责人承担相应的会计法律责任
1997 年	《加强金融机构内部控制的指导原则》	中国人民银行	为了防范金融风险，健全金融机构内部控制机制，中国人民银行制定了《加强金融机构内部控制的指导原则》，从内部控制的目标和原则、内部控制的要素和内容、对内部控制的基本要求、内部控制制度的管理与监督几个方面对建立和健全内部控制机制作出了指引和原则性要求

续表

发布时间	名　称	制定组织	内部控制相关规定
2001年	《内部会计控制规范》	财政部	为了促进企业内部会计控制建设，加强内部会计监督，维护社会主义市场经济秩序，财政部制定了《内部会计控制规范》，其要求加强内部会计及与会计相关的控制，形成完善的内部牵制和监督制约机制，从而有效保护财产安全，防止舞弊行为
2001年颁布，2003年修订	《证券公司内部控制指引》	证监会	为了引导证券公司规范经营，完善证券公司内部控制机制，增强证券公司的自我约束能力，推动证券公司现代企业制度建设，防范和化解金融风险，证监会制定了《证券公司内部控制指引》，以内部控制的五大要素为基础，对证券公司内部控制的内容进行规定，明确管理层检查监督内部控制的相应职责，并要求其对内部控制质量作出合理保证
2002年	《内部控制审核指导意见》	中国注册会计师协会	为了规范注册会计师执行内部控制审核业务，明确工作要求，保证执业质量，中国注册会计师协会制定了《内部控制审核指导意见》，注册会计师接受委托，就被审核单位管理层对特定日期与会计报表相关的内部控制有效性的认定进行审核，并发表审核意见。审核报告的意见段应当说明被审核单位在特定日期在所有重大方面是否保持了与会计报表相关的有效的内部控制

续表

发布时间	名 称	制定组织	内部控制相关规定
2002 年	《证券投资基金管理公司内部控制指导意见》	证监会	为了指导基金管理公司加强内部控制工作，促进公司诚信、合法、有效经营，保障基金持有人利益，证监会制定了《证券投资基金管理公司内部控制指导意见》，规定了内部控制的目标、原则、基本要素及主要内容，要求证券投资基金管理公司制定科学完善的内部控制制度，建立合理有效的内部控制体系
2003 年	《审计机关内部控制测评准则》	审计署	为了规范审计人员在审计过程中对被审计单位内部控制的测评行为，保证审计工作质量，审计署制定了《审计机关内部控制测评准则》，规定了内部控制相关责任归属，并规范了内部控制测评的步骤、方法、内容、重点关注领域等要素
2003 年	《内部审计具体准则第 5 号——内部控制审计》	内部审计协会	为了规范内部审计人员审查与评价被审计单位的内部控制，内部审计协会根据《内部审计基本准则》制定此准则，规定了内部控制审计的一般原则、内部控制的审查与评价及内部控制审计的报告等

续表

发布时间	名　称	制定组织	内部控制相关规定
2004 年	《商业银行内部控制评价试行办法》	银监会	为了规范和加强对商业银行内部控制的评价，督促其进一步建立内部控制体系，健全内部控制机制，为全面风险管理体系的建立奠定基础，保证商业银行安全稳健运行，银监会制定了《商业银行内部控制评价试行办法》，规定了商业银行内部控制评价的目标、原则、内容、程序和方法、评分标准和评价等级、组织和实施等要素
2005 年	《关于提高上市公司质量的意见》	证监会	为了提高上市公司的质量，维护中小投资者的利益，证监会指定，并由国务院转批了《关于提高上市公司质量的意见》，其明确提出上市公司要对内部控制制度的完整性、合理性及其实施的有效性进行定期检查和评估，并要求外部审计对内部控制制度及自我评估报告进行核实评价，并披露相关信息
2006 年	《上市公司内部控制指引》	上海证券交易所	为了推动和指导上市公司建立健全内部控制制度，提高公司风险管理水平，保护投资者的合法权益，上海证券交易所制定了《上市公司内部控制指引》，规定了内部控制的框架、专项风险的内部控制、内部控制的检查监督、内部控制的信息披露等要素

续表

发布时间	名　称	制定组织	内部控制相关规定
2006 年	《首次公开发行股票并上市管理办法》	证监会	为了规范首次公开发行股票并上市的行为，保护投资者的合法权益和社会公共利益，证监会指定了《首次公开发行股票并上市管理办法》，其第二十九条规定了“发行人的内部控制在所有重大方面是有效的，并由注册会计师出具了无保留结论的内部控制鉴证报告”
2006 年	《上市公司内部控制指引》	深圳证券交易所	为了加强上市公司内部控制，促进上市公司规范运作和健康发展，保护投资者合法权益，深圳证券交易所制定了《上市公司内部控制指引》，规定了内部控制的基本要求、重点关注的控制活动、内部控制的检查和披露等要素
2007 年	《商业银行内部控制指引》	银监会	为了促进商业银行建立和健全内部控制，防范金融风险，保障银行体系安全稳健运行，银监会制定了《商业银行内部控制指引》，从内部控制的基本要求、授信、资金业务、存款业务、中间业务、会计、计算机、监督纠正等要素对商业银行的内部控制进行了规范

续表

发布时间	名　称	制定组织	内部控制相关规定
2008 年	《企业内部控制基本规范》	财政部、证监会、银监会、保监会、审计署	为了加强和规范企业内部控制，提高企业经营管理水平和风险防范能力，促进企业可持续发展，维护社会主义市场经济秩序和社会公众利益，根据国家有关法律法规，财政部会同证监会、审计署、银监会、保监会制定了《企业内部控制基本规范》，从内部控制的五大基本要素——内部环境、风险评估、控制活动、信息与沟通、内部监督出发，对企业的内部控制提出了基本要求与规范
2010 年	《企业内部控制配套指引》	财政部、证监会、银监会、保监会、审计署	为了促进企业建立、实施和评价内部控制，规范会计师事务所内部控制审计行为，根据国家有关法律法规和《企业内部控制基本规范》，财政部会同证监会、审计署、银监会、保监会制定了《企业内部控制应用指引》《企业内部控制评价指引》和《企业内部控制审计指引》，规定了执行《企业内部控制基本规范》及企业内部控制配套指引的上市公司和非上市大中型企业，应当对内部控制的有效性进行自我评价，披露年度自我评价报告，同时应当聘请会计师事务所对财务报告内部控制的有效性进行审计并出具审计报告

二、内部控制的要素

内部控制包括控制环境、风险评估、控制活动、信息与沟通、内部监督五大要素，各要素所包含的基本要点见表1-3。

表1-3　　内部控制要素的基本要点①

组成要素	基本要点
控制环境	• 治理结构 • 机构设置及权责分配 • 内部审计 • 人力资源政策 • 企业文化
风险评估	• 风险识别 • 风险评估 • 风险应对
控制活动	• 不相容职务分离控制 • 授权审批控制 • 会计系统控制 • 财产保护控制 • 预算控制 • 运营分析控制 • 绩效考评控制
信息与沟通	• 信息收集 • 信息沟通 • 信息技术支持 • 反舞弊机制 • 举报投诉机制

① 财政部、中国证券监督管理委员会、审计署、中国银行业监督管理委员会、中国保险监督管理委员会，企业内部控制基本规范，财会〔2008〕7号，2008。

续表

组成要素	基本要点
内部监督	• 监督形式和内容 • 缺陷认定和处置 • 内控自我评估

（一）控制环境

控制环境，即企业为内部控制所提供的运行环境，是企业内部控制实施的基础，是所有其他内部控制组成要素正常运行的基本保障。控制环境一般包括治理结构、机构设置及权责分配、内部审计、人力资源政策、企业文化等内容。

1. 治理结构

科学有效的职责分工和制衡机制是治理结构设置的目标。成熟企业通常建有规范的公司治理结构和议事规则，其架构合理，决策、执行、监督职责权限清晰明确。治理结构及议事规则一般主要涵盖企业的股东（大）会、董事会、监事会及经理层：

- 股东（大）会享有法律法规和企业章程规定的合法权利，依法行使企业经营方针、筹资、投资、利润分配等重大事项的表决权；
- 董事会对股东（大）会负责，依法行使企业的经营决策权；
- 监事会对股东（大）会负责，监督企业董事、经理和其他高级管理人员依法履行职责；
- 经理层负责组织实施股东（大）会、董事会决议事项，主持企业的生产经营管理工作。

董事会负责内部控制的建立健全和有效实施，监事会对董事会建立与实施内部控制进行监督，经理层负责组织领导企业内部控制的日常运行。

法律直通车

《信托公司治理指引》（银监发〔2007〕4号）

第二条　信托公司治理应当体现受益人利益最大化的基本原则。股东（大）会、董事会、监事会、高级管理层等组织架构的建立和运作，应当以受益人利益为根本出发点。公司、股东以及公司员工的利益与受益人利益发生冲突时，应当优先保障受益人的利益。

第三条　信托公司治理应当遵循以下原则：

（一）认真履行受托职责，遵循诚实、信用、谨慎、有效管理的原则，恪尽职守，为受益人的最大利益处理信托事务；

（二）明确股东、董事、监事、高级管理人员的职责和权利义务，完善股东（大）会、董事会、监事会、高级管理层的议事制度和决策程序；

（三）建立完备的内部控制、风险管理和信息披露体系，以及合理的绩效评估和薪酬制度；

（四）树立风险管理理念，确定有效的风险管理政策，制订翔实的风险管理制度，建立全面的风险管理程序，及时识别、计量、监测和控制各类风险；

（五）积极鼓励引进合格战略投资者、优秀的管理团队和专业管理人才，优化治理结构。

2. 机构设置及权责分配

结合企业业务特点和内部控制要求设置内部机构，明确职责权限，将权利与责任落实到各责任单位，是机构设置及权责分配的核心要素。成熟企业通常通过编制内部管理手册，使全体员工掌握内部机构设置、岗位职责、业务流程等情况，明确权责分配，正确行使职权。

法律直通车

《信托公司治理指引》（银监发〔2007〕4号）

第四十五条 内控制度应当覆盖信托公司的各项业务、各个部门和各级人员，并融入到决策、执行、监督、反馈等各个经营环节，保证各个部门和岗位既相互独立又相互制约。

3. 内部审计

内部审计工作的有效实施是保证内部审计机构设置、人员配备和工作独立性的主要手段。成熟企业的内部审计机构通常结合内部审计监督，对内部控制的有效性进行监督检查，对监督检查中发现的内部控制缺陷，按照企业内部审计工作程序进行报告，如果为重大缺陷，有权直接向董事会及其审计委员会、监事会报告。

法律直通车

《信托公司治理指引》（银监发〔2007〕4号）

第四十六条 信托公司应当设立内部审计部门，对本公司的业务经营活动进行审计和监督。信托公司的内部审计部门应当至少每半年向公司董事会提交内部审计报告，同时向中国银监会或其派出机构报送上述报告的副本。

第四十七条 高级管理层应当设立合规管理部门，负责公司的合规稽核，对公司各部门及其人员行为的合规情况进行全程监控，协助高级管理层有效识别和管理信托公司所面临的合规风险。

4. 人力资源政策

人力资源政策的有效实施是企业实现可持续发展的重要途径。

成熟企业所制定的人力资源政策通常包括下列内容：员工的聘用、培训、辞退与辞职；员工的薪酬、考核、晋升与奖惩；关键岗位员工的强制休假制度和定期岗位轮换制度；掌握国家秘密或重要商业秘密的员工离岗的限制性规定等。

在选拔和聘用员工方面，成熟企业通常将职业道德修养和专业胜任能力作为选拔和聘用员工的重要标准，切实加强员工培训和继续教育，不断提升员工素质。

法律直通车

《企业内部控制应用指引第3号——人力资源》(财会〔2010〕11号)

第三条　企业人力资源管理至少应当关注下列风险：

（一）人力资源缺乏或过剩、结构不合理、开发机制不健全，可能导致企业发展战略难以实现。

（二）人力资源激励约束制度不合理、关键岗位人员管理不完善，可能导致人才流失、经营效率低下或关键技术、商业秘密和国家机密泄露。

（三）人力资源退出机制不当，可能导致法律诉讼或企业声誉受损。

第四条　企业应当重视人力资源建设，根据发展战略，结合人力资源现状和未来需求预测，建立人力资源发展目标，制定人力资源总体规划和能力框架体系，优化人力资源整体布局，明确人力资源的引进、开发、使用、培养、考核、激励、退出等管理要求，实现人力资源的合理配置，全面提升企业核心竞争力。

5. 企业文化

良好的企业文化可为企业的经营发展提供积极的氛围。成熟企业通常通过培育积极向上的价值观和社会责任感，倡导诚实守信、爱岗敬业、开拓创新和团队协作精神，树立现代管理理念，强化风险意识等的方式来创造良好的企业文化。在此过程中，董事、监事、经理及其他高级管理人员往往发挥了主导及示范作用。

此外，成熟企业通常加强法制教育，增强董事、监事、经理及其他高级管理人员和员工的法制观念，严格依法决策、依法办事、依法监督，建立健全法律顾问制度和重大法律纠纷案件备案制度。

法律直通车

《企业内部控制应用指引第 5 号——企业文化》
（财会〔2010〕11 号）

第四条 企业应当采取切实有效的措施，积极培育具有自身特色的企业文化，引导和规范员工行为，打造以主业为核心的企业品牌，形成整体团队的向心力，促进企业长远发展。

第五条 企业应当培育体现企业特色的发展愿景、积极向上的价值观、诚实守信的经营理念、履行社会责任和开拓创新的企业精神，以及团队协作和风险防范意识。

第六条 企业应当根据发展战略和实际情况，总结优良传统，挖掘文化底蕴，提炼核心价值，确定文化建设的目标和内容，形成企业文化规范，使其构成员工行为守则的重要组成部分。

第七条 董事、监事、经理和其他高级管理人员应当在企业文化建设中发挥主导和垂范作用，以自身的优秀品格和脚踏实地的工作作风，带动影响整个团队，共同营造积极向上的企业文化环境。

法律直通车

企业应当促进文化建设在内部各层级的有效沟通，加强企业文化的宣传贯彻，确保全体员工共同遵守。

第八条　企业文化建设应当融入生产经营全过程，切实做到文化建设与发展战略的有机结合，增强员工的责任感和使命感，规范员工行为方式，使员工自身价值在企业发展中得到充分体现。企业应当加强对员工的文化教育和熏陶，全面提升员工的文化修养和内在素质。

第九条　企业应当建立企业文化评估制度，明确评估的内容、程序和方法，落实评估责任制，避免企业文化建设流于形式。

第十一条　企业应当重视企业文化的评估结果，巩固和发扬文化建设成果，针对评估过程中发现的问题，研究影响企业文化建设的不利因素，分析深层次的原因，及时采取措施加以改进。

（二）风险评估

风险评估是企业及时识别、系统分析经营活动中与实现内部控制目标相关的风险，并合理确定风险应对策略。

1. 风险识别

风险识别是风险管控的首要阶段，成熟企业通常能够准确识别与实现控制目标相关的内部风险和外部风险。

- 内部风险因素：董事、监事、经理及其他高级管理人员的职业操守，员工专业胜任能力等人力资源因素；组织机构、经营方式、资产管理、业务流程等管理因素；研究开发、技术投入、信息技术运用等自主创新因素；财务状况、经营成果、现金流量等财务因素；营运安全、员工健康、环境保护等安全环保因素；
- 外部风险因素：经济形势、产业政策、融资环境、市场竞争、资源供给等经济因素；法律法规、监管要求等法律因素；安全稳定、文化传统、社会信用、教育水平、消费者行为等社会因素；技术进步、工艺改进等科学技术因素；自然灾害、环境状况等自然环境因素。

法律直通车

《企业内部控制基本规范》（财会〔2008〕7号）

第二十一条 企业开展风险评估，应当准确识别与实现控制目标相关的内部风险和外部风险，确定相应的风险承受度。

风险承受度是企业能够承担的风险限度，包括整体风险承受能力和业务层面的可接受风险水平。

2. 风险评估

风险评估是在风险得到有效识别后，对风险造成的影响和损失的可能性进行量化评估的工作，以帮助企业对所识别的风险建立程度上的认识。成熟企业在开展风险评估时，通常确定相应的风险承受度，通过定性与定量相结合的方法，按照风险发生的可能性及影响程度等因素对所识别的风险进行分析和排序。风险承受度是企业能够承担的风险限度，包括整体风险承受能力和业务层面的可接受风险水平。

法律直通车

《企业内部控制基本规范》（财会〔2008〕7号）

第二十条 企业应当根据设定的控制目标，全面系统持续地收集相关信息，结合实际情况，及时进行风险评估。

法律直通车

第二十四条 企业应当采用定性与定量相结合的方法，按照风险发生的可能性及其影响程度等，对识别的风险进行分析和排序，确定关注重点和优先控制的风险。

企业进行风险分析，应当充分吸收专业人员，组成风险分析团队，按照严格规范的程序开展工作，确保风险分析结果的准确性。

第二十七条 企业应当结合不同发展阶段和业务拓展情况，持续收集与风险变化相关的信息，进行风险识别和风险分析，及时调整风险应对策略。

3. 风险应对

风险应对是根据风险评估的结果，结合风险承受度，在权衡风险与收益的基础之上确定风险应对措施的过程。成熟企业通常基于风险偏好，结合企业的现状及风险属性，采取风险规避、风险降低、风险分担和风险承受等适当的应对措施，并根据客观环境或风险因素的变化及时调整应对措施。

法律直通车

《企业内部控制基本规范》（财会〔2008〕7号）

第二十五条 企业应当根据风险分析的结果，结合风险承受度，权衡风险与收益，确定风险应对策略。

企业应当合理分析、准确掌握董事、经理及其他高级管理人员、关键岗位员工的风险偏好，采取适当的控制措施，避免因个人风险偏好给企业经营带来重大损失。

法律直通车

第二十六条 企业应当综合运用风险规避、风险降低、风险分担和风险承受等风险应对策略，实现对风险的有效控制。风险规避是企业对超出风险承受度的风险，通过放弃或者停止与该风险相关的业务活动以避免和减轻损失的策略。

风险降低是企业在权衡成本效益之后，准备采取适当的控制措施降低风险或者减轻损失，将风险控制在风险承受度之内的策略。

风险分担是企业准备借助他人力量，采取业务分包、购买保险等方式和适当的控制措施，将风险控制在风险承受度之内的策略。

风险承受是企业对风险承受度之内的风险，在权衡成本效益之后，不准备采取控制措施降低风险或者减轻损失的策略。

第二十七条 企业应当结合不同发展阶段和业务拓展情况，持续收集与风险变化相关的信息，进行风险识别和风险分析，及时调整风险应对策略。

（三）控制活动

控制活动是企业根据风险评估结果，采用相应的控制措施，将风险控制在可承受的限度之内。控制活动的形式包含手工控制与自动控制、预防性控制与发现性控制。控制活动的内容一般包括：不相容职务分离控制、授权审批控制、会计系统控制、财产保护控制、预算控制、运营分析控制和绩效考评控制等。

1. 不相容职责分离控制

不相容职务分离控制要求企业全面系统地分析、梳理业务流程中所涉及的不相容职务。例如，信托业务中前台、中台、后台的职责不相兼容、自有资金与信托资金的管控职责不相兼容等。通过实施相应的分离措施，形成各司其职、各负其责、相互制约的工作机制。

2. 授权审批控制

授权审批控制要求企业根据常规授权和特别授权的规定，明确各岗位办理业务和事项的权限范围、审批程序和相应责任。成熟企业通常编制常规授权的权限指引，规范特别授权的范围、权限、程序和责任，严格控制特别授权。常规授权是指企业在日常经营管理活动中按照既定的职责和程序进行的授权。特别授权是指企业在特殊情况、特定条件下进行的授权。企业各级管理人员在授权范围内行使职权和承担责任。对于重大的业务和事项实行集体决策审批或者联签制度，任何个人不得单独进行决策或者擅自改变集体决策。

3. 会计系统控制

会计系统控制要求企业严格执行国家统一的会计准则制度，加强会计基础工作，明确会计凭证、会计账簿和财务会计报告的处理程序，保证会计资料真实完整。成熟企业通常依法设置会计机构，配备会计从业人员。从事会计工作的人员，必须取得会计从业资格证书。会计机构负责人应当具备会计师以上专业技术职务资格。大中型企业应当设置总会计师。设置总会计师的企业，不得设置与其职权重叠的副职。

4. 财产保护控制

财产保护控制要求企业建立财产日常管理制度和定期清查制度，采取财产记录、实物保管、定期盘点、账实核对等措施，确保财产安全。成熟企业通常严格限制未经授权的人员接触和处置财产。

5. 预算控制

预算控制要求企业实施全面预算管理制度，明确各责任单位在预算管理中的职责权限，规范预算的编制、审定、下达和执行程序，强化预算约束。

6. 运营分析控制

运营分析控制要求企业建立运营情况分析制度，经理层应当综合运用生产、购销、投资、筹资、财务等方面的信息，通过因素分析、对比分析、趋势分析等方法，定期开展运营情况分析，发现存在的问题，及时查明原因并加以改进。

7. 绩效考评控制

绩效考评控制要求企业建立和实施绩效考评制度，科学设置考核指标体系，对企业内部各责任单位和全体员工的业绩进行定期考核和客观评价，将考评结果作为确定员工薪酬以及职务晋升、评优、降级、调岗、辞退等的依据。

成熟企业通常根据内部控制目标，结合风险应对策略，综合运用控制措施，对各种业务和事项实施有效控制。

此外，成熟企业通常建立重大风险预警机制和突发事件应急处理机制，明确风险预警标准，对可能发生的重大风险或突发事件，制定应急预案、明确责任人员、规范处置程序，确保突发事件得到及时妥善处理。

针对控制活动所涉及的详细介绍，将在其他章节介绍各业务流程时一并阐述。

（四）信息与沟通

信息与沟通是企业及时、准确地收集、传递与内部控制相关的信息，确保信息在企业内部、企业与外部之间进行有效沟通。企业应当建立信息与沟通制度，明确内部控制相关信息的收集、处理和传递程序，确保信息及时沟通，促进内部控制有效运行。

1. 信息收集

信息收集是指对各种内部信息和外部信息进行合理筛选、核对及整合的过程。成熟企业通过有效地实施信息收集来提高信息的有用性。

- 内部信息收集：企业可以通过财务会计资料、经营管理资料、调研报告、专项信息、内部刊物、办公网络等渠道，获取内部信息；
- 外部信息收集：企业可以通过行业协会组织、社会中介机构、业务往来单位、市场调查、来信来访、网络媒体以及有关监管部门等渠道，获取外部信息。

法律直通车

《企业内部控制基本规范》（财会〔2008〕7号）

第三十八条 企业应当建立信息与沟通制度，明确内部控制相关信息的收集、处理和传递程序，确保信息及时沟通，促进内部控制有效运行。

第三十九条 企业应当对收集的各种内部信息和外部信息进行合理筛选、核对、整合，提高信息的有用性。企业可以通过财务会计资料、经营管理资料、调研报告、专项信息、内部刊物、办公网络等渠道，获取内部信息。

企业可以通过行业协会组织、社会中介机构、业务往来单位、市场调查、来信来访、网络媒体以及有关监管部门等渠道，获取外部信息。

2. 信息沟通

信息沟通是指内部控制相关信息在企业内部各管理级次、责任单位、业务环节之间，以及企业与外部投资者、债权人、客户、供应商、中介机构和监管部门等有关方面之间进行沟通和反馈的过程。成熟企业通过有效地实施信息沟通，对内部控制中存在和发现的问题及时沟通并有效解决，提高了管控的效率和效果。

法律直通车

《企业内部控制基本规范》（财会〔2008〕7号）

第三十八条 企业应当建立信息与沟通制度，明确内部控制相关信息的收集、处理和传递程序，确保信息及时沟通，促进内部控制有效运行。

第四十条 企业应当将内部控制相关信息在企业内部各管理级次、责任单位、业务环节之间，以及企业与外部投资者、债权人、客户、供应商、中介机构和监管部门等有关方面之间进行沟通和反馈。信息沟通过程中发现的问题，应当及时报告并加以解决。重要信息应当及时传递给董事会、监事会和经理层。

3. 信息技术支持

信息技术是提升企业管控效率与效果的重要手段，成熟企业通常利用信息技术促进信息的集成与共享，充分发挥信息技术在信息与沟通中的作用。在利用信息技术的同时，成熟企业通常也要加强对信息系统开发与维护、访问与变更、数据输入与输出、文件储存与保管、网络安全等方面的控制，保证信息系统安全稳定运行。

4. 反舞弊机制

反舞弊机制是指企业防范、发现和处理舞弊行为、优化内部控制环境的制度安排，是企业内部控制体系的重要组成部分。成熟的企业反舞弊机制的建立，对于有效防范和控制舞弊行为的发生，减少由此给企业带来的风险和损失，具有非常重要的作用。

法律直通车

《企业内部控制基本规范》（财会〔2008〕7号）

第四十二条　企业应当建立反舞弊机制，坚持惩防并举、重在预防的原则，明确反舞弊工作的重点领域、关键环节和有关机构在反舞弊工作中的职责权限，规范舞弊案件的举报、调查、处理、报告和补救程序。

企业至少应当将下列情形作为反舞弊工作的重点：

（一）未经授权或者采取其他不法方式侵占、挪用企业资产，牟取不当利益。

（二）在财务会计报告和信息披露等方面存在的虚假记载、误导性陈述或者重大遗漏等。

（三）董事、监事、经理及其他高级管理人员滥用职权。

（四）相关机构或人员串通舞弊。

5. 举报投诉机制

举报投诉机制的建立有效地发挥了社会及群众监督的作用，为企业有效的经营管控提供了无形的约束。成熟企业通常建立举报投诉制度和举报人保护制度，设置举报专线，明确举报投诉处理程序、办理时限和办结要求，确保举报、投诉成为企业有效掌握信息的重要途径。

（五）内部监督

内部监督是企业对内部控制建立与实施情况进行监督检查，评价内部控制的有效性，发现内部控制缺陷，应当及时加以改进。

1. 监督形式和内容

成熟企业通常制定内部控制监督制度，明确内部审计机构（或经授权的其他监督机构）和其他内部机构在内部监督中的职责权限，规范内部监督的程序、方法和要求。内部监督分为日常监督和专项监督。

- 日常监督是指企业对建立与实施内部控制的情况进行常规、持续的监督检查；专项监督是指在企业发展战略、组织结构、经营活动、业务流程、关键岗位员工等发生较大调整或变化的情况下，对内部控制的某一或者某些方面进行有针对性的监督检查；
- 专项监督的范围和频率应当根据风险评估结果以及日常监督的有效性等予以确定。

2. 缺陷认定和处置

成熟企业通常制定内部控制缺陷认定标准，对监督过程中发现的内部控制缺陷，通过分析缺陷的性质和产生的原因，提出整改方案，采取适当的形式及时向董事会、监事会或者经理层报告。

内部控制缺陷包括设计缺陷和运行缺陷。在发现内部控制缺陷并制定整改措施后，需跟踪内部控制缺陷整改情况，并就内部监督中发现的重大缺陷，追究相关责任单位或者责任人的责任。

3. 内控自我评估

成熟企业通常结合内部监督情况，定期对内部控制的有效性进行自我评价，出具内部控制自我评价报告。内部控制自我评价的方式、范围、程序和频率，由企业根据经营业务调整、经营环境变化、业务发展状况、实际风险水平等自行确定。

三、内部控制与公司治理

内部控制是指管理层为了解决与其下属员工之间的管控关系而建立的内部管理制度和管理框架。企业为确保经营的效率及效果、财务报告的可靠性、法律法规的有效遵守及战略目标的实现而设计和制定相应的规则及程序，在相关规则和程序得以遵守和有效执行的过程中，使企业持续处于“被有效控制”的状态，从而为实现企业的各类目标奠定基础。

公司治理是指管理和控制整个公司的机制体系，它包含了对公司治理层、管理层架构设置、各方权责划分，以及对公司经营和战略进行决策的规则等内容，它是由股东大会、董事会、监事会等组成的用来约束经营者行为的权衡机制。公司治理的产生是约束委托代理行为，降低委托代理成本的必然结果。

内部控制和公司治理是紧密联系的。公司治理本身也是基本的且最为重要的内部控制机制，公司治理的结构合理和运行有效是保证内部控制功能有效发挥的前提，是实行内部控制的环境因素，对内部控制机制各方面有效运行起到促进作用。相反，内部控制是公司治理结构中的内部监控系统，可有效监控公司治理的设计及运行。《内部控制基本规范》把公司治理归入“内部环境”的要素，也体现出了其基础性作用。

案例 1 -1

某大型上市资源类企业内部控制建设案例

该大型资源类企业自上市以来，按照现代企业制度的要求和与国际规范接轨的原则，在转变经营理念、推进制度创新和管理创新方面采取了一系列措施，迈出了坚实的步伐。特别是从2003年开始，公司以国内和上市地（美国）有关法规（美国证监会2002年颁布的《萨班斯—奥克斯利法案》）的颁布为契机，充分依托已有的管理优势，采用国际上被广泛认可的COSO框架以建立内部控制体系。

2003年，该企业抽调公司各业务部门和各板块的骨干人员，成立了内控项目部（后转为正式的“内部控制部”）。其项目总体安排分为六个阶段：

— 第一阶段为工作启动阶段：这个阶段在总部进行，主要完成工作组筹建、人员培训、建立工作方法和工作标准等。

— 第二阶段为流程的绘制和确认阶段：以财务报告为切入点开展流程划分与确认，并在总部和试点单位开展标准流程。

— 第三阶段为风险评估阶段：建立风险评估标准，确定文档记录和评估具体风险。

— 第四阶段为控制管理手册编制阶段：编制标准业务流程，汇总重要过程步骤并进行差异分析，确定具体的控制方法和控制手段。

— 第五阶段为控制测试阶段：测试关键控制的执行效果，建立运营缺陷改进计划，提交最终报告。

案例 1－1

— 第六阶段为持续维护与更新阶段：自 2006 年通过第一次外部审计后，内部控制部每年组织各有关方面根据管理变化对风险与控制记录进行维护更新。

公司围绕内部控制体系建设的总体目标和各阶段部署，克服各种困难，开展了大量卓有成效的工作。总体而言，可以概括为以下三个方面：

— 制定了内控体系框架、编制完成内部控制管理手册、实现了设计有效；
— 开展内部控制体系的试运行和符合性检查，及时整改发现的问题，为正式颁布运行做好了准备；
— 通过广泛宣传和加强培训，使各级干部和全体员工对内部控制体系的了解逐步加深，认识不断提高，部分骨干管理人员已基本熟悉并掌握了风险识别和控制实施方法，初步形成了一支具有较强业务能力的内部控制工作队伍。

2005 年年底，该企业签署发布《内部控制管理手册》，标志着与国际规范接轨的公司内部控制体系开始正式运行。该企业总裁在签署发布《内部控制管理手册》的会议上指出："我们的设计总体是有效的，关键问题是执行有力。只要执行有力，就能通过；反之执行不力就很难通过。《内部控制管理手册》必须百分之百执行，这是 2006 年管理的硬任务。"

自《内部控制管理手册》2006 年 1 月 1 日正式发布实施以来，该企业围绕内部控制"执行有力"的基本目标，积极探索有效方法，大力推动内部控制工作的扎实与深入展开。公司加强《内部控制管理手册》的宣传培训，进一步落实工作职责和岗位责任，完善工作网络，并建立了内部控制考核监督机制。通过一系列

案例 1-1

切实落地的举措，帮助从公司总部各部门到地区公司各基层单位内部控制体系的各项要求得到了进一步落实。

从2006年4月至2007年年初，该企业的管理层测试和外部审计全面展开。2007年年初，该企业的外部审计师对其与财务报告相关的内部控制（《萨班斯法案》第404条款要求）发表了无保留的审计意见，认为其内部控制的设计和执行在重大方面是有效的。至此，该企业的内部控制建设阶段胜利完成。

省思

内部控制体系的建设是一个艰巨而漫长的过程，需要企业上下各层级员工付出巨大努力，克服各种困难。内部控制体系的有效实施不仅满足了外部监管合规的要求，也加强和巩固了企业内部管控操作的规范性，为企业的长期可持续发展保驾护航。

第二章　信托行业内控概述

第一节　信托行业介绍

一、信托的历史起源

信托制度最早起源于英国，其前生是英国的“尤斯制”（USE）。早在11世纪，英国处于封建社会，土地与臣民均由封建领主统治。由于臣民信仰宗教，会将自己生前的土地大多捐赠给教会，从而引发并加剧教会与封建领主之间的矛盾。到了13世纪，由于宗教徒不断地捐献土地，教会拥有的土地急剧增多。按照英国当时的法律，教会的土地无须缴纳役税，国家役税的收入不断减少，影响了国王和封建贵族的利益。于是，13世纪初英王亨利三世颁布了《没收法》，规定凡把土地赠予教会的，要得到相应的许可，否则予以没收。宗教徒为了规避《没收法》的限制，改变了土地捐献的行为。他们在遗嘱中会指定一个教会以外的第三者，先把土地赠予第三者，但同时规定教会拥有土地的实际使用权和收益权，这就形成了当时的“尤斯制”。随着社会的不断发展和进步，英国的“尤斯制”逐步演变成信托制。

英国是信托业最为历史悠久的国家之一，其最早的信托方式是个人信托，即通过受托人代理处置一些公益和私人财物上的纠纷事务。其后，英国为了规范信托业务，于17世纪末颁布了《受托人条例》和《官选受托人条例》，逐步形成了信托的有偿服务。

英国也是投资信托的创始者，该类信托在英国国内得到了快速的发展，并很快被海外其他国家所借鉴。特别是美国于19世纪引入了现代信托制度后，信托业在其国内得到了快速地发展和壮大。美国信托业是以股份公司的发展为基础，并以法人受托为主体，以各种有价证券为对象而形成的信托。目前，美国已经成为信托业规模最大、信托产品最为丰富、信托制度最为完善的国家。

如今的信托制度已经逐步转变成一种以资产为核心、以信用为基础、以委托为方式、以财产转移为手段的现代财产管理制度。信托已经连同基金、保险、银行和证券一起被誉为现代金融业的五大支柱。信托作为一种专业的理财工具，包含了目的自由、财产独立、权益分离和责任法定的一些特征。

二、中国信托业的发展历程[①]

中国信托制度的出现可以追溯到20世纪初，当时的中国尚处于半殖民地半封建社会，经济基础十分薄弱，信托业生存和发展的空间极为有限。现代信托制度在中国真正意义上的出现，还是在改革开放初期，中国社会较为贫穷和落后，私人财富极度匮乏，当时的国家领导人邓小平为了引进建设中国急需的资金和技术，协同荣毅仁这位“红色资本家”经过一系列的努力，成立了中国国际信托投资者公司，现代信托制度在中国就这样应运而生。然而，中国的信托业在过去几十年的发展中经历了多次的兴衰以及监管的清理和整顿，并最终从“除了信托，什么都做”的方式转变为发展定位清晰、规模逐步扩大，产品种类繁多的现代信托制度，且成为了中国金融业的重要支柱之一。

① 平安信托和21世纪传媒，中国信托业发展报告（2012），深圳：广东二十一世纪传媒股份有限公司，2012。

(一) 中国信托业第一次发展和变革

1978年中国进入改革开放的新时期，国内逐步开展以国家和地方财政收入分成制度的管理方式，地方的利益得到大大的强化。除此之外国务院于1980年推出“银行要试办信托业务、融通资金、推动联合”的机制，大大促进了独立于银行体系外为促进地方经济发展为目的信托机构的发展。此类信托机构以融通资金为目的，一方面蚕食传统银行业务的资金，另一方面又开展超越信托范围的银行信贷业务，加剧了短期资金用于长期贷款的超负荷运行，助长了固定资产投资规模的膨胀。截至1982年，全国各地的各类信托机构发展至600多家。

针对上述情况，国务院于1982年对信托行业开展了第一次整顿，下达了《关于整顿国内信托投资业务和加强更新改造资金管理的通知》，该通知规定“除国务院批准和国务院授权单位批准的信托投资公司外，各地区、各部门不得办理信托投资业务。对于已经办理的业务，由各省、自治区、直辖市人民政府限期整顿。信托投资业务一律由央行或央行指定的专业银行办理。经批准举办的信托投资业务，其全部资金活动都要纳入国家信贷计划和固定资产投资计划，进行综合平衡”。这次整顿的目的是限制信托机构过多且混乱的局面，特别对一些非金融机构设立的信托公司进行了清理。

(二) 中国信托业第二次发展和变革

中国人民银行于1983年开始专门行使中央银行的职能，并且提出“凡是有利于引进外资、引进先进技术，有利于发展生产、搞活经济的各种信托业务都可以办理”，信托行业又再次进入了快速膨胀期，全国各地如雨后春笋一般出现了大量的信托公司。但是，此次信托业的扩张是基于银行信贷业务，并且这种不规范的经营对中国经济再次产生了负面的影响，导致货币市场信贷失控和货币的投放失控。

1984年年底中国经济进入了紧缩期，央行不得不再次清理信托行业，这次整顿重点是针对不规范经营的信托机构和信托业务。

（三）中国信托业第三次发展和变革

国家为了规范信托行业的发展，并能够从行政上规范信托业务的开展，中国人民银行根据国务院在1986年发布的《中华人民共和国银行管理暂行条例》，颁布了《金融信托投资机构管理暂行规定》和《金融信托投资机构资金管理暂行办法》两个法规性文件，就信托机构、信托业务和资金管理作了规定，对信托行业的粗放式管理演变为行政管理。与此同时，从1986年起的四年时间里，中国的金融市场、外汇调剂市场逐步开放，一些新型的金融业务不断涌现，例如金融债券的发行等，利率市场化的改革获得了突破性的进展。银行业为了能够不断扩张，信托行业又再次成为各方关注的目标，并且再次掀起发展高潮。

随着信托行业的发展再次进入高潮，随之而来的就是严重的通货膨胀，信托机构在为社会提供新的信用方式的同时，也改变了社会信用结构。为此，央行根据《中共中央、国务院关于清理整顿公司的决定》和国务院《关于进一步清理整顿金融性公司的通知》，第三次开展了信托行业的清理整顿，此次清理整顿的重点是缩减信托机构数量。

（四）中国信托业第四次发展和变革

1992年邓小平同志南方谈话带动了中国新一轮的改革开放热潮，经济呈现高速增长，同时也宣告了自1989年起三年的全国经济整顿的结束。然而，当时经济的快速发展是基于开发区的大规模兴建、房地产的高速发展以及集资热潮的涌动，信托业得益于上述热点而兴起，不仅数量大规模增加，经营也日益不规范。这一时期，信托机构除了一味开展证券业务外，还进行高息揽存，破坏金融秩序，造成了大量不良资产，并出现了兑付危机。

伴随而来的是中央于1993年中开展的宏观经济调控，重塑金融秩序，整顿信托业。此次整顿的重点是理顺银行业和信托业之间的关联，并实施银行与信托的分业经营和管理。商业银行独资或控股的169家信托公司被撤并，另有两家被关闭和兼并，保留了工、农、中、建四大银行所属的四大信托投资公司。与此同时，对国务院部委和大型企业集团主办的信托机构进行改组和整顿，对地方信托机构也进行了大规模的合并和撤销。

（五）中国信托业第五次发展和变革

中国信托业经历上述四次的整顿后，仍旧游离在有序发展之外，信托机构内部管理和风险控制能力较差，业务发展定位缺失，造成大量不良资产的出现，甚至出现了严重的兑付危机，大量信托机构由于流动性问题而引发破产，信托业的第五次整顿势在必行。

1999年，中央启动了信托行业第五次整顿，此次整顿的力度和强度远远超过前四次，业内人士将此次整顿称为“推倒重来”，其重点是缩减信托机构规模，规范信托业务，实现信托业与银行业和证券业的分业经营和管理。截至2001年《信托法》颁布之前，共有210多家信托机构退出市场，59家获准重新登记，13家拟保留未重新登记。至此，信托业全面进入萎缩状态。

三、中国现代信托行业概况

2012年伊始，很多业内人士都在畅想信托业资产规模有望超过保险业，成为仅次于商业银行的中国金融服务业第二大主体。事实上，截至2012年底信托业资产规模接近了7.5万亿元，已经超过保险业成为中国金融服务业的第二大主体。① 然而，随着中国近20年经济高速增长的态势逐渐转变，国内经济增速明显放慢、外部监管机构的监管政策不断加强、利率市场化的进程不断加快，促使信托业传统的“跨市场套利”盈利空间受到挤压，并且对信托业投资布

① 中国信托业协会，“中国信托业协会官网”，http://www.xtxh.net/index.html。

局及内部管理要求进一步加强，信托行业未来经营战略的调整和业务创新将势在必行。

（一）国内信托行业综述

随着2007年银监会正式颁布和实施了《信托公司管理办法》和《信托公司集合资金信托计划管理办法》，明确要求对信托行业实行分类监管。此外，银监会还颁布了一系列监管政策和制度，规范信托公司开展业务时的标准；允许信托公司发行信托产品事后备案；宽泛信托公司理财手段，可以通过股权、债权、所有权以及租赁等方式合理运用资金，使得信托产品开发方向能够适应市场需要。

我国的信托是一种特殊形式的金融机构，其涵盖的不是单一的业务模式，而是多种业务模式的集合。目前，中国信托业主要的业务模式有两种，私募投资银行业务（即以高净值个人或企业/机构投资者为资金来源的高收益贷款融资）和通道业务（实际上将信托牌照“租赁”给银行等机构，使其能够发行理财产品及投资于持有信托牌照方能投资的特定资产领域）。

- 私募投行业务是指在非公开的私募市场中，帮助企业和金融机构等融资方与高净值个人、机构投资者等投资方牵线搭桥，促成直接融资，赚取承销服务手续费。基于金融业“分业经营、分业监管”的监管思路，证券公司主要开展公募投行业务，而信托公司则在很大程度上承担了私募投行的角色。这与国际上的通常做法完全不同——国际上的投资银行通常在同一个牌照下兼顾经营公募和私募投行业务。
- 通道业务是指信托牌照是唯一能够全面投资于资金市场、资本市场及非上市资产类别（如企业信贷和非公开交易的股票等）的金融业务牌照。利用这一特殊的法律法规架构，信托公司可作为其他金融机构及非金融机构的投资通道，协助其投资于多元化的资产类别，或借助信托形式制造对冲基金等投资产品。最典型的通道业务模式是银信合作——银行借助信托公司牌照制造和发售理财产品，并将理财资金投入多种资产类别。在银行自身牌照下，其是无法投资到资本市场和许多私募资产市场的。

与国际市场相比，中国信托业的这种业务组合是非常特殊的。国际市场上，私募投行通常是投资银行承销业务的有机组成部分；商业银行、专业信贷机构和一些直接投资于信贷资产的资产管理公司，也会涉足这项业务。通道业务也是一个极具中国特色的概念。从法律形态上来说，通道业务类似于国际市场中资产证券化所用的特殊目的机构（Special Purpose Vehicle，SPV）。这两种业务形态，无论哪一种在国际上都不是一个独立的金融业务牌照。图2－1展示了信托公司与其他金融机构开展业务经营范畴的区别。

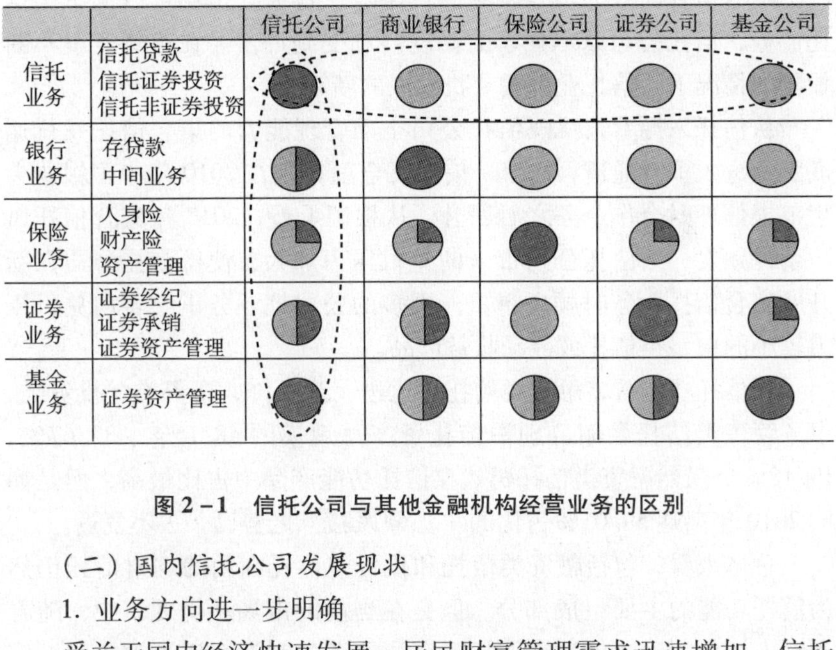

图2－1　信托公司与其他金融机构经营业务的区别

（二）国内信托公司发展现状

1. 业务方向进一步明确

受益于国内经济快速发展、居民财富管理需求迅速增加，信托业凭借灵活多变的“跨界经营模式”吸引了许多高净值客户，同时也满足了受到银行信贷规模管控的企业融资需求。但是随着大资产管理时代的来临和信托制度普惠化进程的加快，信托业开始面临新一轮竞争挑战。曾经为信托业带来快速增长荣耀的制度红利正在逐渐淡去，对信托运作模式和风险的质疑也在加剧，信托业发展态势也将由喷发之态逐步转向稳步增长。

信托公司业务大体包括信托业务、固有业务和其他业务。其中，信托业务指信托公司以营业和收取报酬为目的，以受托人身份承诺信托和处理信托事务的经营行为；固有业务则是指信托公司运用资本金的业务，根据《信托公司管理办法》，固有业务包括存放同业、拆放同业、租赁、贷款等。

2. 业务模式增长动力的变化

随着监管新政的出台，券商、保险、基金等行业可以从事类信托业务，信托公司原本独享的制度红利受到冲击。在市场竞争不断加剧的情况下，信托业急需寻找发展的新动力。

从信托来源看，反映信托公司主动管理能力的集合信托发行速度已经进入下降通道，而单一信托资金项目则在2010年中国银监会规范银信理财合作业务之后回升。从根源上看，2012年集合信托风险事件频发，给信托公司带来的兑付压力加大，使得信托公司在新开展集合信托业务时顾虑重重，更多的公司把业务重心转向兑付压力较小的单一类信托或浮动收益产品。

从信托功能看，融资类信托占比进一步下降，融资类、投资类、事务管理类信托余额分别占信托资产总规模的48.15%、32.67%、19.18%。虽然融资类信托仍然在信托功能产品中占比最高，但是如同2010年高达59.01%占比的“独领风骚”之势已一去不复返。

总体来看，包括融资类信托和投资类信托在内的理财信托仍然为信托功能的主要组成部分。但是在当前的市场环境变革中，随着利率市场化的逐步推进，信托融资类业务的利润会逐渐被摊薄，信托产品也会进一步向资产管理、财富管理类方向转型，在理财类信托中投资类业务发展空间值得期待。

3. 信托公司业务收益的变化

根据用益信托工作室对集合信托产品收益情况的不完全统计，集合市场总体产品预期收益率已呈现下降趋势。这与监管层对信托业加强监管和大资产管理趋势的影响相关。

信托平均预期收益率的下滑，一方面是由于央行为进一步推进利率市场化改革，全面放开金融机构贷款利率管制。信托当前在融资体系中角色，是为不符合银行信贷标准的企业提供融资，获得管理费用，未来银行为追求更高利差而更多偏向风险资产，会对信托公司有挤出效应；另一方面是伴随着泛资管时代的来临，部分信托产品受到外部的竞争较大，像券商、基金子公司等都在不断参与类信托项目的争夺，部分信托业务遭到外部蚕食。因此，信托产品平均预期收益率受影响较大。

（三）国内信托业分类介绍

信托公司业务产品种类繁多，涉及的行业面广，且资金来源也不尽相同。自《信托投资公司管理办法》实施以来，行业内普遍将信托投资公司的经营业务分为四大类：

- 信托制的资产管理业务

这是信托公司的主营业务，包括受托经营资金信托业务、受托经营动产和不动产、受托进行法律法规允许的投资基金业务等。

- 投资银行业务

该类信托业务是帮助企业并购、重组、项目融资、提供财务咨询服务等。

- 中间业务

信托公司通过过桥的方式赚取相应的手续费及佣金。

- 信托公司的自营业务

信托公司运用自有资金进行投资而获取的收益。

信托行业可以按照资金来源、信托功能、资金运用方式、资金投向以及业务的性质不同，进行业务的划分。表 2－1 展示了按照不同标准划分的信托业务。

表 2－1　　　　信托业务资产分类表

来源	功能	运用方式	投向	业务特色
集合资金信托	融资类	贷款	基础产业	银信合作
单一资金信托	投资类	交易性金融资产投资	房地产	信政合作
管理财产信托	事务管理类	可供出售及持有至到期投资	证券市场（股票）	私募基金合作
		长期股权投资	证券市场（基金）	PE
		租赁	证券市场（债券）	基金化房地产信托
		买入返售	金融机构	QDII
		存放同业	工商企业	
		其他	其他	

第二节　信托行业面临的风险

自 2007 年起，信托行业进入了高速发展时期，这种井喷式的发展引起社会各界对于行业风险的种种担忧，特别是信托行业的系统性风险暴露会对整个金融体系和宏观经济产生广泛的影响。许多人认为中国信托业的潜在风险与 2008 年全球金融危机中西方国家投资银行业所承载的风险是类似的，而事实并非如此简单。当信托公司发售产品时，发行人和投资人共同设立一个相对封闭的信托计划。信托计划是纯粹的表外资产，信托公司的资产负债表并不用于承载这些资产。除了信托公司利用自有资金参与投资信托计划外，信托公司所持有的信托资产没有任何的风险敞口。相对来说，信托公司自有资金投资信托计划的规模不大，目前所有信托公司仅有 12% 投资于信托贷款。因此，理论上投资人是无法要求信托公司承担任何兑付责任的，而只能向信托计划的发行人或他们的担保人索取本金和投资收益。但是，就国内目前的信托环境而言，不仅仅投资人承担了传统的风险，即信用风险、市场风险、操作风险、流动性风险等，而且信托公司除了承担上述风险外还承担了合规风险、声誉风险以及监管风险等。

从监管机构的角度，需要对信托行业的整体杠杆率，以及信托贷款在高风险领域的集中度进行更加持续和紧密地跟踪。同时，需要进一步推动加强信托公司的风险管理能力和销售合规性，一方面避免过度激进的业务扩张，另一方面让投资人更为充分地理解这类产品所包含的各种风险。

（一）信用风险

信托贷款多集中于融资成本较高的行业和客户群，所以与传统的融资工具（银行贷款、公司债券等）相比，信托贷款蕴含的信用风险更高。就国内信托行业发展到现在来说，信托贷款的总体违约率很低，大约在 1%。但是，在经济发展放缓的大环境下，信托贷款隐含的信用风险可能在更大程度上得到释放。此外，信托贷款多集中于房地产等特定行业，行业的波动性对信托市场的影响也极为显著。

因此，信托产品交易对手的信用程度以及交易对手的选择是信托产品成败的决定性因素。交易对手是资金的直接运用方，也是信托本金和收益的第一还款来源。交易对手的经营状况直接决定信托产品能否按期兑付。因此，对交易对手的尽职调查最为细致，其包含但不限于：

- 经营实力

- 过往历史及大股东个人情况
- 业务范围及经营状况
- 重大未决法律事项

除了开展对信托产品交易对手的尽职调查外，信托贷款的违约损失率可以作为信托产品的第二还款来源。假设在最坏情况下，如果出现严重的经济危机和资产价格的大幅贬值，信托行业有可能出现系统性风险。绝大多数信托贷款是以实物（房产、土地及企业股权等）作为抵押品的，抵押率通常不到50%。一旦发生资产大幅贬值的情况，信托公司将面临巨大的信用风险和流动性风险，信托业务产品的抵押品难以得到及时变现，且价值本身存在高估难以覆盖信托业务产品的投资损失。

（二）市场风险

信托行业新的信托产品不断涌现，信托的发行数量也急剧增加，市场风险成为有些信托产品项目所面临的主要风险。

目前，大多数信托公司的投资项目主要有房地产信托、上市公司股权质押融资类信托、债券投资和证券投资信托等大类。由于受到国际大环境的影响，部分投资类信托产品往往存在利率、股票、汇率、通货膨胀等风险，这些风险无时无刻不在影响着信托市场，而且可能会造成交易者经济损失。例如，证券投资信托的投资标的可能为股票二级市场，而股票市场的波动性非常大，极有可能在短时间内造成巨大的投资损失。因此，信托公司需要建立起完善的市场风险管理机制，例如采取每日盯市、估值、设立预警点或者限额等方式来管理市场风险。

（三）操作风险

信托公司与其他金融机构相比经营业务范围极具优势，且能够跨越货币市场和资本市场，信托业务产品具有广泛性、多样性和非标准性。由于国内对于信托行业的法律法规在不断完善，信托公司实际运营时间不长，运营经验不够丰富、运营标准不够规范，因此信托公司承受着较多系统性和非系统性的风险，其中操作风险对于信托公司来说是主观上最易产生的风险。

操作风险内生于信托公司在开展每笔业务的过程中，对业务延伸领域相当广泛的信托公司来说，最容易受到操作风险的冲击。行业内尽管出现了一些由于操作上的失误导致的信托产品发行失败的案例，但是在过去几年时间里并未发生由于操作风险而导致的巨大实质损失。

随着信托公司的业务产品由融资领域向投资领域过渡，信托资产运用领域的不断扩大，信托公司发生实质性损失的机会会变大。因此，信托公司如何加强和根治业务经营的操作风险，从本质上建立一套高效、科学、专业的操作风险管控体系，辅以相应的风险管理工具和方法就变得尤为紧迫。

（四）流动性风险

信托公司通常关注信托投资对象在信托项目投资期限内现金和现金等价物流入及流出的总情况以及正负现金流的情况。由于信托投资期限一般较短，且必须到期兑付，因此投资对象的现金流是否能够按时偿还投资人本金和收益变得十分重要。信托公司的流动性风险管控正是需要关注各类信托项目的期限错配和收益分配频率，确保信托项目的如期兑付。

国内的信托项目都含有明确的时间期限和相对固定的预期投资收益，国内的投资者在投资信托产品的时候从未经历过重大的损失。因此，投资者对于此类产品的风险预期普遍较低。投资者在进行实际投资过程中，先考虑持有投资产品的时间期限，再考虑相对收益水平和安全性。例如，银行的大多数理财产品期限都在 1 年以内，尽管其收益远低于集合信托，但投资者仍旧对此类高流动性产品产生了浓厚的兴趣。

除了期限这个因素，投资人还要考虑收益率和信托收益的分配频率。举个简单的例子，投资者对于某按季度付息的信托产品在接受度上肯定要好于按年付息和到期支付。因此，信托项目的流动性风险管理就变得十分重要。

国内信托公司一直在通过加强业务风险管控和提升尽职调查的技术水平来降低信托项目投资损失风险。信托公司通常采取的手段包括：

- 尽职调查期间调阅投资对象的财务报表，确定其财务状况。
- 通过对过往财务状况的了解，综合对未来业务的预测，编制出现金流预测表。
- 根据不同信托投资对象的情况，制订相适应的还款计划，控制现金流风险。例如，基础建设信托具有较为稳定且长期的现金流，房地产企业正现金流一般期限较短且较为集中。
- 按照投资对象经营状况的变化对信托计划的现金流预测表进行压力测试，确定在极端情况下的现金流状况及应对措施。
- 信托公司作为受托人时常会控制信托投资对象的财务印章，或规定重大现金支出需经信托公司同意，确保投资对象良好的现金流状况。

此外，信托产品流动性风险问题是信托公司产生信用风险的直接成因，信托作为一种理财产品，存在流动性风险，进而引发信用风险。

（五）合规风险

银监会作为信托公司的监管机构，对信托公司所发行的信托计划采取了严格的监管方式，并且在政策法规上有着极高的合规性要求。

尽管国内监管机构正在不断完善对于信托行业的法律法规，但是仍旧可能存在一些漏洞和空白地带，信托公司往往会针对这类监管的空白地方，对一些信托产品进行规避监管方式的“创新”设计。然而，信托公司在这种“创新”过程中已经触犯相关行业监管法规。

例如，安信信托的“昆山纯高案”就是一个典型的在法律监管存在漏洞情况下，由于合同的不规范而导致的纠纷。这些纠纷的发生会严重影响信托公司的声誉和经营风险。

因此，信托公司需要确保信托计划在产品投向和交易结构上符合相关监管法规，以最大限度地降低合规风险。

（六）声誉风险

尽管信托公司的责任仅仅在于发行和承销信托计划，而不需承担任何信用风险，但是一旦信托贷款的违约率大幅上升，投资人将蒙受广泛的投资损失，整个信托行业的声誉将面临重大危机。

目前，绝大多数信托公司的内部管理体制不够健全和专业，同时也没有明确的行业标准认定信托公司是否尽到了对借款人的尽职调查和对投资人的风险披露的职责。所以，许多人认为信托公司承担着对投资人本金的“隐性担保”，尤其是个人投资者，大多数人认为信托公司有着“刚性兑付”的责任，以保证投资人资金的安全。此外，信托公司的股东大多是大型国企、金融公司和地方政府，这样的理解就被更加放大和加强了。

如果真有一日，信托产品的个人投资者面临着大面积的投资损失，我们无法预料信托公司将如何应对这样的声誉风险以及进而引发的社会问题。

无论如何，从监管机构的角度来看，需要对信托行业的整体杠杆率，以及信托贷款在高风险领域的集中度进行更加持续和紧密的跟踪。同时，需要进一步推动加强信托公司的风险管理能力和销售合规性，一方面避免过度激进的业务扩张，另一方面让投资人更为充分地理解这类产品所包含的各种风险。

第三节 信托行业监管要求

信托行业的高速发展，业务范围和产品种类的显著扩展，特别是当理财与信托契合形成了一个独立的市场时，就需要加大对信托行业的监管要求，以及相应监管制度的有效供给。

国内在对信托行业经历了5次清理整顿后，加快了对信托法规制定和建设的步伐。2001年10月，《中华人民共和国信托法》正式颁布，该信托法经历了八年的内外调研、多次的论证、长期的反馈和修改，它对信托当事人、信托行为、信托法律关系等作出了规定。它赋予了信托财产的独立性，受托人的有限责任、受益人的保护范畴、信托管理的连续性以及所有者权益相分离的特性。此外，该法案明确了信托公司的经营范围和业务产品拓展的界限。

2004年2月，《银行业监督管理办法》正式实施，该管理办法明确了银监会作为监管信托公司的法定地位。虽然银监会的建立主要是为了规范银行业，但是银监会沿袭了管理银行业的相关经验，成立了诸多的部门，加快和加强对信托行业的有效监督。

一、信托行业监管现状

自2007年银监会核准各家信托公司换发新牌照后，我国信托行业呈高速增长态势，业务范围和产品种类也得到了显著扩展。然而，在信托行业高速增长的同时监管层也意识到信托公司继续通过规模扩张的方式实现增长将面临巨大的挑战，亟须加强对信托行业的分类监管。

（一）分类监管

2007年初，银监会颁布了《信托公司管理办法》和《信托公司集合资金信托计划管理办法》（以下简称新两规），要求对信托行业实施分类监管。

上述两个新规明确将信托公司定位于专业的资产管理机构和金融理财机构，彻底解决了信托行业在经历了五次历史整顿以后仍旧存在的功能定位不清晰的缺陷。此外，“新两规”严格限制了信托公司固有业务的开展范围，除了禁止信托公司持有实业投资股权外，还对信托资金债权的运用方式及规模进行了限制。

此外，“新两规”确定了信托公司的业务范围，要求信托公司在开展信托资金业务的时候，委托人必须是符合要求的合格投资者，限制自然人委托人的上限，鼓励信托公司开展私募股权投资信托、资产证券化信托、房地产投资信托基金、年金基金信托等创新业务，突出信托公司经营特色，引导信托公司构建专业化经营模式。

法律直通车

《信托公司管理办法》（银监发〔2007〕2号）

《信托公司集合资金信托计划管理办法》（银监发〔2009〕1号）

（二）产品创新

银监会于2007年颁布了《信托公司受托境外理财业务管理暂行办法》（以下简称暂行办法），鼓励具备资质的信托公司在QDII、PE、REITS、股指期货等产品方面进行金融创新。

该暂行办法从制度上保证和规范了信托公司如何从事和开展受托境外理财业务，它是监管机构对于信托行业分类监管的更深层次的体现。该暂行办法规定受托境外理财业务的对象为境内机构或居民个人，并将其合法的资金委托给信托公司设立信托，信托公司按照自身的名义及相关信托约定的方式在境外进行规定的金融产品投资和其他涉及资产管理的活动。

通过实施该暂行办法可以明确监管层对信托公司择优限劣的意图，一些资质较好、规模较大、管理先进的信托公司可以依托该暂行办法充分发挥自身优势，率先开展受托境外理财业务。同时，信托公司将积极探索开发新产品、新业务，进一步拓宽业务的范围，在风险可控的前提下开展创新业务。

法律直通车

《信托公司受托境外理财业务管理暂行办法》（银监发〔2007〕27号）

（三）业务转型和强化风险管控

银监会于2010年发布了《信托公司净资本管理办法》和《关于规范银信理财合作业务有关事项的通知》等指引，鼓励信托公司发展主动式管理业务，限制固有业务和被动式管理业务，促使信托公司业务调整，向专业第三方财富管理机构转型。

同时，银监会于2011年发布《信托公司净资本计算标准有关事项的通知》，规定监管评级较高的信托公司可下调风险资本计算系数。这将激励信托公司完善内部管理，提升风险管理水平，以提高监管评级，达到节约资本的目的。

上述监管制度的颁布明确了信托公司应当建立以净资本为核心的风险控制指标体系，加强信托公司风险监管，并且为业务转型打下基础。信托公司应当计算净资本和风险资本，并将其比值维持在100%之上，构建风险资本与净资本的对应关系，促使信托公司各业务的风险资本能够得到净资本的支撑，保证信托公司能够按照不同的风险状况对自身业务进行合理配置。

监管机构通过对信托公司净资本监管意图的有效落实，引导信托公司根据自身特点进行差异化选择与发展。信托公司必须尽快提升信托资产自主管理能力这一核心竞争力，实现可持续发展。

法律直通车

《信托公司净资本管理办法》（银监发〔2010〕5号）

《关于规范银信理财合作业务有关事项的通知》（银监发〔2010〕72号）

《信托公司净资本计算标准有关事项的通知》（银监发〔2011〕11号）

二、信托行业监管趋势[①]

信托公司应当意识到监管机构开始关注信托公司在内部风险管理和外部业务发展过程中所面临的风险，并会逐步强化监管要求。

（一）加强全面风险管理

风险管理是一个由风险识别、风险评估、风险管理构成的循环过程。这一过程是个性化的，而非千篇一律，形成的风险管理体系从目标到结果也应该是差异化的。

国内的信托公司需根据自身特点，区别“金融集团控股型”“国企集团控股型”和“地方财政或国资控股型”，制定符合各自风险管理的策略和目标。信托公司只有风险文化与股东利益紧密结合，才能发挥其最大的效用。

（二）构建内部控制体系

信托公司开展内部控制自我评估体系时，需要全面把握和正确

① 德勤华永会计师事务所有限公司，2013年中国信托业分析与展望，上海，2012。

解读监管机构的指引要求，对相关指引要求需进行细化分析。尽管针对信托行业的内部控制的监管措施尚未颁布，但是信托公司应当按照财政部，证监会、审计署、银监会和保监会联合颁布的与内部控制相关的规定开展内部控制自我评估体系建设，并且需要根据未来可能新出台的监管指引以及信托公司自身文化的改变对现有的自我评估流程进行修改和调整，以保证内控自我评估体系符合公司内部管理需要。

内部控制体系的构建应当重点关注以下内容：

- 满足监管机构全流程、全覆盖要求的同时，考虑重要性、适应性、制衡性和成本效益原则，建立内部控制标准。
- 内部控制作为风险管理的重要手段，主要针对公司内部可预知和可控的风险进行管理。内部控制标准是重点管理“可控风险事项”。
- 内部控制标准作为工具，用来审视是否有相应的制度体系设计以满足内部控制要求，以及制度是否执行到位。

（三）提升资本管理意识

国内信托公司资本管理意识较薄弱，对于资本管理工作的重视程度不够。信托公司通常没有设置独立的资本管理部门，也没有指定专门的部门承担相应的管理职责，使得资本管理的工作进展缓慢。此外，资本管理的目标通常仅为满足外部监管要求，缺少为满足公司未来业务战略规划需要而拟订的资本规划和配置方案。

信托公司应当加强资本管理的意识，在建立专门负责资本管理部门的同时，要求全公司各个部门全力配合资本管理的工作。资本管理的工作应当包含如下方面：

- 制定资本管理的战略和目标
- 实施资本规划
- 开展资本配置
- 强化资本计量

- 建立资本监控与评价
- 完善资本补充

信托公司在建立资本管理体系的同时，还应构建日常监控资本管理的指标和方法。

（四）推广精细化管理工作

目前，国内信托公司对于设置全公司统一的资本回报率缺乏度量的科学依据，大部分信托公司未将资本指标根据不同部门、业务条线、产品等进行逐级分配，并以此为基础开展业绩价值的考核。

信托公司应当以股东价值最大化目标为指导，以资本充足水平达标为中心，在引入经风险调整的资本回报率（RAROC）和经济增加值（EVA）的同时，通过监控资本变动情况，及时掌握各类业务的资本占用和消耗情况，针对资本配置过程中的偏差提出改进建议，为客观衡量和评价各部门（业务条线）经济价值创造能力提供依据，促进各项资本管理目标的全面完成。

由于资本评估所涉及的知识理念很新，专业领域要求较高，通常基层人员对该理念缺乏了解，因此需花费大量时间、人力及物力开展培训，以便在基层树立起资本评估知识理念。

第四节 信托行业内部控制概述

强化信托公司的风险管理，除了合理的外部监管之外，在信托公司内部建立科学有效的内部控制体系也是行之有效的管理举措。内部控制作为信托公司一种自我调节、自我制约的内在机制，在很大程度上可以起到防范和化解风险、保证经营活动合法合规、保护资产的安全与完整和促进企业经营战略有效实施等重要作用，是否有科学完善的内部控制是衡量信托公司经营管理水平的重要标志。

目前，我国大部分信托公司建立了内部管理制度，在公司经营过程中也发挥了一定的风险防范作用。但信托公司的内部控制体系尚不健全，存在很多问题。下面通过分析信托公司内部控制的现状及原因，总结出完善信托公司内部控制的若干建议，希望对信托公司的内部控制建设起到一定的指导作用。

一、信托公司内部控制现状

（一）信托公司治理结构运行的有效性低

从信托公司的年报披露来看，大多数信托公司都建立了较为完善和健全的治理结构。在治理结构的顶层设置了股东大会、董事会和监事会，在治理结构的执行层设置了风险管理委员会和审计委员会等专业委员会，在治理结构的操作层设置了风险管理部门及内部审计部门以构筑第二道及第三道防线。

但从实践结果来看，所设机构并未发挥出应有的监督和制衡的作用，表象完善的治理结构在实际运行的过程中有效性较低，导致内部控制机制并未得到有效的履行和落实。比如，内部审计部门大多仅承担离任审计等例行项目，未对公司整体内部控制设计及运行情况、业务流程的控制点进行系统性的审计；审计委员虽然成立，但并未定期议事，对公司内部控制现状进行评估；事后监督及追究问责机制匮乏，内部审计部门检查发现的问题在经营中会持续存在，使检查审计流于形式，起不到有效的监督作用，审计委员会也未在此过程中履行相应的职责。

（二）信托公司的内控环境较薄弱

信托公司特殊的委托代理关系对信托公司内部控制环境的建设提出了很高的要求，其中最为核心的便是对道德风险的防范，近年来发生的信托案件大多源自于此。

信托公司本应“受人之托，代人理财”，执行业务时以委托人利益为先，但由于目前我国信托公司也普遍存在着自营业务，这就不可避免地形成了信托公司自身利益与自身义务之间的冲突。外部投资者和信托业务经理在具体业务经营上存在着信息不对称，致使部分信托公司利用信托财产为自营业务牟利，导致外部投资者无端承受此行为给信托财产带来的巨大风险。

道德风险及人性的趋利本质使信托公司的内控环境相对薄弱，这也更加体现出建设完善的内部控制体系的重要性。

（三）内控能力相对薄弱、时效性相对较差

基于信托公司业务范围广、业务品种复杂、业务创新能力强、业务创新速度快的业务特性，信托公司相比其他金融机构，风险暴露更严重，这对其内部控制的管控能力提出了更高的要求。

此外，随着创新业务的不断涌现，业务的交易结构及交易条款的设计灵活多变。内部控制要素、方法及手段时效性的高低在很大程度上决定了内部控制的效果。

但是，我国信托公司的内部控制能力相对薄弱，内部控制的时效性相对较差，均会对内部控制的效率和效果产生重大的影响。若不能有效提升内部控制能力及内部控制的时效性，内部控制的管控很可能有名无实，形同虚设。

（四）内部控制手段的电子化程度较低

随着业务发展，近年来中国很多信托公司都在大幅度地进行信息化投入，然而多数都是投向项目管理系统和核算系统，对信托公司计算机审计的相关内部控制措施并未相应增加，且专业人员配备不够，导致内部控制手段的电子化程度不高，许多控制节点和控制措施还停留在手工阶段，导致不能有效识别和评估内部控制风险。

（五）信托内控制度的完善性及时效性较差

我国大部分信托公司建立了内部管理制度，在公司经营中也发挥了一定的风险防范作用。但是，内部控制制度不够健全有效。大量信托公司的内部控制制度仅仅是法律法规的简单复制，且在国家没有出台明确统一的信托行业内部控制规范的背景下，导致所复制的内控制度形同虚设；另外，信托公司许多内部控制制度仅是框架性的描述，并没有建立更多与本公司业务紧密相连的细化指引，导致内部控制制度的针对性和可操作程度不高，不能有效指导内控操作实践。

此外，内部控制制度的时效性有待提高。作为产品设计最具灵活性、多样化、创新程度最高的金融机构，信托公司的业务创新速度快、频率高、种类多，但是很多信托公司相应的内部控制制度并未随业务创新及时建立或者修订，导致对新增创新业务缺乏控制力，内部控制制度的时效性大大降低。

二、信托公司内部控制特点

针对上述信托公司内部控制的现状，其特点包括五个方面。

（一）信托公司的股权特性

信托公司治理结构的合理性及健全程度在很大程度上决定了信托公司内部控制的效果。由于历史原因，我国大多数的信托公司都是由地方政府或者国有企业出资设立，且国有资本控股比重大，导致股权相对集中。

由于股权结构不合理，一股独大，或者主要管理人员的权力过于集中，缺乏有效内部制约和监督，减弱了不同出资股东之间的利益制衡作用，容易诱使控股股东通过管理层实现自我意愿，使信托公司第二道及第三道防线缺乏应有的独立性。此股权属性和结构最终将导致所设置的治理结构有名无实，形同虚设，难以发挥应有的作用，治理结构的有效性被大大削弱。

（二）特殊的委托代理关系

按照《信托法》的定义，信托是指委托人基于对受托人的信任，将其财产权委托给受托人，由受托人按委托人的意愿并以自己的名义，为受益人的利益或者特定目的进行管理或者处分的行为。信托公司作为受托人，享有信托财产的所有权，受益人则享有信托财产所产生的受益权。这种特殊的委托代理关系，使得信托财产的所有权与受益权分离，形成了信托“受人之托，代人理财”的特点，也反映出了信托的根本特质。

信托的这一特点决定了信托必须以信任为基础，要求受托人具有良好的信誉及很强的承托能力和道德操守。信托公司在管理信托财产时应恪尽职守，履行诚实、信用、谨慎及有效管理的义务。

上述特殊的委托代理关系对信托公司的内部控制环境提出了很高的要求，信托公司应通过内部控制环境的持续改善，加强员工的法律素质和道德诚信观念，使遵守职业道德的信念渗透到每个员工的心中，使按照职业操守执业成为每个员工的自觉行为。

（三）业务复杂及创新频率高

在分业经营、分业监管的金融体制下，具有全牌照经营权限的信托公司相比其他金融机构，投资范围最为广泛，投资方式也最为灵活，信托产品及条款的设计灵活多变。

此外，由于市场环境和监管环境的变化，相比商业银行、证券、基金等具有专属优势业务领域的金融机构，信托公司的创新能力更强、创新速度更快、创新频率更高。

基于信托公司业务范围广、业务品种复杂、业务创新能力强、业务创新速度快，并且可借鉴的经验少，可利用的人才稀缺，给相应的内部控制体系带来很大的压力。

（四）信托业务操作电子化程度较高

信托公司的各项前台业务开发以及后台财务核算的电子化程度普遍较高。以证券投资类信托项目为例，从信托项目成立及审批，到项目估值核算及份额管理和分配的全过程，由金手指、恒生、用友等软件系统予以支持。

基于信托公司业务的操作特性要求内部控制体系需要有相应的信息系统的支持，融入计算机审计的手段，有针对性地设计控制节点和控制措施。

（五）信托公司内控环境的外部驱动因素薄弱

信托公司的内控建设主要参照银监会 2004 年出台的《信托投资

公司内部控制指引（征求意见稿）》，上海证券交易所及深圳证券交易所2006年出台的《上市公司内部控制指引》，以及银监会2007年出台的《商业银行内部控制指引》。2007年银监会颁布的信托行业"新两规"也对信托公司内控建设起到了一定的指导作用。

《信托投资公司内部控制指引（征求意见稿）》颁布实施后，信托行业的经营环境发生了巨大变化，因而此指引缺乏时效性；《上市公司内部控制指引》和《商业银行内部控制指引》不能体现信托业务的特点，因而限制了对信托公司内部控制建设的有效指导，其针对性及可操作性不强；"新两规"主要从信托业务开展的角度进行指引，对信托内部控制建设的影响较为间接，指导作用有限。

作为我国现代金融体系重要组成部分的信托行业，正处在一个蓬勃发展的阶段，由于其自身的特点及其在金融系统中的特殊地位，决定了信托行业内部控制的特殊性和重要性。但当前国家尚未出台明确统一的信托行业内部控制基本规范，以对信托公司的内部控制体系建设进行有效的指导。

三、信托公司内部控制发展方向

加强和完善我国信托行业的内部控制，已成为当前理论界和实务界的共识。有效提升信托公司的内部控制能力，对于改善我国金融信托机构内部控制现状，保证财务及会计信息的质量，保证客户的合法权益，保证金融市场的有效运行有着非常重要的意义。针对上述内部控制的现状以及原因，下文有针对性地提出了几点改进建议。

（一）提升治理结构的运行有效性

- 实现股权多元化

完善信托公司法人治理结构，促进治理结构运行的有效性，避免控股股东对公司治理行为的扭曲，最关键的是优化股权结构，实现股权结构多元化，改变国有资本一股独大的局面，通过制衡机制制的建立最大限度地维护各利益相关者的权益。

不健全或不完善的股东结构是治理结构有效运行的最大掣肘，采用股权分散化的股东治理结构已被广泛认可，此发展趋势在我国部分信托公司的增资扩股中也得到了印证。条件尚未成熟的信托公司，可循序渐进，通过引入非关联国有法人等战略投资者以稀释股权结构；条件比较成熟的信托公司，可以考虑改制上市，从目前两家已在上交所上市的信托公司来看，其法人治理结构就相对比较完善。

信托行业治理结构的问题如需治本，必须从根本上斩断地方政府和信托公司之间的依存关系，改革政府投融资体制，拓宽政府投融资渠道，使信托公司从本质上真正成为独立运营的市场化企业。

- 建立独立董事制度

治理结构未能有效运行最形象的体现是“内部人控制”现象，而独立董事制度在保护中小投资者利益，以及科学决策方面能起到十分有效的作用，并能有效地遏制“内部人控制”问题。

从实践经验来看，独立董事制度是促使公司治理结构有效运行的重要手段，而独立董事制度有效性的发挥在很大程度上依赖于独立董事的独立性与合格性。鉴于信托行业的特殊性，建议可考虑由监管机构设立信托公司独立董事专家库制度或相应的考核制度，并且要加强对独立董事任职资格的审查，确保独立董事能够切实履行职责。

- 加强内部控制的审计、监督与评估

要充分提升内部控制的运行效率与效果，保证其持续有效的运行，就必须加强对内部控制的审计、监督与评估。因此，内部控制的审计、监督与评估有着重要的意义，信托公司也应重视内部审计工作，使其真正成为公司管控的第三道防线。

内部控制的审计、监督与评估体现在两个方面：一是对内部控制制度运行有效性的审计，检查内部控制制度是否持续且有效的运行，保证内部控制制度得到层层落实；二是对内部控制制度设计有效性的审计，通过实施内部审计发现内控制度所存在的缺陷和问题，并有针对性地进行动态完善，促进和加强内部控制制度体系的建设，更好地发挥内部控制在企业经营中的运行效用。

（二）提升信托公司的内控环境建设

- 建立具有可操作性的道德规范和行为准则

内部控制制度的执行者是包括高级管理层在内的全体员工，员工的道德水准和价值观念长期被认为是内部控制环境的重要要素。因此，在完善内部控制环境的构建，有效降低道德风险的过程中，应直接纳入道德规范和行为准则的建设，针对各岗位的特点及潜在风险建立起具有操作性的道德规范和行为准则。同时，加强员工的职业操守教育，通过发布及贯彻实施全体员工道德规范及行为准则，规范每个员工的执业行为，为受托人履行受托责任提供合理的职业操守保障。

- 营造良好的控制环境

控制环境是内部控制的基础，为其他内部控制要素提供规则和架构。在良好的控制环境中，存在着一种确保内控制度建立、完善并得以有效执行的意识和机制，使潜在的问题及早得到暴露。此种意识和机制便是内部控制和风险管理的文化和理念。

因此，信托公司要营造良好的控制环境，更重要的一点是宣导、培育及牢固树立全员内部控制和风险管理的文化和理念，培养全体员工的风险防范意识，营造一个浓厚的内部控制文化氛围，使风险意识贯穿到公司各个部门、各个岗位和各个环节，最终使每位员工认识到内部控制不仅仅是内部审计部门的事，而是贯穿在每一个员工的日常工作中。

（三）提升内控管控能力和意识

- 加强内部控制培训

全员内部控制意识、方法及技术的提高是提升内控管控能力和时效性的基础，而加强内部控制的培训是提升全员内部控制意识、方法及技术的有效手段。

信托公司内部不同层级及不同岗位的员工由于自身权责设置及绩效考核标准设计的不同而对内部控制有不同的理解，甚至和内部控制的理念产生冲突；信托公司内部审计人员可能由于内部控制方法和技术的欠缺不能有效履行内部控制审计的职责，上述均会对内部控制的管控能力造成负面影响。因此，信托公司应下大力气组织内控体系的学习和培训，针对不同层级及不同岗位的员工，有针对性地实施内部控制意识、方法及技术的培训，从而为有效提升内控管理能力和时效性奠定基础。

- 加快内部控制专业人才的引进和培养

信托公司业务范围广、业务品种复杂、业务创新能力强、业务创新速度快，这对内部控制人员的专业胜任能力提出了很高的要求。

目前，我国大部分信托公司内部控制体系的建设、实施和维护都依赖于外部咨询机构。内部审计人员不清楚内部控制体系建设方法和要求，外部咨询人员不熟悉公司的业务，由此造成了内部控制体系设计和具体实施之间的矛盾。内部控制体系的建设、实施和维护都需要从公司的实际业务出发，不能单纯地参照和借鉴，信托公司内部审计部门也要设立专岗负责内控体系的后续检查和维护。

因此，信托公司需要建立和培养适应业务发展需要的内部控制管理的专业团队，引进既熟悉信托业务又了解内部控制管理体系的专业人才，以提升内部控制管控能力及时效性。

（四）提升内控制度的完善性和时效性

- 关注外部监管机构对于内部控制的规范

信托公司应当关注监管机构或者信托行业协会按照当前信托公司的业务特点，完善信托公司内部控制的相关规定，出台细化的、有针对性的信托公司内部控制指引，能够指导信托公司建立全面的、可操作性的内部控制制度体系。

- 完善信托公司内部控制制度体系的建设

内部控制制度体系作为内部控制体系的重要组成部分之一，是信托公司安全运转的重要保障。信托公司应重视内部控制制度体系的建设。在目前监管机构尚未出台相关信托公司内部控制指引的情况下，信托公司应依赖内部控制专业人才的引进及团队建设，基于公司业务开展的实际状况拟定适合于信托公司业务现状，并具有可操作性的内部控制制度。此外，内部控制制度应随着信托业务操作的创新及变更及时建立或者修订，以增强对新增创新业务的控制力，提升内部控制制度的时效性及运行效果。

（五）提升内部控制手段的电子化程度

根据信托公司信息化程度逐步提高的特点，内部控制也要配备信息系统专业人才，充分利用计算机审计等手段，从权限管理、数据管理、日志管理等方面入手，对关键控制节点进行监控，以将内部控制贯穿于各业务领域的关键业务流程，做到及时、准确的控制，最大限度地降低舞弊风险和操作风险。

第三章 内部控制与自我评估体系

第一节 内部控制体系介绍

一、建立卓有成效的内部控制环境①

卓有成效的内部控制环境是实施内部控制的基础。企业的内部控制环境主要有公司治理架构、企业内部文化、部门机构设置、人力资源配置、内部审计机制等。由于我国市场经济起步较晚，企业发展至今其内部控制环境仍存在一些亟待解决的问题，如公司治理架构设置不规范，“一手遮天”的现象还很普遍；企业文化缺失或缺乏梳理，造成企业的核心价值观长期处于不健全状态；部门机构权责划分不清晰，内部信息交流存在梗阻；内部审计机制不健全，内审业务工作缺失；对人力资源政策缺乏重视，造成员工的归属感、责任感不强，从而引发执行力下降。企业要想成功构建规范的内部控制体系，就必须对自身存在的问题进行认真排查，制定整改措施，逐步净化和优化内部控制环境。

（一）明确治理架构在内部控制中的职能

规范企业治理架构，明确治理结构在内部控制中的职能。董事会负责内部控制的建立、健全和有效实施；监事会监督董事、经理等管理人员是否建立并实施了内控控制体系，监督有无违反公司章

① 王志勇，《简谈企业构建内部控制体系》，《理论研究》，2010。

程、内控制度及股东大会决议的行为；经营层负责组织企业内部控制的日常运行。此外，企业应指定适当的部门具体负责内部控制的建立、实施及日常工作，也可以成立专门的内控管理部门。

（二）大力培育和弘扬企业文化

通过专项研习会、培训或集体活动等丰富多彩的形式，培育企业核心价值观，树立现代管理理念，增强社会责任意识和风险意识；弘扬诚实守信、敬业爱岗、开拓创新和团队协作的企业精神，提升员工职业道德，增强企业凝聚力和向心力。

（三）界定部门机构的职责权限

公司应当清晰界定部门机构的职责权限，理顺权责关系，确保不兼容职责得到分离，建立有效的信息交流机制，从而避免出现多头管理和管理盲区，使得内部控制的链条能流畅地在各个环节之间传动。

（四）建立对董事会负责的内部审计委员会

公司应当建立对董事会负责的内部审计委员会，负责对内部控制体系的设计、实施和评价进行监督，并确保其独立性。同时，应赋予内部审计机构更多的独立调查权，并由其具体实施内部控制的评价工作。

（五）完善人力资源建设

公司管理层应以人为本，完善人力资源建设。根据公司的发展目标制定适当的人员招聘计划，充分满足公司发展需要；建立员工职业生涯设计机制，引导员工增强归属感和责任感；建立丰富的培训制度，提高员工的风险意识和内控理念；落实带薪休假、强制休假、岗位轮换和离职审计等制度，有效防范岗位风险。

二、打造以内部控制理念为核心的制度体系

制度是内部控制的“灵魂”①，打造以内部控制理念为核心的制度体系是最为关键的一步。但是，目前一些企业全面认识内部控制还刚刚开始，虽然意识到内部控制的重要性，但对内部控制认识不够。现行的公司制度，往往侧重于经营环节的程序控制，而忽视了企业整体的协调，企业现行的大多数制度都是各部门自己制定的，由于职责限制和专业限制，不同制度之间往往缺乏有效的衔接，甚至会出现相互矛盾或者职责重叠的现象。目前，构建内部控制制度的参照依据大致可分为三种，即国家法规政策、相互学习借鉴和自我经验积累，除了会计控制方面尚有国家法规政策作参照外，其他业务流程基本上都是以企业间相互借鉴和自我经验积累为依据，缺乏权威性的范本作参照。结合上述现状，建议企业在设计内控制度体系时应遵循以下原则。

（一）权威性原则

所谓权威性原则，是指企业在构建内控制度体系时，应该以监管部门下发的制度为基础，按照《内部控制基本规范》《企业内部控制应用指引》《企业内部控制评价指引》和《企业内部控制审计指引》的要求对现行体系进行补充、修订和完善，使其达到内部控制的要求。

（二）风险预防原则②

公司应当建立和优化有效的中长期稳健的结构体系，有力抑制风险发生，要结合企业特点制订企业财务风险管理战略，积极采取在风险状况上的财务决策计划、控制等方法，对企业财务风险进行预防和控制。对已经发生的财务风险进行适当处理，把风险降到最

① 黄荔，《企业内部控制制度的评价与分析》，2012。

② 董松霞，《中国农业会计》，2009。

低限度，如对企业可能出现的各种风险通过不相容职责相分离、授权审批、会计控制和建立预警机制等。

（三）全流程化原则

内部控制是对某项业务的整个流程中的各个节点进行控制。因此，内控制度必须打破以部门为界限的控制方式，实行“全流程化”控制模式。这就要求在设计制度时，各个部门应密切配合，加强沟通，以确保制度在部门之间平滑对接。

（四）成本效益原则

监督企业内控体系需要投入更多的人力、财力和物力。如果用于防范某种风险的投入大于风险发生时造成的损失，那么预防这种风险就会得不偿失。因此，企业应根据成本效益原则，首先对各种风险进行评估，根据风险发生的严重程度以及风险发生的可能性，在制度中制定适当的控制措施。

（五）全员性原则①

内部控制要求企业中每一个人都对内部控制负有责任。比如，董事会的成员应在企业内部建立有效的信息呈报渠道，以有利于及时辨认、防止管理人员可能逾越控制、忽略或压制来自下属的失控报告等弄虚作假的行为；企业的内部审计人员在评估控制制度的有效性方面扮演着重要角色，并通过定期审计与专项审计对内部控制的持续有效性作出评价；企业中每一员工都负有本岗位的责任。

（六）清晰化原则

制定制度的目的在于有效地执行。清晰化的制度体系可以使每个执行人都能够准确地理解和把握制度内容，从而有效地执行。因此，各项制度应做到流程清晰、条理分明、表达准确、语言简练，并尽可能地用图形、表格等更直观的方式表述，以增强其可操作性。

① 王金玲，《企业研究》，2011。

三、建立和完善内部控制评价监督机制

内部控制体系建立后，为确保公司各项控制有效运转，实现各项控制目标，应当制定相应的制度和流程以巩固现有的控制活动并及时发现内控活动运行过程中的缺陷，以及由于外部环境发生变化而导致控制活动失效。一方面要加大对员工的培训力度，学习内部控制制度和内部控制理念，提升全员执行力；另一方面要加大宣传力度，营造良好的执行氛围，使得员工自觉落实内部控制的各项措施。此外，建立和完善内部控制评价监督机制更是不可或缺的。内部控制评价监督机制应由三个方面组成。

（一）内部控制评价工作实施的主体

企业董事会及其所属的审计委员会负责领导本企业的内部控制评价工作，并授权内部审计部门负责评价工作的具体实施。监事会对董事会实施内部控制评价的情况进行监督。

（二）内部控制评价的内容

内部控制评价的重点是内部控制体系设计和运行的有效性，主要包括：内部控制体系设计是否合理、组织实施过程是否全面、是否涵盖了所有重大风险、实际运行效果是否达到了设计要求、是否出现过重大风险事故、整改机制是否完善等。内部审计机构应按照评价程序出具评估报告。

（三）内部控制评价结果的应用

对评价结果的应用是确保内部控制有效运行的重要保障，是避免内部控制失效的关键步骤。企业应当把内部控制评价结果纳入员工及部门的绩效考核体系，使其与流程负责人的经营业绩、员工薪酬、干部任免等利益事项挂钩，实行一定的激励与约束机制，才能避免内部控制体系沦为“一纸空文”。

案例 3－1

作为目前国内三家已上市的信托公司之一的A公司，经过筹备与启动阶段、风险识别与评估阶段及内控规范梳理与诊断阶段，基本建立了完善的内部控制体系，其内部控制体系的构建思路可为其他信托公司提供一个范本示例。

筹备与启动阶段

A公司筹备与启动阶段的工作任务及主要工作成果包括以下几个方面。

1. 组织召开了内部控制规范实施项目启动会

为了加快内控规范建设工作实施进度，A公司召开了内部控制规范实施项目启动会，公司管理层及各部门负责人参加了会议。董事长就内控体系建设要求和如何做好内控规范作了动员讲话，标志着公司内控规范工作正式实施。

2. 组建了内部控制规范实施工作领导小组（以下简称领导小组）和项目小组

为保证工作的顺利开展，A公司组建了由董事长任组长，副总裁、董事会秘书、总会计师、总裁助理、副总法律顾问、副总经济师任成员的内控规范领导小组，全面负责对内控体系的建设工作进行整体筹划、组织领导和推进，对工作中的重大事项进行决策；公司设立了由合规与风险管理部牵头，其他职能部门参与的项目小组，在领导小组领导下开展内控规范体系建设的具体实施工作。

3. 确定了合作的咨询机构

鉴于企业内部控制建设工作的复杂性和紧迫性，以及公司自身资源、专业知识、经验和技能可能存在的不足，为保证按期、

案例 3-1

高效地完成工作，A 公司对三家专业咨询机构进行了资料审查和现场沟通，经过专项讨论和分析评估，最终选定具有丰富内部控制咨询经验的机构作为公司内部控制规范实施工作的咨询机构。

4. 组织召开了内控体系建设沟通培训会

为动员各部门积极参与内部规范的实施工作，培养内控意识，领导小组组织召开了内控体系建设沟通培训会，领导小组成员、项目小组成员及各部门负责人参加了会议。咨询机构就内控规范项目实施背景、企业内部控制重要性、项目实施的主要目标、项目咨询服务范围、各阶段主要工作任务和拟达成工作成果等方面进行了专项培训。

风险识别与评估阶段

1. 确定风险管理目标

A 公司以稳健经营、程度适中的风险偏好为基调，为达到质量、效益、规模的协调发展，积极更新风险管理理念，制定了如下风险管理总体目标：

- 保证公司的经营合法合规及公司各项规章制度的贯彻执行；
- 将风险控制在与公司总体经营目标相适应并可承受的范围内；
- 建立针对重大风险发生后的危机处理计划，防止公司因风险或危机发生而遭受的重大损失；
- 形成良好的风险管理文化，使公司全体员工强化风险管理意识。

2. 风险梳理与识别

充分考虑现阶段战略目标、治理框架、经营内容、发展特点

案例 3－1

和未来管理侧重等因素，综合公司整体运营及业务流程两个层面，公司可能面临的主要风险可归为战略风险、信用风险、市场风险、财务风险、操作风险、合规与法律风险、声誉风险等大类。

3. 风险评估标准

充分考虑公司实际管理需求，借鉴五部委《企业内部控制基本规范》、银监会《信托公司监管评级与分类监管指引》，参考国资委《全面风险管理指引》，从风险发生的可能性和影响程度，制定了相应的风险评估标准。

4. 风险评估结果

依照风险评估标准，对各项风险发生的可能性和影响程度分别进行定量评分，得出公司目前面临风险的等级及整体风险暴露。

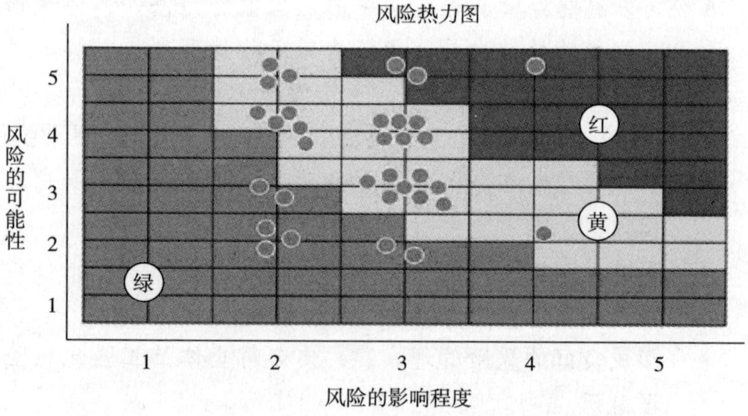

图 3－1　风险热力图

案例3-1

按风险的严重程度进行归纳分析，风险评估的等级为红色区域，风险等级为高；黄色区域，风险等级为中；绿色区域，风险等级为低。同时，按照高中低的划分计算各类风险严重程度的占比。根据图3-1风险热力图的显示，公司管理层应对红色区域风险予以充分关注，并采取应对措施，落实管理责任，严防风险导致损失。同时相关部门还将加强对黄色区域风险管理与监控的力度。

由于内外部经济环境等风险因素在不断变化，按风险的发展趋势进行归纳分析，风险评估显示，有多少项风险的发展呈上升趋势，占比是多少；有多少项风险的发展走势平稳或呈下降趋势，占比是多少。公司将加大力度关注处于上升趋势风险的暴露情况，并将根据内外部因素的变化情况定期进行动态风险评估。图3-2展示了风险发展的趋势。

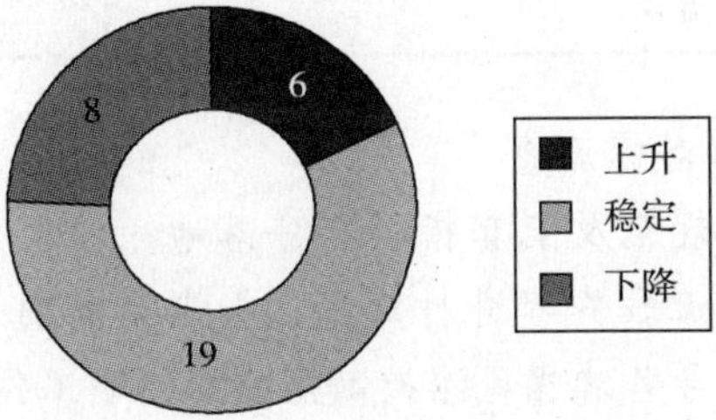

图3-2 风险的发展趋势

内控规范梳理与诊断阶段

根据五部委《企业内部控制基本规范》及配套指引、信托公司适用的法律法规，公司正在稳步推进内控规范梳理和诊断工作。

案例 3－1

1. 明确流程目录

结合A公司经营管理现状，明确内部控制框架为公司层面、业务流程层面、信息系统总体控制层面，划分主流程和子流程，主流程目录如表3－1所示。

表3－1　风险的发展趋势

层面	主流程名称	对应内控要素
公司层面	组织架构、发展战略、人力资源、社会责任……	内控环境、风险评估、信息与沟通、内部监督
业务流程层面	净资本管理、自有资金管理、信托资金管理、固有业务管理、信托业务管理、会计核算与财务报告管理、税务管理、支出管理……	控制活动
信息系统总体控制层面	IT规划与组织、IT系统开发与实施……	信息与沟通、控制活动

2. 完成指引对标落地

为确保内控规范及配套指引充分落地，公司将规范指引中的具体条款逐条与流程内容进行对标，编制完成内部控制体系建设外规对标表，指导各流程风险控制矩阵的编制工作。

3. 进行制度全面梳理

根据内控规范的具体要求，对公司制度体系进行了全面梳理工作。总体来看，随着公司内部控制制度的进一步修订和建立健全，公司内部控制制度建设得以不断加强，制度体系更趋健全。随着内部控制的进一步强化和经营管理水平的进一步提升，公司还将逐步对现行制度进行修订、完善和细化。

案例3－1

4. 开展访谈工作

根据规范的具体要求，结合部门职责，对全公司主要职能部门和业务部门开展访谈，形成访谈纪要。通过深入部门，既实现宣贯内部控制文化的目的，也切实了解部门对公司内部控制体系的认识和完善建议。

5. 对内部控制体系现状进行初步诊断

基于对标、制度梳理、访谈等工作，公司对于内部控制体系现状进行了全面诊断。

第二节　内部控制自我评估体系介绍

内部控制自我评估是指企业内部为实现经营目标和控制风险而对内部控制系统的有效性和恰当性实施自我评估的方法。其有三个基本特征：关注业务的过程和控制的成效；由管理部门和职员共同进行；用系统化的方法开展自我评估。

信托公司其内部控制自我评估体系建设工作的开展程度不尽相同，因此，其在实施内部控制自我评估的程序也存在差异。

对于初次开展内部控制自我评估程序的信托公司，其构建内部控制自我评估的具体步骤包括制定内控评价方案、撰写自评风险控制矩阵、实施内控有效性评估和编制内控评价报告。在初次开展内部控制自我评估工作时，信托公司应当通过系统性的内部控制自我评估方法，规范内部控制自我评估程序。

对于已经开展过内控控制自我评估的信托公司，其需要在已经构建的内部控制自我评估的具体流程中增加跟踪上一期间内控自评整改情况的步骤，检查上一期发现的内控缺陷是否已经按照整改方案的时间和内容进行整改。

一、内部控制自我评估体系的构建

对于初次开展内部控制自我评估程序的信托公司，其实施内部控制自我评估的具体流程包括以下四个步骤：

- 制订内控评价方案
- 撰写自评风险控制矩阵
- 实施内控有效性评估
- 编制内控评价报告

（一）制订内控评价方案

1. 确定自评范围

以风险评估为基础，结合财务报表从定性和定量两方面进行分析，选择开展内控自我评估的部门、业务及流程，确定自评范围。

定量分析指将公司财务报表科目数据与重要性水平进行比较，对大于重要性水平的科目所对应的流程纳入评价范围。管理层在选择重要性水平时，建议与外部审计师进行沟通，使用小于等于外部审计的重要性水平，有利于外部审计师认同公司的内部控制自我评估工作；选择财务报表的关键财务指标（如总资产、营业收入、税前利润、净利润等）时，根据公司的具体情况确定定量门槛，从定量分析上划分为重要性高、中、低的不同等级。

定性分析指从管理层、各业务部门基于对公司情况的了解及风险认识，将有风险的事项与财务科目挂钩，将相关的流程纳入评价范围。在开展内控自评的第一年时可仅以风险情况进行定性分析，在以后年度则可以在完成内控自评后进行内控评分，以确定各部门管理水平。表3－2展示了在确定自评范围时所需梳理的内控自评流程盘点表。

表 3－2　　　　　　　　流程盘点表示例

流程 \ 部门		信托业务部	信托业务管理总部	财富中心	市场营销管理总部	财富中心	运营管理部	信托财务部	固有业务部	计划财务部	风险管理部	法律合规部	审计稽核部	人力资源部	行政事务部
业务流程	集合资金信托	✓	✓	✓	✓	✓	✓	✓			✓	✓	✓		
	固有资金投资								✓	✓	✓	✓	✓		
	……								✓	✓	✓	✓	✓		
管理流程	风险管理										✓		✓		
	合规管理											✓	✓		
	……													✓	

2. 自评工作内容

自评工作内容包括风险评估、关键控制评估、执行有效性测试、发现缺陷及提出整改方案并落实整改、编制自评报告。

3. 确定自评人员和时间安排

信托公司需要估算纳入自评范围的部门与流程，预计所需自评人员的人数和工作量，并且结合年度其他项目所需人员数量和工作量，检查自身是否有足够的人力资源开展内控自评工作，以判断是否需要调整年度内控自评计划。

基于上述判断的结果，信托公司拟定与现有人力资源相适应的内控自评计划，安排自评人员和时间进度。在安排内控自评人员时应考虑其专业胜任能力。

4. 确定自评工作费用预算

根据内控自评工作的需求安排内控自评工作的费用预算（如表 3－3 所示）。

表3-3　　费用预算示例

费用类型 / 部门	费用1	费用2	……	合计
审计稽核部				
风险管理部				
法律合规部				
信托业务管理部				
……				
合计				

5. 审批内控评价方案

开展内控自评的牵头部门将内控评价方案呈交董事会或其授权的审计委员会审批。

（二）撰写自评风险控制矩阵

1. 撰写风险列表

内控自评牵头部门组织各流程负责部门根据外部经济环境和监管要求变动、内部经营情况变动，识别各部门（各流程）所涉及的风险。

2. 撰写风险控制矩阵

内控自评牵头部门组织各流程负责部门根据业务经营的实际情况，撰写各部门（各流程）所涉及的关键控制活动；各流程负责部门根据更新的风险控制矩阵，绘制内部控制流程图。

3. 初步自评风险

各流程负责部门对已识别风险的发生可能性和影响程度进行初步自我评估。

4. 初步自评控制活动

各流程负责部门对已梳理（更新）的控制活动编制内控设计有效性测试程序并进行初步自我评估。

（三）实施内控有效性评估

1. 检查风险自评

风险管理部在各部门识别风险和初步评估风险的基础上，检查风险自评结论的准确性，对于部分风险自评不恰当的情况（如风险识别有误，风险评分有误等）进行适当调整，并对检查后确认的风险进行分类和排序，更新风险数据库。

2. 检查内控设计有效性自评

审计稽核部在各部门更新关键控制活动和评估设计有效性的基础上，检查内控设计有效性自评程序的适当性和设计有效性结论的准确性。检查过程可采取以下任一种方式进行：

- 随机抽取部分控制活动并重新进行设计有效性测试；
- 选取重要的控制活动并重新进行设计有效性测试。

3. 评估内控运行有效性

审计稽核部编制内控运行有效性测试程序并按样本量选取规则进行运行有效性抽样测试。

4. 发现内控缺陷和拟定整改方案

审计稽核部归纳汇总内控有效性测试过程中发现的缺陷及薄弱环节，对其进行缺陷归类和评级，在与各相关部门沟通与确认缺陷及薄弱环节后，要求各部门递交可实施的整改方案，最终由审计稽核部审阅。

（四）编制内控评价报告

1. 整理内控评估相关底稿与资料

内控自评牵头部门汇总并审阅各部门自评风险控制矩阵、有效性测试底稿、流程图、缺陷及整改方案汇总表，并归集审计稽核部基于质量保证前提下开展的执行有效性复查底稿、运行有效性测试底稿和测试支持文档。

2. 编制内控评价报告

基于步骤1的工作内容，内控自评牵头部门编制《内部控制自我评估报告》，呈报董事会和高级管理层。

对于已经开展过内控自我评估的信托公司，其在开展内部控制自我评估的具体流程过程中需要增加跟踪上期内控自评整改情况的步骤。

内控自评牵头部门应当根据上一期内控评价报告所涉及的缺陷与相关部门确认整改方案，编制测试程序并对其进行测试，检查整改完成情况，再根据上一年的实际情况更新和初步自评风险控制矩阵。表3-4展示了在编制内控评价报告前所需整理的公司上一期间内所涉及需要整改的内容汇总。

表3-4　　整改情况表示例

流程	缺陷类型	缺陷点描述	整改方案详述	整改责任部门	整改计划审批人	预计整改完成时间	是否已经整改	备注

二、内部控制自我评估体系的关键要素

为了使内部控制自我评估工作能够关注开展业务过程中控制的成效，信托公司在实施内部控制自我评估时应当注意风险识别与风险评估、控制活动识别与控制活动有效评估和内部控制缺陷与改进点这三个关键要素。

（一）风险识别与风险评估

1. 风险识别

各部门根据当年外部经济环境和监管要求变动、内部经营情况变动，识别和增加各部门（各流程）所涉及的风险，并更新或增加风险列表中的风险点和风险事件。

风险管理部为了检查各部门风险识别的正确性和完整性应当审阅各部门更新的风险列表，根据最新的制度、战略规划和外部调研资料等，与相关部门沟通并确认更新和增加的风险点和风险事件。

2. 风险评估

风险评估标准旨在设定统一的评判标准对各种风险分别进行评分，从而按分值高低对风险进行排序和筛选。按照信托公司特点，从风险事件发生可能性和风险事件影响程度两方面拟定风险的评估标准，进而得出风险事件的评级。

3. 风险事件发生可能性的标准

在制定风险事件发生可能性的标准时，可以将一个完整财务年度内发生的可能性分为“几乎不可能”“稍有可能”“可能”“很可能”和“几乎确定”，并给予相应的分值。

4. 风险事件影响程度的标准

在制定风险事件影响程度的标准时，可以考虑该风险事件在自营资金损失、信托资金损失、信息错报影响、信息系统错报影响、营运影响、监管影响和声誉影响等方面的影响，并相应分为“几乎无影响”“轻微”“一般”“严重”和“灾难性”，再给予相应的分值。

5. 风险评级的标准

风险事件的风险评级是结合风险事件发生可能性和风险事件影响程度的评分而得出的结果。

风险事件的标准仅适用于内部控制自我评估中的所涉及的操作风险以及市场风险和信用风险中相关操作风险部分的评级；一个适于信托公司的、更具普遍性的风险评估标准将有待信托公司全面风险管理工作中明确与修订。信托公司可以按照当前内部管理需要和业务发展情况确定定量门槛，其中包括选择财务报表的关键财务指标（如总资产、营业收入、税前利润、净利润等），并从定量分析上划分为重要性高、中、低的不同等级。

（二）控制活动识别与控制活动有效性评估

1. 控制活动识别

信托公司各部门应当根据当年业务经营的实际情况和内控要求，更新各自涉及流程的控制活动。

控制活动描述遵循“5W1H”（即 What、Why、Who、Where、When 和 How）原则。其中“5W”指的是“控制目标是什么”、“控制什么风险”、“谁是责任者”、“执行的场所在哪里”和“什么时候完成”，“1H”指的是“如何做”。

2. 控制活动识别相关的要素

- 控制目的

简述控制活动的主要目的。

- 控制目标

选取五部委企业内部控制基本规范所强调的内部控制目标，包括“保证合法合规，资产安全，财务报告及相关信息真实完整，提高经营效率和效果，促进企业实现发展战略”。

- 参考制度

列示控制活动涉及的公司制度。

- 控制活动负责部门

列示控制活动涉及的部门名称。

- 岗位

列示控制活动涉及的岗位名称。

- 控制频率

列示控制活动的发生频率，包括每日多次、每日、每周、每月、每季、每半年、每年和按需。

- 预防型/检查型控制

预防型控制通常用于正常业务流程的每一项交易，以防止错报的发生，如更新采购档案之前必须先有收货报告等。检查型控制通常用于监督流程和检查相应预防型控制能否有效发挥作用，如编制银行存款余额调节表、追查调节项目或异常项目等。

- 手工/系统控制

手工控制是指通过手工方式实施的控制活动。系统控制是指通过信息系统方式自动实施的控制活动。

- 涉及的信息系统

列示控制活动所涉及的系统名称。

3. 控制活动评估

内部控制有效性评估包括设计有效性评估和运行有效性评估，设计有效性评估通过设计有效性测试实施，运行有效性评估通过运行有效性测试实施。

控制活动设计有效性评估是为了合理保证实现控制目标所必需的内部控制程序存在并且设计良好。设计有效性评估应针对每个控制活动的内控设计情况制定相应的测试程序，选取一个样本模拟流程的发生从而评价相关控制活动的设计是否有效。若事前了解的控制活动现状与风险控制矩阵中的关键控制活动有所变化，则测试程序也需相应更新。

以“集合资金信托流程立项前审核”环节为例，对立项前审核环节的控制活动进行描述并设计相应的有效性测试程序，如表3－5所示。

表3－5　控制活动设计有效性测试示例

控制活动详述	设计有效性测试程序
信托经理在项目管理系统中进行立项申请，填写立项审批相关信息交由信托业务部负责人审批。审批通过后，信托业务管理总部统计考核岗对项目进行初审并分配项目至产品经理岗进行复审后，信托业务管理总部负责人审批；法律合规部分配项目至法律合规评审岗进行合规评审后，法律合规部负责人审批。立项申请包含包括项目概述、风险防范措施、收费结构、选择项目理由、客户信息等。	1. 询问信托业务部信托经理，了解信托项目立项前审核情况。 2. 获取并查看集合资金项目立项审核记录，检查： （1）是否记录了项目相关情况及风险防范措施； （2）是否由信托业务管理总部产品经理岗审核； （3）是否由法律合规评审岗审核并出具意见； （4）是否由信托业务管理总部负责人审核并出具意见； （5）是否由法律合规部负责人审核并出具意见。

控制活动运行有效性评估旨在为合理保证内部控制设计有效的

前提下，内部控制能够按照设计的内部控制程序正确地执行，从而实现控制目标。

针对风险控制矩阵列示的控制活动发生频率和运行总次数、结合样本量选取表格，抽取适当数量的样本进行独立测试。

以“集合资金信托流程立项前审核”控制活动的运行有效性测试为例，运行有效性测试程序如下：

根据样本量选取规则确定样本量，随机选取25个样本，检查：

- 是否对还款来源进行说明；
- 是否对交易结构及风险防范措施进行说明；
- 是否由信托业务部负责人审核；
- 是否由信托业务管理部产品经理审核；
- 是否由信托业务管理部负责人审核；
- 是否由法律合规部评审岗审核；
- 是否由法律合规部负责人审核。

请注意，通常情况下控制运行次数为1的控制活动，运行有效性测试由该控制活动的设计有效性测试涵盖。在进行测试时需详细记录测试资料的相关信息以及每一项测试结果。表3-6展示了控制活动运行有效性评估测试的底稿。

控制活动有效性评估结果包括：

- 全部有效

控制活动有效性测试程序中的每一项测试结果均为有效。

- 部分有效

控制活动有效性测试程序中的某一项或者某几项测试结果为无效，其余测试结果为有效。

- 无效

控制活动有效性测试程序中的每一项测试结果均为无效。

- 不适用

无法进行控制活动有效性测试的情况。

表 3-6　　控制活动运行有效性评估测试示例

A 公司	
运行有效性测试底稿	
流程名称：	集合信托
子流程名称：	立项审核
控制活动编号：	CT-CA-01
控制活动描述：	信托经理在项目管理系统中进行立项申请，填写立项审批相关信息交由信托业务部负责人审批。审批通过后，信托业务管理总部统计考核对项目进行初审并分配项目至产品经理进行复审后，信托业务管理总部负责人审批；法律合规部分配项目至法律合规评审进行合规评审后，法律合规部负责人审批。立项申请包括项目概述、风险防范措施、收费结构、选择项目理由、客户信息等。
控制频率：	每日
预防型/检查型：	预防型
手工/系统控制：	手工控制
样本量：	25
样本量选择说明：	控制频率为每日发生，选取 25 个样本
测试程序：	（1）是否对还款来源进行说明； （2）是否对交易结构及风险防范措施进行说明； （3）是否由信托业务部负责人审核； （4）是否由信托业务管理部产品经理审核； （5）是否由信托业务管理部负责人审核； （6）是否由法律合规部评审审核； （7）是否由法律合规部负责人审核。

通常，可能影响控制情况整体评价的因素包括但不限于：

- 历史检查信息；
- 缺少控制；
- 控制设计（个别或共同）无法有效防止或发现和纠正重大错误；
- 无效的控制执行；

- 对重要的应用系统或相关计算机运作环境缺乏有效的管理；
- 用户经常遇到问题；
- 有经验的员工或存在重大人事变动。

（三）内部控制缺陷与改进点

1. 内部控制缺陷评级

对所有的内控缺陷，根据其严重程度和按照五部委《企业内部控制评价指引》，可分为重大缺陷、重要缺陷和一般缺陷三类。

法律直通车

《企业内部控制评价指引》

财政部、证监会、审计署、银监会、保监会财会〔2010〕11号

第十七条 企业在日常监督、专项监督和年度评价工作中，应当充分发挥内部控制评价工作组的作用。内部控制评价工作组应当根据现场测试获取的证据，对内部控制缺陷进行初步认定，并按其影响程度分为重大缺陷、重要缺陷和一般缺陷。

重大缺陷，是指一个或多个控制缺陷的组合，可能导致企业严重偏离控制目标。

重要缺陷，是指一个或多个控制缺陷的组合，其严重程度和经济后果低于重大缺陷，但仍有可能导致企业偏离控制目标。

一般缺陷，是指除重大缺陷、重要缺陷之外的其他缺陷。

重大缺陷、重要缺陷和一般缺陷的具体认定标准，由企业根据上述要求自行确定。

2. 内部控制缺陷的认定

在内部控制评价中，应对内部控制缺陷进行分类分析，从定量和定性等方面进行衡量，判断是否构成内部控制缺陷，并对缺陷所涉及的风险影响进行分析并提供改进建议。

存在下列情况之一，应当认定内部控制存在设计或运行缺陷：

- 未实现规定的控制目标；
- 未执行规定的控制活动；
- 超出规定的权限；
- 不能及时提供控制运行有效的相关证据。

3. 内部控制缺陷的组合效应

信托公司应当评价其注意到的各项控制缺陷的严重性，以确定这些缺陷单独或合并起来是否构成管理层评估内部控制的实质性漏洞。控制缺陷的严重性与错报是否发生无关，而取决于企业控制是否存在无法防止或发现错报的合理可能性。

在确定一项或几项缺陷的组合是否构成实质性漏洞时，应当评价补偿性控制的影响。当存在补偿性控制的情况下，相关的缺陷所引发的风险可能会降低。因此，补偿性控制也是判断控制缺陷严重性的考量之一。

4. 内部控制改进点分类

对所有的内控改进点，根据内控改进点的性质，可分为内控缺陷类（设计缺陷和运行缺陷）改进点和内控增值建议类改进点两大类：

- 内控缺陷类改进点

设计缺陷是指缺少为实现控制目标所必需的控制，或现存控制设计不适当，即使正常运行也难以实现控制目标的控制。运行缺陷是指现存设计完好的控制未按设计意图运行，或执行者未获得必要授权或缺乏胜任能力以有效实施的控制。

- 内控增值类改进点

增值类是根据目前公司发展的实际情况，内部控制设计得当且运行良好，但在公司未来发展过程中继续执行现有的控制活动可能发生无法实现控制目标的控制。

5. 控制缺陷的确认与整改建议

根据控制缺陷的影响程度，审计稽核部与控制缺陷相关的责任部门负责人开展沟通和确认工作。

- 对于一般缺陷和重要缺陷，审计稽核部与控制缺陷相关部门沟通与确认；
- 对于重大缺陷，审计稽核部与控制缺陷相关部门初步沟通并确认后呈交董事会最终确认。

表 3-7　　内控缺陷与改进点示例

改进点描述	风险影响分析	改进点种类	控制缺陷评级	涉及部门	初步改进建议	建议整改时间

6. 内控缺陷整改方案

- 整改方案拟定

缺陷责任部门根据确认的缺陷撰写可实施的改进方案，并提交审计稽核部审阅。整改方案应做到四个“明确”，即明确整改计划、明确整改时间表、明确责任部门、明确责任人。

- 整改方案落实

审计稽核部应当督促相关部门按整改方案进行整改，并对整改结果进行核查和确认。对于整改时间为“短期”整改方案，审计稽核部应当要求责任部门立即整改；对于整改时间为“中期”或“长期”的整改方案，审计稽核部应当在下一次内控自评工作开展时进行整改测试。

第四章　资金信托业务内部控制与管理

信托业务具有非常广泛的适用性，因此，信托业务的分类比较复杂，迄今仍然没有形成一个统一或者行业认同的分类标准。通常，信托公司按照业务习惯，将信托产品分别按信托管理方式、资金使用方式、资金投向等纬度进行分类。而中国信托业协会将信托产品分别按来源、功能、运用方式、投向和业务特色等纬度进行分类。

本章将从内部控制和管理流程的角度出发，首先阐述不同业务类型在风险和控制活动方面具有普遍通用性的内容，展开信托公司信托业务内部控制与管理的分析与探讨。在此基础上，按照中国信托业协会对信托产品的分类，从资金来源不同选取集合资金信托、单一被动信托，从资金投向不同选取融资类信托、证券投资类信托，对其在风险和控制活动方面具有特殊性的内容进行阐述。表4－1展示了本章节选取的具体业务流程梳理。

表4－1　　本章节选取的具体业务流程梳理

来　源	业务分类	业务内容
资金来源不同	集合资金信托	由信托公司担任受托人，按照委托人意愿，为受益人的利益，将两个以上（含两个）委托人交付的资金进行集中管理、运用或处分的资金信托业务活动。
	单一被动信托	由信托公司担任受托人，委托人数量仅有一位，由委托人主导，指定资金运用的方式与资金运用的对象，与集合资金信托相对不同的是受托人的管理相对消极。

续表

来　源	业务分类	业务内容
资金投向不同	融资类信托	强调债务与债权的关系，信托产品所募集的资金以债权人的角色参与到融资方的融资项目中，受托机构与融资方达成债权债务关系，融资方以其所拥有的某项资产按照一定的抵押率作为抵押，承担按照约定到期还本付息的义务。融资类信托一般在项目成立之前已有明确的融资方和融资项目，无论融资方是以何种方式发起融资，信托计划完成募集后即成功地帮助融资主体解决融资需求。
	证券投资类信托	强调权利及权益的关系，信托产品信托计划所募集的资金以购买融资方发行的股票或债券的方式间接参与到融资方的利润分配，受托机构与融资方所产生的是股权和权益关系，融资方将其所拥有的某项现金收益权出售给受托机构，或者以拥有的上市公司或非上市公司股权质押融资。

本章中各节系统性地对各类信托业务流程的风险与内部控制展开介绍与讨论，并结合适当的案例分享，以对实务操作进行补充。

第一节　资金信托业务的内部控制与管理

本节从资金信托业务的流程出发，分项目立项、立项审批、项目成立、产品推介、存续期管理、清算管理六个环节，阐述不同业务类型在风险和控制活动方面具有普遍通用性的内容，展开信托公司信托业务内部控制与管理的分析与探讨。

一、资金信托业务概览

通常来讲，信托业务是指信托公司接受客户的委托，代替委托单位或个人经营、管理或处理货币资金或其他财产，并从中收取管理费的业务。

从信托的委托人与委托方式考虑，资金既可以由社会公众或者不特定人群通过购买标准的、可流通的、证券化的合同作为委托方式；也可以由具备风险识别能力、能够自我保护且具备一定风险承受能力的特定人群或机构作为委托人，以签订信托合同作为信托的委托方式。

从信托计划的资金运用方向考虑，信托可以分为证券投资信托、组合投资信托、房地产信托、基础建设投资信托、贷款信托、风险投资信托等多种资金投向。

信托业务的通用流程一般包括项目立项、立项审批、项目成立、产品推介、存续期管理、清算管理六个环节。图 4－1 展示了信托业务流程中所涉及的环节。

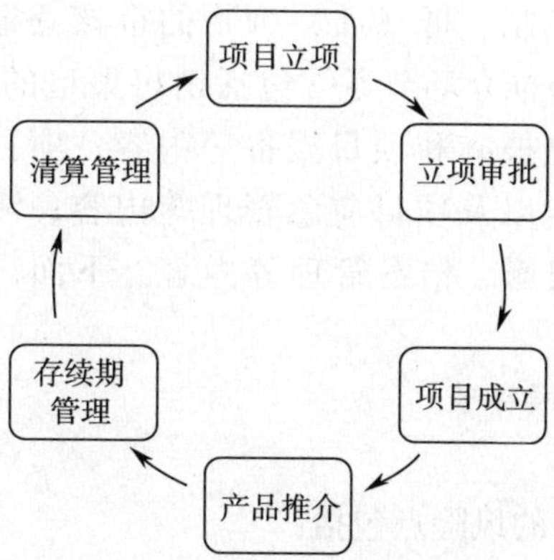

图 4－1　信托业务流程的环节

信托业务的各环节中主要涉及信托业务部门、风险/合规管理部门、专业委员会、销售部门、投资管理部门、财务部门、审计稽核部门等。图 4-2 全面展现了信托业务过程中通常所涉及的各操作环节，并对应到相关部门。

公司通过建立信托管理相关岗位的岗位说明书，明确各层级、各部门和各岗位的职责、权限，确保此业务开展过程中不相容岗位相互分离、制约和监督。按照不相容职责分享的原则，表 4-2 展示了至少应当分离的职能。

二、资金信托业务流程风险与内部控制

在上一节信托业务概览中，本书将资金信托业务的通用流程分为项目立项、立项审批、项目成立、产品推介、存续期管理、清算管理六个环节。其中，项目立项包括项目前审批，融资方尽职调查，抵（质）押物调查和担保人调查等工作；立项审批是信托公司相关职能机构参与项目审批的工作环节，按照信托公司的不同部门设置，涉及的审批流程也不尽相同；项目成立环节是在项目立项审批通过后，信托公司成立信托项目，包括信托价格的确定、交易文件的编制、抵（质）押物的审核登记以及信托账户的开立等内容；项目推介环节通常包括销售渠道的确定、合同签署、资金的划转、信息披露和项目报备等内容；项目存续管理分为项目检查、信息披露以及项目应急管理等内容；清算管理包括信托资金划付、信息披露、档案管理等内容。下面，我们将分环节进行单独阐述。

（一）项目立项环节

1. 风险识别

项目立项环节的风险点包括：

- 信托设立不合规
- 尽职调查与立项审批不当

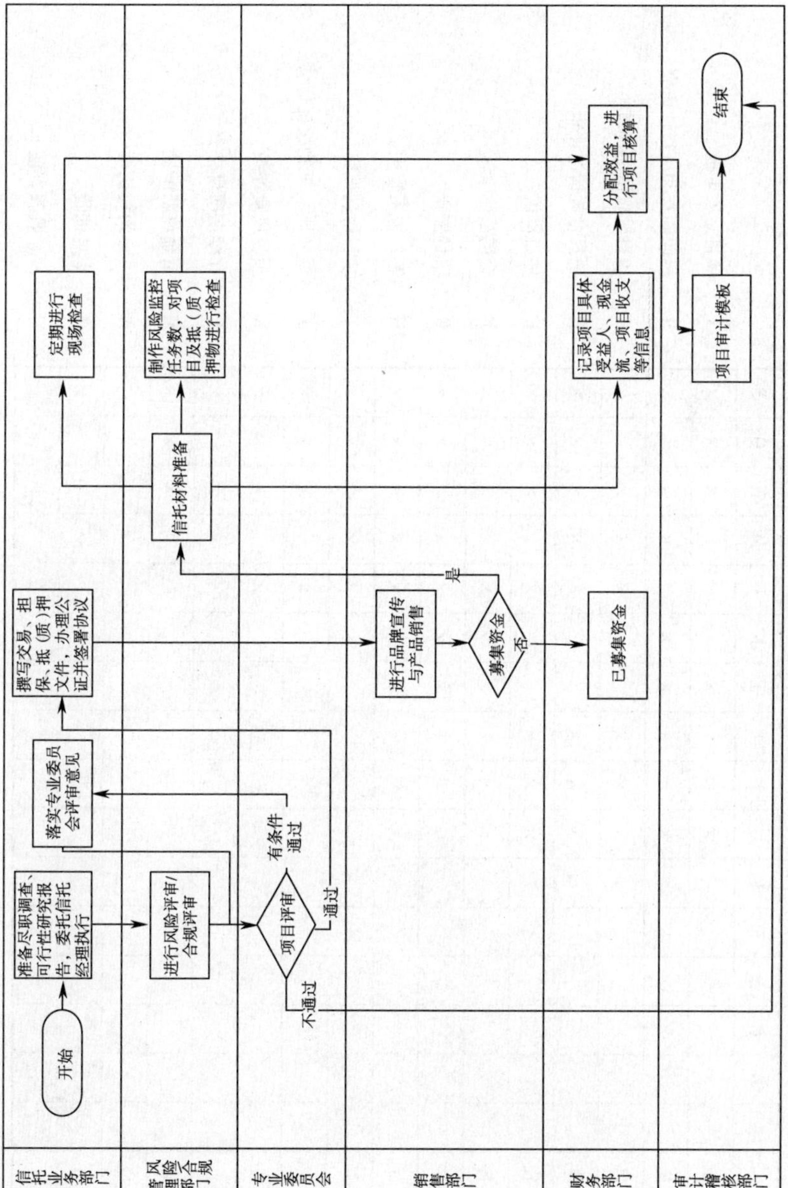
信托业务部门
管理部门风险合规
专业委员会
销售部门
财务部门
审计稽核部门
开始
准备尽职调查、可行性研究报告，委托信托经理执行
进行风险评审/合规评审
项目评审
不通过
通过
有条件通过
落实专业委员会评审意见
撰写交易、担保、抵（质）押文件，办理公证并签署协议
进行品牌宣传与产品销售
募集资金
是
否
已募集资金
信托材料准备
定期进行现场检查
制作风险监控任务数，对项目及抵（质）押物进行检查
记录项目具体受益人、现金流、项目收支等信息
分配效益，进行项目核算
项目审计模板
结束

图4-2　信托业务流程图

表 4－2　信托业务流程至少应当分离的职能

	A	B	C	D	E	F	G	H	I	J	K	L	M	N	O	P
A		×					×	×	×	×		×		×	×	×
B			×	×	×	×	×	×	×	×	×		×	×		×
C							×	×	×			×	×	×	×	×
D							×	×	×			×	×	×	×	×
E							×	×	×			×		×	×	×
F							×	×	×			×		×	×	×
G										×	×	×	×	×	×	×
H										×	×	×	×	×	×	×
I										×	×	×	×	×	×	×
J												×		×	×	×
K												×		×	×	×
L													×	×		×
M														×	×	×
N															×	
O																×
P																

A　项目立项审批

B　尽职调查和可行性研究

C　项目风险情况评审

D　项目合规情况评审

E　项目审议

F　合同法律审核

G　项目推介

H　客户关系管理

I　项目信息披露

J　抵（质）押物权证保管

K　项目风险评级

L　存续期项目检查

M　资金放款审批

N　资金划拨执行

O　本息催收

P　本息收款查证

法律直通车

《信托公司集合资金信托计划管理办法》
（银监令〔2007〕3号）

第九条　信托公司设立信托计划，事前应进行尽职调查，就可行性分析、合法性、风险评估、有无关联方交易等事项出具尽职调查报告。

2. 控制活动

基于上述识别的风险点，建立项目立项环节的关键控制活动至少包括但不限于：信托设立合规性、尽职调查等。表4－3展示了主要风险点与关键控制活动的映射关系及内容。

表4－3　　项目立项环节主要风险点与关键控制活动

主要风险点	关键控制活动
信托设立不合规	▶ **信托设立合规性** 信托公司信托业务部门搜集和汇总信托项目所需材料，并按照监管要求核对信托项目是否符合监管要求。同时，信托业务部门与法律合规部门进行沟通，并确认信托项目的合规性。
尽职调查不当	▶ **尽职调查** 信托经理会同律师事务所、会计师事务所等中介服务机构对融资方情况进行尽职调查。律师事务所和会计师事务所出具尽职调查报告，信托经理撰写项目可行性报告。包括对信托项目的交易结构、信托收益率、税费、信托报酬等进行测算、资金运用及风险控制措施、退出方式等方面进行合理的设计和安排。财务尽职调查有时由信托经理会同信托财务部门一同完成并将相关尽职调查结果在可研报告中披露。

3. 潜在问题关注

在项目立项环节部分往往会出现以下潜在问题及应对措施。

■【潜在问题】

项目在立项审批通过后，信托经理未对项目内容进行详尽的尽职调查，可能导致项目发行后出现委托人难以按期兑付的风险。

【应对措施】

信托公司可以自行开展尽职调查工作，也可以邀请专业的服务机构展开尽职调查工作。

对于自行开展尽职调查的信托公司，要成立专门的法律和财务团队，这种方式的优点是便于内部合作与沟通，但是相对高昂的成本和可能产生的道德风险使得这种方法不为大多数公司所选用；对同服务机构进行合作的信托公司，在选择服务机构时，除了要关注服务机构的品牌，更要关注提供服务的团队人员的素质，包括学历背景、工作年限和业内经验等。

同时建立服务机构成员库，对服务机构的准许进行审核，并定期评估服务机构的服务质量，可采用末位淘汰等方法；还应采用服务机构轮换制，避免信托经理因固定的服务机构，而产生利益输送和道德风险。

■【潜在问题】

信托公司在开展尽职调查过程中未能准确完整地揭示项目的情况，分析缺乏全面性、工作流于形式，可能造成与委托人发生法律纠纷。

【应对措施】

信托公司开展的尽职调查主要包括法律事务尽职调查和财务事务尽职调查。法律尽职调查主要针对项目可能产生的法律风险进行调查和预防，针对项目的性质、涉及的金额、关联方关系等进行分析；财务尽职调查主要针对融资方的财务能力、现金流情况、融资项目的运行情况和偿债能力等进行分析。

潜在问题关注

信托经理在法律事务尽职调查和财务事务尽职调查的基础上，撰写项目的可行性研究报告，包括对信托项目的交易结构、信托收益率、税费、信托报酬等进行测算、资金运用及风险控制措施、退出方式等方面进行合理的设计和安排。

■【潜在问题】

信托公司往往只对融资方进行调查，而忽视对担保人和抵（质）押物的调查，一旦信托项目发生违约可能会出现担保方无法承诺担保补偿，或者抵（质）押物无法满足委托人的收益。

【应对措施】

抵（质）押物通常包括股权、债权、房产和土地等。对于房产和土地等需要评级机构评估的抵押物，并出具估价报告，对抵押物的估计结果、抵押情况和影响抵押物的价值因素进行分析。尤其关注抵（质）押物的偿还顺序，避免抵（质）押物重复抵押等不利于抵（质）押物兑付的情况。对于以二级市场股票收益权为质押物，信托经理还需要在可行性研究报告中设计预警线和平仓线以保证质押物的价值可以满足项目需要。对于担保人，需要获取相关资料包括征信记录、营业执照、贷款卡、验资资料等，通过对上述材料的分析，评估担保人的担保能力。

潜在问题关注

（二）立项审批环节

1. 风险识别

立项审批环节的风险点包括：

- 未进行合规审查；
- 关联交易不合规；
- 风险识别和评估体系不完备；
- 高级管理层履职不当；
- 董事会履职不到位。

2. 控制活动

基于上述识别的风险点，建立立项审批环节的关键控制活动至少包括但不限于合规审核、关联交易合规、风险审核、董事会履职、高级管理层履职情况。表4－4展示了主要风险点与关键控制活动的映射关系及内容。

表4－4　　立项审批环节主要风险点与关键控制活动

主要风险点	关键控制活动
未进行合规审查	▶ **合规审核** 信托经理将全套项目纸质资料、尽职调查报告、可行性研究报告、项目上会演示文件等材料在项目管理系统中提交法律合规部门，由法律合规部门进行合规审核，法律合规部门负责人在项目管理系统中对项目出具合规意见。
关联交易不合规	▶ **关联交易合规** 信托经理开展信托业务时，要严格按照有关规章制度要求，不能将信托资金直接或间接运用于信托公司的股东及其关联人（除信托资金全部来源于股东或其关联人的情况外）。
风险识别和评估体系不完备	▶ **风险审核** 风险管理部门应建立符合信托公司自身风险审核能力与风险管理能力的多重风险控制体系，并培育全员的风险意识与风险把握能力； 风险管理部门还应充分了解融资方的行业特点，制定符合行业特点的评价标准，有效把握及控制风险； 在信托资金发放之前，风险管理部门对项目实施前提条件落实与执行情况进行风险审核，包括抵押登记的监督办理，租赁资产的形成与验收。
董事会履职不当	▶ **董事会履职** 董事会及其下设各委员会应严格依照有关议事规则履职，发挥决策作用，并完整保留相关会议纪要等资料。
高级管理层履职不当	▶ **高级管理层履职** 高级管理层应当认真执行董事会制定的发展战略、风险管理政策，在董事会的授权范围审慎经营，定期向董事会报告公司信托业务受益人利益实现情况、风险状况及合规管理等情况。

3. 潜在问题关注

在立项审批环节部分往往会出现以下潜在问题及应对措施。

■【潜在问题】

信托公司法律合规部门由于人手原因或者是自身能力不足，无法对信托项目进行合法和合规的审查，可能会导致信托项目违反监管机构的规定，进而遭到处罚。

【应对措施】

信托公司的法律事务部门需要按照国家的政策法规以及信托公司内部的规章制度，审查项目是否符合国家宏观经济以及行业监管政策的要求，做好合规工作，严格审查信托目的的合法性，并充分考虑信托项目可能面临的“兑付危机”等资金链断裂风险。

法律事务部门还应当将全套项目纸质资料、尽职调查报告、可行性研究报告、项目上会演示文件等材料进行审核，对项目出具法律意见。

对于法律事务尽职调查委托服务机构进行的信托公司，法律事务部门还应对法律事务尽职调查结果出具专业意见。

■【潜在问题】

在信托项目立项审批过程中，风险管理部门作为风险管控的第二道防线，未能充分发挥控制其作用，导致信托项目在发行后发生信用、操作或者合规等风险。

【应对措施】

风险管理部门要针对项目可行性、项目主要风险因素、风险缓释措施、风险审核结论等出具审批意见。为了保证独立性，维护前、中、后台分离的原则，风险分管领导应该具有一票否决权，使项目的风险在最大程度上得到识别，同时做好风险预防和缓释的准备。

（三）项目成立环节

1. 风险识别

项目成立环节的风险点包括：

- 订立合同未经授权；
- 合同内容存在瑕疵；
- 未签署资金保管协议。

法律直通车

《信托公司集合资金信托计划管理办法》（银监令〔2007〕3号）

第十条 信托计划文件应当包含以下内容：

（一）认购风险申明书；

（二）信托计划说明书；

（三）信托合同；

（四）中国银行业监督管理委员会规定的其他内容。

第十一条 认购风险申明书至少应当包含以下内容：

（一）信托计划不承诺保本和最低收益，具有一定的投资风险，适合风险识别、评估、承受能力较强的合格投资者；

（二）委托人应当以自己合法所有的资金认购信托单位，不得非法汇集他人资金参与信托计划；

（三）信托公司依据信托计划文件管理信托财产所产生的风险，由信托财产承担。信托公司因违背信托计划文件、处理信托事务不当而造成信托财产损失的，由信托公司以固有财产赔偿；不足赔偿时，由投资者自担；

法律直通车

（四）委托人在认购风险申明书上签字，即表明已认真阅读并理解所有的信托计划文件，并愿意依法承担相应的信托投资风险。

认购风险申明书一式两份，注明委托人认购信托单位的数量，分别由信托公司和受益人持有。

第十二条　信托计划说明书至少应当包括以下内容：

（一）信托公司的基本情况；

（二）信托计划的名称及主要内容；

（三）信托合同的内容摘要；

（四）信托计划的推介日期、期限和信托单位价格；

（五）信托计划的推介机构名称；

（六）信托经理人员名单、履历；

（七）律师事务所出具的法律意见书；

（八）风险警示内容；

（九）中国银行业监督管理委员会规定的其他内容。

第十三条　信托合同应当载明以下事项：

（一）信托目的；

（二）受托人、保管人的姓名（或者名称）、住所；

（三）信托资金的币种和金额；

（四）信托计划的规模与期限；

（五）信托资金管理、运用和处分的具体方法或安排；

（六）信托利益的计算、向受益人交付信托利益的时间和方法；

（七）信托财产税费的承担、其他费用的核算及支付方法；

法律直通车

（八）受托人报酬计算方法、支付期间及方法；

（九）信托终止时信托财产的归属及分配方式；

（十）信托当事人的权利、义务；

（十一）受益人大会召集、议事及表决的程序和规则；

（十二）新受托人的选任方式；

（十三）风险揭示；

（十四）信托当事人的违约责任及纠纷解决方式；

（十五）信托当事人约定的其他事项。

第十四条 信托合同应当在首页右上方用醒目字体载明下列文字：信托公司管理信托财产应恪尽职守，履行诚实、信用、谨慎、有效管理的义务。信托公司依据本信托合同约定管理信托财产所产生的风险，由信托财产承担。信托公司因违背本信托合同、处理信托事务不当而造成信托财产损失的，由信托公司以固有财产赔偿；不足赔偿时，由投资者自担。

第十五条 委托人认购信托单位前，应当仔细阅读信托计划文件的全部内容，并在认购风险申明书中签字，申明愿意承担信托计划的投资风险。

信托公司应当提供便利，保证委托人能够查阅或者复制所有的信托计划文件，并向委托人提供信托合同文本原件。

2. 控制活动

基于上述识别的风险点，建立项目成立环节的关键控制活动至少包括但不限于信托合同订立、合同内容审核、签署资金保管协议。表 4－5 展示了主要风险点与关键控制活动的映射关系及内容。

表 4－5　　项目成立环节主要风险点与关键控制活动

主要风险点	关键控制活动
订立合同未经授权	▶ **合同订立** 信托经理应按照规定的权限和程序与对方当事人签署合同。正式对外订立的合同，并由企业法定代表人或由其授权的代理人签名或加盖有关印章。授权签署合同的，还必须有签署授权委托书。
合同内容存在瑕疵	▶ **合同内容审核** 信托公司法律合规部门对合同文本进行严格审批，合同文本与协商、谈判等的结果保持一致，明确双方的权利义务和违约责任，保证条款内容完整、表述准确、相关手续齐备，避免存在重大疏漏。
未签署资金保管协议	▶ **签署资金保管协议** 在信托项目成立之后，信托业务部门应当选择经营稳健的商业银行担任保管人，并与其签署资金保管协议求。

3. 潜在问题关注

在项目成立环节往往会出现以下潜在问题及应对措施。

■【潜在问题】

信托项目交易文件内容不完整或存在瑕疵，一旦信托公司与委托人发生纠纷，可能会引起双方的法律纠纷。

【应对措施】

信托项目的交易文件包括同融资方签署的交易文件和同委托方签署的交易文件。

潜在问题关注

同融资方签署的交易文件应该涵盖如项目参与各方的权利与义务、还款及回购的相关要求、项目实施与移交的规定、违约责任、放款条件、贷款的用途、利息、还款及其保证金以及其他通知事项；同委托方签署的交易文件通常包括信托合同，信托计划说明以及认购风险申明书等，包括信托计划的基本情况、信托单位的认购、委托人、受益人等的权利和义务、信托计划的规模、信托计划的成立和期限、认购、信托财产的保管、信托利益的来源、计算与分配、风险揭示与承担并揭示项目风险。

■【潜在问题】

信托公司并未就抵(质)押物和担保人签订合同，或合同内容不完整，造成信托公司无法在权力范围行使对抵(质)押物的使用权。

【应对措施】

针对抵(质)押物和担保人需要撰写的相关合同，保证合同应规定主债权及保证担保的范围、保证责任、保证承诺和索赔条件；抵(质)押合同规定抵(质)押物的范围、抵(质)押物的期限、抵(质)押物的占有和保管、抵(质)押权的实现等相关信息。对于抵(质)押合同和担保合同应前往公证处进行强制公证。信托公司应该由独立于信托经理的部门对抵(质)押物进行评估核算。

潜在问题关注

(四) 产品推介环节

1. 风险识别

产品推介环节的风险点包括：

- 销售手段和渠道管理不当；
- 客户资源过于单一；
- 客户信用管理不到位；
- 投资者关系管理不当。

法律直通车

《信托公司集合资金信托计划管理办法》
（银监令〔2007〕3号）

第七条　信托公司推介信托计划，应有规范和详尽的信息披露材料，明示信托计划的风险收益特征，充分揭示参与信托计划的风险及风险承担原则，如实披露专业团队的履历、专业培训及从业经历，不得使用任何可能影响投资者进行独立风险判断的误导性陈述。

信托公司异地推介信托计划的，应当在推介前向注册地、推介地的中国银行业监督管理委员会省级派出机构报告。

第八条　信托公司推介信托计划时，不得有以下行为：

（一）以任何方式承诺信托资金不受损失，或者以任何方式承诺信托资金的最低收益；

（二）进行公开营销宣传；

（三）委托非金融机构进行推介；

（四）推介材料含有与信托文件不符的内容，或者存在虚假记载、误导性陈述或重大遗漏等情况；

（五）对公司过去的经营业绩作夸大介绍，或者恶意贬低同行；

（六）中国银行业监督管理委员会禁止的其他行为。

2. 控制活动

基于上述识别的风险点，建立产品推介环节的关键控制活动至少包括但不限于销售渠道确定、销售管理、客户集中度管理、客户信用档案管理、客户联络和投诉受理机制。表4－6展示了主要风险点与关键控制活动的映射关系及内容。

表 4 –6　　产品推介环节主要风险点与关键控制活动

主要风险点	关键控制活动
销售手段和渠道管理不当	▶ **销售渠道确定** 信托公司财富管理中心应对销售渠道进行开发，并对销售渠道的份额进行适度分配。
	▶ **销售管理** 信托公司财富管理中心应定期进行市场调查，确定合理的定价机制和信用方式，并根据市场变化及时调整销售策略。 在此基础上，灵活运用销售折扣、销售折让、信用销售、代销和广告宣传等多种策略和营销方式。
客户资源过于单一	▶ **客户集中度管理** 信托公司风险管理部门定期监控信托公司与单一客户成立信托项目的规模，并对单一客户的融资类项目设定相应的集中度限额。
客户信用管理不到位	▶ **客户信用档案管理** 信托公司风险管理部门应当健全客户信用档案，关注重要客户资信变动情况，采取有效措施，防范信用风险。企业对于境外客户和新开发客户，应当建立严格的信用保证制度。
投资者关系管理不当	▶ **客户联络和投诉受理机制** 信托公司财富管理中心应当建立客户联络和投诉受理机制，保证受理机制得到有效落实，对客户联络和投诉进行详细的处理记录。

3. 潜在问题关注

在产品推介环节往往会出现以下潜在问题及应对措施。

■【潜在问题】

信托公司财富管理中心未建立广泛的销售渠道，造成信托项目发行存在一定困难。

【应对措施】

信托项目的销售渠道包括直销、代销以及直销和代销相结合。对于直销通常由销售管理部门制定各地的销售指标以及额度，信托项目是100万元起售，通常针对不同的融资规模须制定不同的利率；委托人的委托金额除财富中心直销外，还包括机构渠道销售。代销机构的资质尤其值得关注。

另外，要加强市场调查，确定合理的定价机制和信用方式，根据市场变化及时调整销售策略，灵活运用销售折扣、销售折让、信用销售、代销和广告宣传等多种策略和营销方式。

■【潜在问题】

信托合同的签署地点不在信托公司，部分客户的签名由销售人员代为签订，一旦发生纠纷或者违约，信托公司可能会承担法律上的赔偿责任。

【应对措施】

同委托人签署合同的过程中有几点值得关注：按照相关规定，委托人应在信托公司异地的财富中心内签署合同；委托人在签署合同的同时应该知晓项目的风险，并在相关的风险说明书上签字确认。

潜在问题关注

（五）存续期管理环节

1. 风险识别

存续期管理环节的风险点包括：

- 信托业务事中管理欠缺；
- 财务报告的编制不合理；

- 风险控制手段和技术不足；
- 信托资产专项风险监控不到位；
- 信托业务信息披露不当；
- 信托财产管理信息披露不合规；
- 重大事项临时报告披露不合规；
- 应急机制的建立与实施不当。

法律直通车

《信托公司集合资金信托计划管理办法》
（中国银行业监督管理委员会令 2007年第3号）

第二十三条 信托公司管理信托计划，应设立为信托计划服务的信托资金运用、信息处理等部门，并指定信托经理及其相关的工作人员。

第三十四条 信托公司应当依照法律法规的规定和信托计划文件的约定按时披露信息，并保证所披露信息的真实性、准确性和完整性。

第三十五条 受益人有权向信托公司查询与其信托财产相关的信息，信托公司应在不损害其他受益人合法权益的前提下，准确、及时、完整地提供相关信息，不得拒绝、推诿。

第三十六条 信托计划设立后，信托公司应当依信托计划的不同，按季制作信托资金管理报告、信托资金运用及收益情况表。

第三十七条 信托资金管理报告至少应包含以下内容：

（一）信托财产专户的开立情况；

（二）信托资金管理、运用、处分和收益情况；

（三）信托经理变更情况；

（四）信托资金运用重大变动说明；

法律直通车

（五）涉及诉讼或者损害信托计划财产、受益人利益的情形；

（六）信托计划文件约定的其他内容。

第三十八条　信托计划发生下列情形之一的，信托公司应当在获知有关情况后三个工作日内向受益人披露，并自披露之日起七个工作日内向受益人书面提出信托公司采取的应对措施：

（一）信托财产可能遭受重大损失；

（二）信托资金使用方的财务状况严重恶化；

（三）信托计划的担保方不能继续提供有效的担保。

第三十九条　信托公司应当妥善保存管理信托计划的全部资料，保存期自信托计划结束之日起不得少于十五年。

2. 控制活动

基于以上识别的风险点，建立该环节内部控制活动时，关键控制活动至少包括但不限于信托业务事中管理、财务报告编制、风险控制的手段和技术、信托资产专项风险监控、信托业务信息披露、重大问题报告机制、信托财产管理信息披露、重大事项临时报告披露、应急机制的建立与实施。表4－7展示了主要风险点与关键控制活动的映射关系及内容。

表4－7　　存续期管理环节主要风险点与关键控制活动

主要风险点	关键控制活动
信托业务事中管理欠缺	► **信托业务事中管理** 信托公司运营托管部门对信托项目应进行持续的跟踪管理，及时办理信托财产登记过户或信托文件中约定的保证信托财产权益的证明文件，充分履行信托文件各项约定。

续表

主要风险点	关键控制活动
财务报告的编制不合理	▶ **财务报告的编制** 信托公司财务部门应按照国家统一的会计准则制度规定，根据登记完整、核对无误的会计账簿记录和其他有关资料编制财务报告，内容完整性、数字真实性、计算准确性欠佳，避免出现漏报或者随意进行取舍。
风险控制手段和技术不足	▶ **风险控制的手段和技术** 信托公司的风险管理不仅要加强传统的复核、审批、报告，还应对风险进行监测、分析和预警，建立起以风险为导向的内控体系，控制活动与公司的关键风险点相连。
信托资产专项风险监控不到位	▶ **信托资产专项风险监控** 信托公司运营托管部应健全抵押物登记手续、出入库手续等环节控制，避免发生抵（质）押物质量发生恶化，担保人信用下降的情况。
信托业务信息披露不当	▶ **信托业务信息披露** 信托公司运营托管部门应按照监管规定或信托文件要求定期出具管理报告，报告内容应能充分反映信托项目风险及日常管理工作情况，及时报告信托财产的管理、运用和风险情况。
	▶ **重大问题报告机制** 各部门及岗位应及时将经营过程中存在的重大问题及时向高级管理层、董事会、监事会、股东和监管部门报告。
信托财产管理信息披露不合规	▶ **信托财产管理信息披露** 信托公司运营托管部门在信托计划发生变化，信托财产可能遭受重大损失、信托资金使用方的财务状况严重恶化、信托计划的担保方不能继续提供有效担保的前提下应当及时向受益人披露，并向受益人书面提出信托公司采取的应对措施。
重大事项临时报告披露不合规	▶ **重大事项临时报告披露** 信托公司运营托管部门对发生可能影响本公司财务状况、经营成果、客户和相关利益人权益的重大事项，应制作重大事项临时报告并向社会披露。
应急机制的建立与实施不当	▶ **应急机制的建立与实施** 信托公司风险管理部门对可能发生的突发事件应建立有效应急预案，加强应急预案的针对性和可操作性。

3. 潜在问题关注

在存续期管理环节部分往往会出现以下潜在问题及应对措施。

■【潜在问题】

信托公司运营托管部门未有效开展存续期检查工作，未能发现项目运营过程中存在的问题，一旦委托人发生违约，导致信托公司承担刚性兑付的可能性。

【应对措施】

在开始存续项目的检查之前应该制订检查计划，根据项目的风险评级情况、担保情况和资金使用情况的不同，项目的检查频率和检查方式也有不同。

根据项目的风险评级情况不同，对于风险较高的项目可以提高检查的频率，并且增加现场检查以保证项目按计划进行。房地产类的信托项目可以增派监察人员，常驻项目现场进行实时监控。

根据担保情况的不同，除了对项目的检查还需对担保人和抵（质）押物进行检查，确保抵（质）押物仍处于正常状态，担保人具有担保能力。对于抵（质）押物质量或担保人还款能力发生恶化的情况，应及时进行报告并采取相应措施，如追加抵（质）押物等。

根据资金使用情况不同，信托财务相关人员要对融资方资金使用情况以及受益人资金给付情况设置台账，确保资金划付按照合同进行。

潜在问题关注

（六）清算管理环节

1. 风险识别

清算管理环节的风险点包括：

- 信托业务稽核审计不当；

- 信托变更及清算不合规；
- 信托计划资料保管不合规；
- 已到期项目未正常交付。

法律直通车

《信托公司集合资金信托计划管理办法》
（银监令〔2007〕3号）

第三十一条 信托计划终止，信托公司应当于终止后十个工作日内作出处理信托事务的清算报告，经审计后向受益人披露。信托文件约定清算报告不需要审计的，信托公司可以提交未经审计的清算报告。

第三十二条 清算后的剩余信托财产，应当依照信托合同约定按受益人所持信托单位比例进行分配。分配方式可采取现金方式、维持信托终止时财产原状方式或者两者的混合方式。

采取现金方式的，信托公司应当于信托计划文件约定的分配日前或者信托期满日前变现信托财产，并将现金存入受益人账户。

采取维持信托终止时财产原状方式的，信托公司应于信托期满后的约定时间内，完成与受益人的财产转移手续。信托财产转移前，由信托公司负责保管。保管期间，信托公司不得运用该财产。保管期间的收益归属于信托财产，发生的保管费用由被保管的信托财产承担。由于受益人原因导致信托财产无法转移的，信托公司可以按照有关法律法规进行处理。

第三十三条 信托公司应当用管理信托计划所产生的实际信托收益进行分配，严禁信托公司将信托收益归入其固有财产，或者挪用其他信托财产垫付信托计划的损失或收益。

2. 控制活动

基于以上识别的风险点，建立该环节内部控制活动时，关键控制活动至少包括但不限于信托业务稽核审计、信托变更、信托清算、信托计划资料保管。表4－8展示了主要风险点与关键控制活动的映射关系及内容。

表4－8　　清算管理环节主要风险点与关键控制活动

主要风险点	关键控制活动
信托业务稽核审计不当	► **信托业务稽核审计** 信托公司业务督察部应对自营业务和信托业务分离情况进行稽核，对终止或结束的业务在一个月内进行稽核，对业务开展过程中发现的问题要随时进行稽核。
信托变更及清算不合规	► **信托变更** 信托公司财富管理中心负责对集合资金信托、动产信托、不动产信托以及其他财产和财产权信托的信息变更工作，并在系统中进行录入和复核。
	► **信托清算** 信托项目在经过清算后的剩余信托财产，信托业务部门按照信托合同约定按受益人所持信托单位比例进行分配，财务部门负责信托收益的复核和分配。
信托计划资料保管不合规	► **信托计划资料保管** 项目到期结束后，业务部门将信托计划的全部资料移交业务托管部存档，办理业务档案封存手续。运营托管部门应保存期自信托计划结束之日起少于十五年。

3. 潜在问题关注

在清算管理环节往往会出现以下潜在问题及应对措施。

■【潜在问题】

信托公司没有建立明确的清算流程，明确相关部门的职责，导致信托项目无法及时清算，给信托公司带来相应的延期利息等赔偿损失。

【应对措施】

信托项目清算时，须由信托财务部人员、后台清算人员、市场推介人员以及信托经理成立清算小组，共同讨论。按照合同规定提前通知融资方付款，在融资方未能按照合同规定按期还款时，应履行催收程序。如果融资方偿付能力不足，应及时采取应急措施。融资方还款后，按照合同规定，及时将资金分配给受益人以及其他服务机构，并及时完成抵（质）押产品解押。

潜在问题关注

案例 4－1

A 信托公司矿业信托产品

A 信托公司某信托产品 20×1 年 2 月正式成立，为期 36 个月，募集资金总计为 30 亿元（融资方净资产 11 亿元），预期收益率为 9.4%～11.6%，托管银行为 Y 银行。公开资料显示，信托资金用于某能源集团有限公司股权投资，用于该公司煤炭整合过程中煤矿收购价款、技改投入、洗煤厂建设等方面。

早在信托产品成立前，融资方控股企业运作的主要煤矿之一便与当地村委会长期存在采矿权属纠纷。该煤矿先后经过多轮承包、出让，已经违反了《矿业权出让转让管理暂行规定》第 38 条规定：采矿权人不得将采矿权以承包等方式转给他人开采经营。

融资方下属矿产只有 M 省煤矿已办理股权过户及质押手续，其余煤矿目前尚不具备股权质押条件。

截至 20×1 年 9 月底，该信托产品的季报里依然写着：本信托计划自成立至今，未发生涉及诉讼或者损害信托计划财产、受益人利益的情形。

20×2 年 5 月，融资方实际控制人涉嫌非法吸收了三十余名债权人逾 4 亿元资金，被警方带走。

20×4 年 1 月底，A 信托发布最新公告，称已经与信托计划的接盘者达成意向，Y 银行通知投资者该信托计划预计自动延期，投资者可选择签署一份受益权转让委托协议并获得本金兑付；不签署则被默认为仍然持有信托计划的受益权。

案例 4-1

省思

事后通过一系列调查，主要问题存在于：

1. 尽职调查不力，未能发现融资方经营状况和主要控制人资产状况的隐患，未能发现融资方存在影响重大的法律诉讼。

2. 风险审查环节薄弱，并未全面考虑信托产品设计不合理，融资杠杆过高等问题。

3. 法律合规审查存在漏洞，未及时发现主要收入来源及抵（质）押物权属的潜在问题。

4. 存续项目管理不完善，项目稽核不力，未能及时发现项目运行状况恶化，相关实际控制人存在重大法律风险等情况。

相对应的建议措施：

1. 公司应当建立完善的尽职调查体系，通过实地考察、第三方调查准确完整地掌握交易对手的相关信息及潜在问题。

2. 风险管理部门应审慎评估信托产品的内在风险与交易对手日常经营状况，否决包含严重隐患、经认定风险过高的项目。公司产品设计部门应当充分考虑融资杠杆、产品结构等内在因素对信托产品风险的影响。

3. 法律合规部门应对交易对手的现有及潜在诉讼，抵（质）押物的状况进行充分审查，并向决策机构提供有效的法律合规建议。

4. 公司应当通过存续项目管理、项目稽核等方式全面追踪融资方经营状况，发现问题并及时解决。

第二节　集合信托业务的内部控制与管理

本节根据集合信托业务在主要风险和控制活动上的特殊性，重点关注集合信托业务在产品推介环节中的销售管理和存续期管理环节的信息披露内容，进一步探讨集合信托业务的风险与内部控制。对于项目立项、项目审批、项目成立、存续期管理、项目结算等共性较大的环节不再赘述。

一、集合信托业务概览

集合类信托业务是受托人将两个或两个以上委托人分别或集中交付的，包括动产、不动产或知识产权等在内的信托财产加以集合，由此设立信托。受托人以自己的名义，对接受委托的财产进行管理、运用或处置的方式。

集合类信托业务所持有的特点包括信托资金的来源、信托计划的推介以及信托资金的投向。集合类信托业务的委托人至少为两名，且接受委托人的资金信托合同不得超过两百份。因此，集合类信托资金的来源至少由两名委托人提供，但最多不会超过两百人。由于集合类信托产品大多是由信托公司自主设计、运用和管理，信托公司为了尽快能够发行集合类信托计划，往往采取多种推介手段和方法。并且，集合类信托产品的资金运用方向也十分广泛，包括房地产和基础建设的融资类项目、证券投资类项目、基金类项目以及组合投资类项目等。

二、集合信托业务流程风险与内部控制

（一）产品推介环节

1. 风险识别

产品推介环节中销售管理的风险点包括：

- 未对销售渠道进行开发；
- 未关注销售机构履约能力；
- 未推行销售品牌建设；
- 未健全售后客户信用档案；
- 未建立售后客户联络和投诉受理机制。

法律直通车

《信托公司集合资金信托计划管理办法》
（银监令〔2007〕3号）

第七条 信托公司推介信托计划，应有规范和详尽的信息披露材料，明示信托计划的风险收益特征，充分揭示参与信托计划的风险及风险承担原则，如实披露专业团队的履历、专业培训及从业经历，不得使用任何可能影响投资者进行独立风险判断的误导性陈述。

信托公司异地推介信托计划的，应当在推介前向注册地、推介地的中国银行业监督管理委员会省级派出机构报告。

第八条 信托公司推介信托计划时，不得有以下行为：

（一）以任何方式承诺信托资金不受损失，或者以任何方式承诺信托资金的最低收益；

（二）进行公开营销宣传；

（三）委托非金融机构进行推介；

（四）推介材料含有与信托文件不符的内容，或者存在虚假记载、误导性陈述或重大遗漏等情况；

（五）对公司过去的经营业绩作夸大介绍，或者恶意贬低同行；

（六）中国银行业监督管理委员会禁止的其他行为。

2. 控制活动

基于上述识别的风险点，建立产品推介环节中销售管理的关键控制活动至少包括但不限于销售模式确定、销售渠道确定、销售品牌建设、信息档案管理、售后处理机制等。表 4－9 展示了主要风险点与关键控制活动的映射关系及内容。

表 4－9　产品推介环节中销售管理主要风险点与关键控制活动

主要风险点	关键控制活动
未对销售渠道进行开发	▶ **销售模式确定** 市场营销管理部门针对可行性研究报告、尽职调查报告等资料进行审核，确定销售模式（主要包括代销、直销或者直销和代销混合销售），对于规模较大的信托项目建议代销机构。
未关注销售机构履约能力	▶ **销售渠道确定** 信托项目的销售渠道，除财富中心直销外，还包括推介或推介机构进行渠道销售。市场营销管理部门同代理销售机构签署战略合作协议。市场营销管理部门每季度更新维护代理销售机构备选池，并对备选池内的机构进行评级，由市场营销管理部门对不同地方的代理销售机构进行评级更新。评级的结果决定了代理销售机构的销售资格。
未推行销售品牌建设	▶ **销售品牌建设** 市场营销管理部门推出信托项目品牌宣传计划，对财富中心进行品牌打造。市场营销管理部门负责客户服务及综合事务的人员聘请设计单位进行品牌设计，并将设计好的图形印在饮水杯等物品上并发送给各地财富中心。
未健全售后客户信用档案	▶ **信息档案管理** 信托公司财富管理中心同客户签署信托合同、认购风险说明书等内容。财富管理中心的销售经理和购买信托产品的客户签署确认书后，由销售经理负责将客户信息录入到财富管理系统中，完善售后客户信用档案。
未建立售后客户联络和投诉受理机制	▶ **售后处理机制** 接到投诉，客户服务及综合事务岗须填写客户投诉记录，通过邮件将投诉人信息和投诉内容告知相关责任人，并抄送部门负责人，由相关责任人对投诉情况进行后续跟进。

3. 潜在问题关注

在产品推介环节的销售管理部分往往会出现以下潜在问题及应对措施。

■【潜在问题】

信托公司对自身销售渠道建设的能力十分薄弱，特别是针对一些在内陆省份设立的信托公司，带有浓郁的地方特色，地方政府给予大力支持，当地品牌效应十分明显，信托销售能力在本省内十分突出。该类信托公司因此往往忽视渠道建设工作，最终导致公司只能够在本省内顺利销售自身的信托产品，一旦跨出界线，往往出现零销售的现象。

【应对措施】

信托项目的销售渠道包括直销、代销以及直销和代销相结合。对于直销通常由销售管理部门制定各地的销售指标以及额度，信托项目是100万元起售，通常针对不同的融资规模须制定不同的利率；委托人的委托金额除财富中心直销外，还包括机构渠道销售。代销机构的资质尤其值得关注。

另外，随着监管对于异地营销的逐步放开，信托公司只要满足监管机构规定的准入门槛即可申请设立异地营销中心，组建异地营销团队进行信托产品推介、发行和客户签约工作，并且为配合产品营销而开展跨省的品牌宣传、市场推广，履行对客户的售后服务等。为了保证跨省营销的顺利进行，信托公司除了需要公司内部“铁腕”推动外，也需要在产品和渠道之间寻求平衡，即产品的发行量要尽可能保持稳定，并与销售能力相匹配。

潜在问题关注

（二）存续期管理环节

1. 风险识别

存续期管理环节中信息披露的风险点包括：

- 未建立信息披露机制；
- 信息披露不合规；
- 未建立重大事项临时报告和披露流程；
- 非现场监管报表信息披露不真实、不准确；
- 信息披露应急机制的建立与实施不当。

法律直通车

《信托公司集合资金信托计划管理办法》
（中国银行业监督管理委员会令 2007年第3号）

第二十三条 信托公司管理信托计划，应设立为信托计划服务的信托资金运用、信息处理等部门，并指定信托经理及其相关的工作人员。

第三十四条 信托公司应当依照法律法规的规定和信托计划文件的约定按时披露信息，并保证所披露信息的真实性、准确性和完整性。

第三十五条 受益人有权向信托公司查询与其信托财产相关的信息，信托公司应在不损害其他受益人合法权益的前提下，准确、及时、完整地提供相关信息，不得拒绝、推诿。

第三十六条 信托计划设立后，信托公司应当依信托计划的不同，按季制作信托资金管理报告、信托资金运用及收益情况表。

第三十七条 信托资金管理报告至少应包含以下内容：

（一）信托财产专户的开立情况；

（二）信托资金管理、运用、处分和收益情况；

法律直通车

（三）信托经理变更情况；

（四）信托资金运用重大变动说明；

（五）涉及诉讼或者损害信托计划财产、受益人利益的情形；

（六）信托计划文件约定的其他内容。

第三十八条 信托计划发生下列情形之一的，信托公司应当在获知有关情况后三个工作日内向受益人披露，并自披露之日起七个工作日内向受益人书面提出信托公司采取的应对措施：

（一）信托财产可能遭受重大损失；

（二）信托资金使用方的财务状况严重恶化；

（三）信托计划的担保方不能继续提供有效的担保。

第三十九条 信托公司应当妥善保存管理信托计划的全部资料，保存期自信托计划结束之日起不得少于十五年。

2. 控制活动

基于上述识别的风险点，建立存续期管理环节中信息披露的关键控制活动至少包括但不限于信息披露机制建设、信息披露流程、重大事项披露机制、非现场监管报表信息披露机制、信息披露应急机制等。表4-10展示了主要风险点与关键控制活动的映射关系及内容。

表4-10 存续期管理环节中信息披露的主要风险点与关键控制活动

主要风险点	关键控制活动
未建立信息披露机制	► **信息披露机制** 信托公司按照监管机构的要求建立信息披露机制。信息披露机制应当包含内部和外部的两套机制。内部披露机制包括建立向公司管理层和董事会就目前信托项目投资情况的信息报告机制。外部披露机制包括建立向委托人定期或非定期披露信托项目投资情况。信息披露的内容包括但不限于信托财产开户情况、信托资金管理、运用、处分情况、信托资金变更重大说明等。

续表

主要风险点	关键控制活动
信息披露不合规	▶　**信息披露流程** 信托公司运营管理部门定期获取融资方财务报表和其他抵（质）押方签订的合同。每个季度在管理系统内撰写季度管理报告，记录资金使用和担保状况。信息科技部按照项目管理人员编制的报告，在网站上公布信托项目所应该披露的信息。财富管理中心将用印完成后的重大事项报告发送给信托项目受益人。
未建立重大事项临时报告和披露流程	▶　**重大事项披露机制** 如若信托项目发生重大事项，信托经理应及时通知运营管理部门，运营管理部门撰写重大事项报告，并加盖印章。同时，信息技术部按照项目管理人员所编制的报告内容在网站上公布相关信息。财富管理中心将用印完成后的重大事项报告发送给信托项目受益人。
非现场监管报表信息披露不真实、不准确	▶　**非现场监管报表披露机制** 信托财务部门发起监管报表制作的申请，营销管理部门和运营管理部门填写相关要素，经过部门负责人复核后交由信托财务部门。信托财务部门整理相关信息后经过复核和审批报送给银监会。信息披露的内容包括但不限于大中小企业贷款地区情况表、集合资金信托来源运用情况表、单一管理信托来源运用情况表、流动性比例监测表、贷款五级分类表、表外业务等。此外，信托项目成立后需要填写全国信托数据库信托合同登记表并报送中国信托行业协会。
信息披露应急机制的建立与实施不当	▶　**信息披露应急机制** 信托公司应事先制定突发事件信息披露应急机制，包括建立突发事件应急管理办法。当信托项目发生应急事件，信托公司应当迅速成立应急小组，相关部门负责人作为应急小组成员，严格按照拟定的管理办法，采取相应措施包括对保护委托人的合法财产，同时按照应急机制中规定的内容，对外进行信息披露。

3. 潜在问题关注

在存续期管理环节中的信息披露管理部分往往会出现以下潜在问题及应对措施。

■【潜在问题】

信托公司在信托项目成立后进入存续期管理时，需要向委托人披露信托项目投资的相关信息，但是信托公司在信息披露机制建设方面存在诸多的问题，与银行信息披露机制相比存在着三化问题，即非透明化、非标准化和非规范化。正是由于上述问题的存在，导致一旦信托项目无法兑现约定收益时，信托公司与受托人会发生各类纠纷。

【应对措施】

信托公司应当建立信息披露机制，该机制应当包括两方面内容：首先，信托公司针对委托人需要建立信息日常披露机制、重大事项信息披露机制、信息披露应急机制，同时在信息披露内容上应当包含信托产品投资明细、财务报表、资产变动情况等重要数据；其次，信托公司应当按照监管要求，建立非现场监管报表信息披露机制，真实和准确地向监管机构报送所需披露的信息。

潜在问题关注

案例 4－2

某信托公司身陷信息披露违规泥潭

2012 年，王先生投资 20 万元购买了某信托公司的一款股票型信托理财产品，去年初到期后产品亏损，造成王先生本金损失。由于质疑该信托公司在销售和存续期管理过程中存在多处违规行为，在与银行多次协商未果的情况下，王先生将该信托公司告上法庭。

此后，尽管法院判决王先生败诉，但是银监会向王先生出具了回复函，明确该信托公司在销售、运作相关信托产品时的做法不完全符合相关监管要求，特别是其信息披露工作不尽完善，并明确后续会对该信托公司实施处罚。

省思

信托公司建立信息披露机制，委托人可以通过信息披露定期报告了解到反映信托公司经营状况的重大信息，如财务会计信息、各类风险管理状况、公司治理、重大关联交易等，从而为客户判断信托公司的管理能力提供了一定的基础。同时，委托人通过信息披露临时报告了解信托公司经营情况有重大影响的重大事件的信息。这些强制性信息披露，提高信托公司透明度，增强客户办理信托业务的信心，切实体现信托关系中的诚实信用原则，繁荣和发展信托公司的经营。

第三节　单一被动信托业务的内部控制与管理

本节根据单一被动信托业务与集合信托业务在主要风险和控制活动的差异，重点关注单一被动信托业务的合同设计、尽职责任履行、声誉风险管理环节，进一步探讨单一被动信托业务的风险与内部控制。对于项目立项、项目审批、项目成立、存续期管理、项目结算等共性较大的环节不再赘述。

一、单一被动信托业务概览

与集合信托业务相比，单一被动信托的委托人数量仅有一位，且由委托人主导，指定资金运用的方式与资金运用的对象，受托人的管理相对单一。

单一信托业务的开展需要建立健全适当的组织架构与授权体系作为效力和效率的保障。单一信托业务产品结构较集合业务简单，业务风险也较集合业务少，可据此特点适当简化审批流程和适当分级授权，以提升效率。业务人员需要有开展业务和甄别风险的胜任能力。详细的岗位说明书规定了每个组织层级、每个岗位的职责、权限和工作范围，确保前台、中台、后台职责分离。持续地进行专门职业技能培训可提升业务人员的专业知识及技能。

此外，业务应当有清晰的发展规划，制定符合自身特点的单一被动信托业务发展战略、业务流程和风险管理制度。单一被动业务一方面可以扩大公司业务规模；另一方面，对于公司的利润贡献并不如主动业务高，应充分考虑此中博弈关系，拟定符合公司整体发展的业务导向。制度是流程的指南，通过制度的落实明确行动的方向与方案。单一被动业务的风险管理制度应涵盖合规风险管理、操作风险管理、IT系统和信息安全、信息披露管理等内容。公司应建立和完善制度规范体系，定期维护并适当更新相关制度，并及时下发。

单一被动信托业务的流程从整体结构上来分析，一般包括项目立项、项目审批、项目成立、存续期管理和项目结算等环节。图4-3展示了单一被动信托业务流程中所涉及的环节。

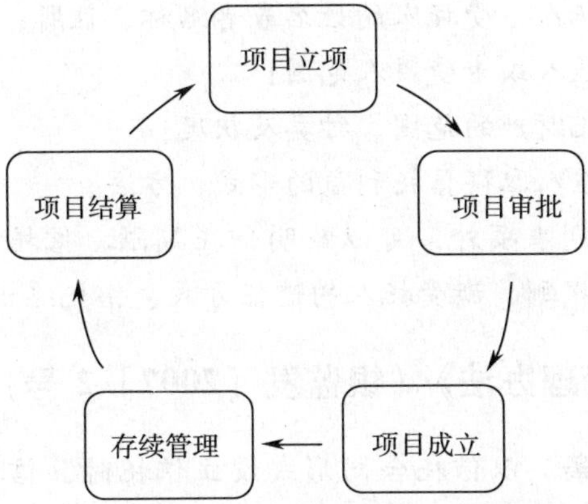

图4-3　单一被动信托业务流程的环节

二、单一被动信托业务流程风险与内部控制

（一）合同设计环节

1. 风险识别

合同设计环节的风险点包括：

- 合同条款设计不当；
- 合同文本与协商、谈判的结果偏离；
- 外聘律师事务所服务质量欠佳。

法律直通车

《中华人民共和国信托法》
（中华人民共和国主席令〔2001〕50号）

第九条 设立信托，其书面文件应当载明下列事项：

（一）信托目的；

（二）委托人、受托人的姓名或者名称、住所；

（三）受益人或者受益人范围；

（四）信托财产的范围、种类及状况；

（五）受益人取得信托利益的形式、方法。

除前款所列事项外，可以载明信托期限、信托财产的管理方法、受托人的报酬、新受托人的选任方式、信托终止事由等事项。

《信托公司管理办法》（银监发〔2007〕2号）

第三十二条 以信托合同形式设立信托时，信托合同应当载明以下事项：

（一）信托目的；

（二）委托人、受托人的姓名或者名称、住所；

（三）受益人或者受益人范围；

（四）信托财产的范围、种类及状况；

（五）信托当事人的权利义务；

（六）信托财产管理中风险的揭示和承担；

（七）信托财产的管理方式和受托人的经营权限；

（八）信托利益的计算，向受益人交付信托利益的形式、方法；

（九）信托公司报酬的计算及支付；

法律直通车

（十）信托财产税费的承担和其他费用的核算；

（十一）信托期限和信托的终止；

（十二）信托终止时信托财产的归属；

（十三）信托事务的报告；

（十四）信托当事人的违约责任及纠纷解决方式；

（十五）新受托人的选任方式；

（十六）信托当事人认为需要载明的其他事项。

以信托合同以外的其他书面文件设立信托时，书面文件的载明事项按照有关法律法规执行。

2. 控制活动

基于以上识别的风险点，建立合同设计环节内部控制活动时，关键控制活动至少包括但不限于合同设计和审核、律师管理。表 4 – 11 展示了主要风险点与关键控制活动的映射关系及内容。

表 4 – 11　　合同设计环节主要风险点与关键控制活动

主要风险点	关键控制活动
合同条款设计不当	▶ **合同的设计** 法律合规部门按单一被动信托业务大类拟定标准格式的合同模板，信托业务人员据此模板草拟合同。 法律合规部门根据业务资料，明确合同要素、责任条款和合同约束人的权利与义务关系，排除管理义务范围外的责任，以此防范承担超出通道应负责任的风险。
合同文本与协商、谈判等的结果偏离	▶ **合同的审核** 法律合规部门应对合同文本内容进行严格审批，确保合同文本与协商、谈判等的结果相一致，条款内容完整、表述准确、相关手续齐备。

续表

主要风险点	关键控制活动
外聘律师事务所服务质量欠佳	► **律师管理** 在涉及律师服务需求时，信托经理可从律师库中选取律师事务所及律师，由其提供专业的法律顾问服务。对于设计合同事宜，外部律师完成后，仍需经过本公司法律合规人员审核。 法律合规部门定期组织对律师的服务质量进行回顾与评估，对于服务质量出现问题或合作不顺畅的律师进行出库处理。若有新律师推荐，同样适用考评机制进行评估，评估合格后安排入库。

3. 潜在问题关注

在合同设计环节部分往往会出现以下潜在问题及应对措施。

■【潜在问题】

因条款设计不当导致在单一被动信托业务中承担超出信托管理应负责任的风险。单一被动信托业务往往涉及客户（多为银行）、过桥方、增信方、资金使用方或资产管理方以及托管方等多主体，需要签订一系列的合同，合同条款均是逐个商定。在银行强势的业务环境中，有些银行往往不同意对其提供的模板进行任何修订，若信托公司对关键环节和要素的了解程度不够深入，一旦出现条款设计不当或未关注到某些关键点，就可能承担超出信托管理职能相应的责任，造成承担其他责任的风险。

【应对措施】

在前期公司内部业务部门沟通和与合作伙伴沟通总结的基础上，明确对关键条款和要素的要求，防范单一被动信托业务承担超信托管理责任的情况。例如，明确签约主体、明确资金来源合法性、提供投资标的清晰明确的投资指令、明确投资范围或用途、明确到期变现方式和责任等。此外，针对委托贷款型单一被动业务，可取得发起银行相关的内部审贷文件和决策文件及承诺书，作为尽职调查的有效补充材料。

潜在问题关注

（二）尽职责任履行环节

1. 风险识别

尽职责任履行环节的风险点包括：

- 未充分履行受托人尽职管理的义务；
- 处理信托事务不当。

法律直通车

《中华人民共和国信托法》
（中华人民共和国主席令〔2001〕50号）

第二十二条　受托人违反信托目的处分信托财产或者因违背管理职责、处理信托事务不当致使信托财产受到损失的，委托人有权申请人民法院撤销该处分行为，并有权要求受托人恢复信托财产的原状或者予以赔偿；该信托财产的受让人明知是违反信托目的而接受该财产的，应当予以返还或者予以赔偿。

第二十五条　受托人应当遵守信托文件的规定，为受益人的最大利益处理信托事务。受托人管理信托财产，必须恪尽职守，履行诚实、信用、谨慎、有效管理的义务。

第三十条　受托人应当自己处理信托事务，但信托文件另有规定或者有不得已事由的，可以委托他人代为处理。受托人依法将信托事务委托他人代理的，应当对他人处理信托事务的行为承担责任。

第三十三条　受托人必须保存处理信托事务的完整记录。受托人应当每年定期将信托财产的管理运用、处分及收支情况，报告委托人和受益人。

法律直通车

《信托公司管理办法》(银监发〔2007〕2号)

第二十四条 信托公司管理运用或者处分信托财产，必须恪尽职守，履行诚实、信用、谨慎、有效管理的义务，维护受益人的最大利益。

第二十六条 信托公司应当亲自处理信托事务。信托文件另有约定或有不得已事由时，可委托他人代为处理，但信托公司应尽足够的监督义务，并对他人处理信托事务的行为承担责任。

第二十八条 信托公司应当妥善保存处理信托事务的完整记录，定期向委托人、受益人报告信托财产及其管理运用、处分及收支的情况。

2. 控制活动

基于以上识别的风险点，建立尽职责任履行环节内部控制活动时，关键控制活动至少包括但不限于尽职调查、尽职管理。表4-12展示了主要风险点与关键控制活动的映射关系及内容。

表4-12 尽职责任履行环节主要风险点与关键控制活动

主要风险点	关键控制活动
未充分履行受托人尽职管理的义务	▶ **尽职调查** 信托经理对项目各方进行详尽的尽职调查。尽职调查包括法律事务尽职调查和财务事务尽职调查。法律尽职调查主要针对项目可能产生的法律风险进行调查和预防，针对项目的性质、涉及的金额、关联方关系等进行分析；财务尽职调查主要针对融资方的财务能力、现金流情况、融资项目的运行情况和偿债能力等进行分析。信托经理在法律事务尽职调查和财务事务尽职调查的基础上，撰写项目的可行性研究报告，可包括对信托项目的交易结构、信托收益率、税费、信托报酬等进行测算、资金运用及风险控制措施、退出方式等方面进行合理的设计和安排。

续表

主要风险点	关键控制活动
处理信托事务不当	► **尽职管理** 信托经理及运营托管部门严格按照合同约定的管理权限和管理标准，对项目进行管理，如核实放款资料的完整性和真实性、确保资产的安全性等，妥善保存处理信托事务的完整记录。

3. 潜在问题关注

在尽职责任履行环节部分往往会出现以下潜在问题及应对措施。

■【潜在问题】

单一被动信托业务部门及风险管理部门未充分履行尽职调查的职能，造成尽职风险的存在。开展信托业务，必然应当负担起尽职调查的义务。单一被动信托业务收费较低，尽职调查做到何种程度为适度，尚无统一明确的标准。部分业务因属于完全通道性质，对其他领域不够熟悉，存在未发现某些关键因素、未要求参与方提供相关材料等情况，均被认定为未充分尽职的风险。

【应对措施】

在甄别交易对手时，既要有一定的灵活度，也要遵循审慎原则，遵守相关制度规定。公司业务发起部门应对合作方及交易对手方的资产规模、近几年的收益情况和业务预期进行审慎调查，并出具可行性分析报告，防范过高的信用风险。

在项目管理过程中，严格按照合同约定，履行尽职管理职责，防止因未履行尽责义务而承担损失。

潜在问题关注

（三）声誉风险管理环节

1. 风险识别

声誉风险管理环节的风险点包括：

- 外部声誉风险监测缺失；
- 未建立媒体沟通机制。

2. 控制活动

基于以上识别的风险点，建立声誉风险管理环节内部控制活动时，关键控制活动至少包括但不限于舆情监测、媒体关系管理。表4－13展示了主要风险点与关键控制活动的映射关系及内容。

表4－13　声誉风险管理环节主要风险点与关键控制活动

主要风险点	关键控制活动
外部声誉风险监测缺失	▶ **舆情监测** 每日由专人负责在网上搜索关键字，同时接收信托业协会每日监测报告，检查是否有敏感或负面报道、言论。 同时关注单一被动信托业务委托人、交易对手相关的负面报道，若与公司项目有关及时与相关人员沟通联系，判断影响程度后按规定及时上报并处理。
未建立媒体沟通机制	▶ **媒体关系管理** 信托公司在任何渠道接到媒体采访要求时，不应直接接受或拒绝采访，而是请采访单位提供书面采访提纲，记录采访单位联系人的联系方式，申请人发起申请，经公司分管领导审批后，由信托公司统一安排编制新闻通稿并安排媒体采访。新闻通稿应提交法律合规部门审核并经分管领导审批。

3. 潜在问题关注

在声誉风险管理环节部分往往会出现以下潜在问题及应对措施。

■【潜在问题】

开展业务被媒体报道负面新闻导致的声誉风险。单一被动业务在已履行尽职义务的前提下，一般不太会发生损失，但因业务本身的问题引起媒体关注并报道负面新闻，将会起到传染性、扩散化的声誉风险，造成公司信誉损失，进而牵连其他项目的发行与管理。

【应对措施】

在相关项目发生负面报道时，通过日常舆情监测和相关人员的业务反馈，应当及时拟定对应措施，并在新闻媒体公开发表声明。信托公司应当制定重大突发事件的确认、控制和管理处置体系，并且根据自身实际情况制定系统和可操作的重大声誉风险事件化解和补偿机制。此外信托公司需要加大引进和培养声誉风险管理团队的力度，通过培训、研讨等方式不断增强声誉危机意识，在全司范围内培养一支职业操守和思想道德符合公司经营管理要求的声誉风险管理团队。

潜在问题关注

案例4-3

某信托产品兑付风波事件

2011年5月某信托公司设立的2年期某信托产品，在2014年到期前夕因为投资人对信托安全兑付质疑而再起风波。虽然2012年该信托公司做过尽职调查，安抚了部分投资人的担忧，但是当地市场金融机构纷纷传出产品兑付的风险，不免引起大家对产品安全性的关注。

从信息披露情况来看，2011年四个季度都按期公布了信托项目资金运用情况及项目进展情况。但是2012年信托项目资金运用情况及项目进展情况相关资料已被删除，无法正常下载和浏览。2013年以来，每个季度的项目进展报告已经不对外公开，全部进行了加密处理，让投资者无法正常看到项目具体进展情况。

根据该信托公司的清查，融资人实际负债已逾本信托产品融资金额的2倍。该融资人为当地煤矿企业，从事发到现在始终未获得审批权。这让投资人对于募集资金的流向产生担忧。

此前有消息称，信托计划的设立源于当地的一家银行，因融资人当时并无采矿权等相应资产可做抵押而无法贷款，该行遂向信托公司推荐了这一项目，即该产品是该行的一个项目，最终找到该信托公司做了“通道”来发产品。从收费比例来看，银行的管理费也远远高于信托公司。

案例4－3

省思

虽然表面上看这是一款集合项目，但若此类“通道”业务消息属实，则信托公司的尽职管理义务是否落实就存在很大疑问。

吸取此次风波事件的教训，信托公司应当加大通道类业务的尽职调查力度，而不是依赖推荐方的调查与评估，例如：

1. 加强对实际融资人的尽职调查，从中获取其资金来源、风险偏好、产业链分配、多元化经营影响等对主业的影响因素。

2. 通过律师尽职调查，强化相关法律事务及融资人权证的确认。有些产业流转过程往往非常复杂且有不为人知的内幕，包括不限于代持、对价存疑、涉及集体等第三方利益等。这些都会为项目是否能够如期兑付带来障碍。

3. 审慎评估融资人财务能力。很多项目目前处于新建或技改阶段，融资人往往会乐观估计工程时间、产量、安全验收等问题，使得对项目现金流预测出现偏差。

4. 到税务局、房地产登记等部门对融资人的历史和现在、权证情况等进行充分了解。

第四节　融资类信托业务的内部控制与管理

本节将在前三节对信托流程各环节主要风险和控制活动探讨的基础上，重点关注融资类信托流程在项目立项环节具有特殊性的尽职调查及贷后管理的内容，进一步探讨融资类信托业务的风险与内部控制。对于项目立项、项目审批、项目成立、项目推介等共性较大的环节不再赘述。

融资类信托产品个性化强，创新点多，在诸多方面体现出了与传统债券不同的风险特征。第一，信托投资模式灵活、运用方式多元，不同模式下面临的风险性质不同，风险因素多样化。第二，信托财产跨市场、跨领域的配置使其风险带有较大的行业特殊性，差异巨大，如房地产信托兑付风险受宏观经济和政策影响大。第三，相对于贷款、债券等产品而言，信托计划的融资方信用质量相对较低，交易对手违约风险较高，产品总体风险较高。第四，目前信托产品增信措施复杂多样，但其增信效果和实质性作用差异很大，增加了评估难度。第五，目前信托产品的信息披露程度较低，信用评级缺失，投资者的风险意识也有待增强，信用产品的风险控制很大程度上依赖于信托公司的尽职调查和后续管理能力。第六，由于信托产品创新方式庞杂，部分产品为了逃避监管采取了复杂的交易结构，其中隐含的法律风险不容忽视。

一、融资类信托业务概览

按照资金投向不同，我们将选取融资类信托、证券投资类信托两类业务进行介绍。融资类信托业务即我们常说的贷款类信托，通过向融资企业发放贷款的形式进行受托财产的投资利用。根据融资方所处的行业和背景不同，可大致分为房地产类信托、政府平台类信托、工商企业类信托和中小企业类信托。

融资类信托，强调债务与债权的关系，信托产品所募集的资金以债权人的角色参与到融资方的融资项目中，受托机构与融资方开成债权债务关系，融资方以其所拥有的某项资产按照一定的抵押率作为抵押，承担按照约定到期还本付息的义务。融资类信托一般在项目成立之前已有明确的融资方和融资项目，无论融资方是以何种方式发起融资，信托计划完成募集后即成功地帮助融资主体解决融资需求。

融资类信托业务的流程一般包括制度建立、项目开发、项目审批、项目推介、存续期管理和清算管理。图 4－4 展示了融资类信托业务流程中所涉及的环节。

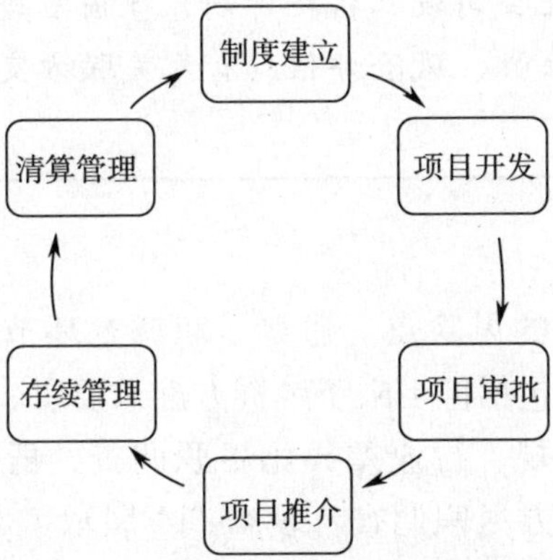

图 4－4　融资类信托业务流程的环节

二、融资类信托业务流程风险与内部控制

（一）尽职调查环节

1. 风险识别

尽职调查环节的风险点包括：

- 客户准入标准管控不当；

- 尽职调查质量不高、执行不到位；
- 项目资料不完整和不合规；
- 未针对不同行业建立差异化尽职调查模块；
- 抵（质）押等增信方式管理及估值管理管控不当；
- 第三方调查机构资质欠佳。

法律直通车

《信托公司集合资金信托计划管理办法》（银监令〔2007〕3号）

第九条 信托公司设立信托计划，事前应进行尽职调查，就可行性分析、合法性、风险评估、有无关联方交易等事项出具尽职调查报告。

2. 控制活动

基于以上识别的风险点，建立尽职调查环节内部控制活动时，关键控制活动至少包括但不限于融资方准入要求、融资方尽职调查、项目资料完整和合规、行业差异化尽职调查、抵（质）押物调查、担保人调查、融资方尽职调查。表4－14展示了主要风险点与关键控制活动的映射关系及内容。

表4－14　尽职调查环节主要风险点与关键控制活动

主要风险点	关键控制活动
客户准入标准管控不当	► **融资方准入要求** 信托经理应严格执行公司指定的客户准入标准，从融资方的公司治理、财务状况、信用评级、信用状况、融资渠道、重大事项、融资用途、还款来源、增信及控制措施等方面进行考量与管控。

续表

主要风险点	关键控制活动
尽职调查质量不高、执行不到位	► **融资方尽职调查** 项目在获得审批通过后，信托经理应开始对项目各方进行详尽的尽职调查。 尽职调查包括法律事务尽职调查和财务事务尽职调查。法律尽职调查主要针对项目可能产生的法律风险进行调查和预防，针对项目的性质、涉及的金额、关联方关系等进行分析；财务尽职调查主要针对融资方的财务能力、现金流情况、融资项目的运行情况和偿债能力等进行分析。 信托经理在法律事务尽职调查和财务事务尽职调查的基础上，撰写项目的可行性研究报告，包括对信托项目的交易结构、信托收益率、税费、信托报酬等进行测算、资金运用及风险控制措施、退出方式等方面进行合理的设计和安排。
申请项目资料不完整和不合规	► **项目资料完整和合规** 信托经理、风险管理部门及法律合规部要严格审核信托项目申请资料，包括交易对手资料，具体包括交易对手基础资料、财务资料、资信资料、过往项目操作经验、经营业绩资料、担保物资料；项目专用资料等。确保申请项目资料的完整性、合规性及合法性。
未针对不同行业建立差异化尽职调查环节	► **行业差异化尽职调查** 信托公司信托业务部门按照信托项目的类型不同，包括对基础产业、房地产、证券市场产品、金融机构、工商企业等，开展有针对性的尽职调查工作，有针对性地建立尽职调查流程和模板。

续表

主要风险点	关键控制活动
抵（质）押等增信方式管理及估值管理管控不当	▶ **抵押物的调查** 抵（质）押物通常包括股权、债权、房产和土地等。对于房产和土地等需要评级机构评估的抵押物，出具估价报告，对抵押物的估计结果、抵押情况和影响抵押物的价值因素进行分析。 尤其值得关注的是对抵（质）押物的偿还顺序的调查，避免抵（质）押物重复抵押等不利于抵（质）押物兑付的情况。对于以二级市场股票收益权为质押物，信托经理还需要在可行性研究报告中设计预警线和平仓线以保证质押物的价值可以满足项目需要。
	▶ **担保人的调查** 对于担保人，需要获取相关资料包括征信记录、营业执照、贷款卡、验资资料等，通过对上述材料的分析，评估担保人的担保能力。 另外还需要调查担保人和融资人的关系。有些融资项目的融资方和担保人是关联方或者有较为紧密的利益关系，甚至出现了借款合同中借款人和担保人角色互换，这些削弱了保证人的偿债能力。
第三方调查机构资质欠佳	▶ **融资方尽职调查** 对同服务机构进行合作的信托公司，在选择服务机构时，除了要关注服务机构的品牌，更要关注提供服务的团队人员的素质，包括学历背景、工作年限和业内经验等。 同时建立服务机构成员库，对服务机构的准许进行审核，并定期评估服务机构的服务质量，可采用末位淘汰等方法；还应采用服务机构轮换制，避免信托经理因固定的服务机构，而可能产生利益输送和道德风险。

3. 潜在问题关注

在尽职调查环节部分往往会出现以下潜在问题及应对措施。

■【潜在问题】

融资类信托业务尽职调查质量不高、执行不到位。

第一是担保人和融资人的关系。有些融资项目的融资方和担保人是关联方或者有较为紧密的利益关系，甚至出现了借款合同中借款人和担保人角色互换，这些削弱了保证人的偿债能力。

第二是担保审核不严。常见的借款合同纠纷是由于借款人冒用他人名义以其股票质押，信托公司未对质押人身份和质押物情况审核不清，且在未收到市值证明情况下就发放大额贷款，待贷款无法收回时才至证券登记结算公司查询质押股票账户情况，导致巨额贷款资金无法追回。

【应对措施】

前期项目经理必须遵循审慎与实事求是原则，通过实地考察等多种途径与方式，对交易对手与其担保人的主体资质、信用情况、经营状况、财务风险、法律风险等可能影响公司业务决策的各类因素进行全面调查，确认相关信息的全面性、合理性，并分析甄别信息真实性的过程。

可以通过以下方式进行：

1. 座谈方式：通过与企业主要领导或管理决策层、相关部门人员座谈，了解交易对手的综合信息。
2. 查阅方式：通过查阅交易对手的营业执照、公司章程、相关重要合同、原始凭证等，深入了解情况，获取与项目融资相关的信息。
3. 考察方式：根据需要实地察看交易对手的重要实物资产。
4. 征询方式：必要时向注册会计师、律师、资产评估师咨询，听取专业人士的意见。
5. 搜索方式：通过网络、媒体等公开信息渠道获取有关信息。

潜在问题关注

（二）融资类业务的存续管理环节

1. 风险识别

存续管理环节的风险点包括：

- 项目跟踪管理管控不当；
- 存续期跟踪管理评价指标管控不当；
- 存续期管理工具与手段欠缺；
- 抵（质）押物持续管理及动态监控不当；
- 抵押悬空风险防范不当；
- 合同、档案管理管控不当。

法律直通车

《信托公司集合资金信托计划管理办法》（银监令〔2007〕3号）

第二十三条 信托公司管理信托计划，应设立为信托计划服务的信托资金运用、信息处理等部门，并指定信托经理及其相关的工作人员。

第三十四条 信托公司应当依照法律法规的规定和信托计划文件的约定按时披露信息，并保证所披露信息的真实性、准确性和完整性。

第三十五条 受益人有权向信托公司查询与其信托财产相关的信息，信托公司应在不损害其他受益人合法权益的前提下，准确、及时、完整地提供相关信息，不得拒绝、推诿。

第三十六条 信托计划设立后，信托公司应当依信托计划的不同，按季制作信托资金管理报告、信托资金运用及收益情况表。

第三十七条 信托资金管理报告至少应包含以下内容：

（一）信托财产专户的开立情况；

法律直通车

（二）信托资金管理、运用、处分和收益情况；

（三）信托经理变更情况；

（四）信托资金运用重大变动说明；

（五）涉及诉讼或者损害信托计划财产、受益人利益的情形；

（六）信托计划文件约定的其他内容。

第三十八条 信托计划发生下列情形之一的，信托公司应当在获知有关情况后三个工作日内向受益人披露，并自披露之日起七个工作日内向受益人书面提出信托公司采取的应对措施：

（一）信托财产可能遭受重大损失；

（二）信托资金使用方的财务状况严重恶化；

（三）信托计划的担保方不能继续提供有效的担保。

2. 控制活动

基于以上识别的风险点，建立存续期管理环节内部控制活动时，关键控制活动至少包括但不限于项目检查、信息披露、存续跟踪管理、存续管理工具与方法、抵（质）押物管理和合同档案管理。表 4－15 展示了主要风险点与关键控制活动的映射关系及内容。

表 4－15 融资类业务的存续期管理主要风险点与关键控制活动

主要风险点	关键控制活动
项目跟踪管理管控不当	▶ **项目检查** 信托公司运营托管部门在信托项目进入存续期前制定相应的存续计划，根据项目的风险评级情况不同，确定不同的项目检查频率和检查方式。
	▶ **信息披露** 信托公司运营托管部门应及时向受益人及监管机构披露信息。对受益人的信息披露应按照合同规定，定期发送项目日常报告，记录项目资金使用情况以及偿付情况；信托项目产生重大变化时，信托公司应及时发送重大事项公告，确保受益人在第一时间知晓项目变动情况。

续表

主要风险点	关键控制活动
存续跟踪管理评价指标管控不当	► **存续跟踪管理** 信托公司管理层和项目经理应充分理解项目主要风险要素，具体包括信用风险要素、市场风险要素等，并且信托经理还应充分预测市场环境变化对项目的影响，将影响程度充分传达和揭示给公司管理层。
存续管理工具与手段欠缺	► **存续管理工具与方法** 风险管理部门除了加强项目存续期的复核、审批、报告以外，要应增强对风险的监测、分析和预警，建立起以风险为导向的内控体系，确保控制活动与公司的关键风险点相连。
抵（质）押物持续管理及动态监控不当	► **抵（质）押管理** 信托公司运营托管部门要对抵（质）押物进行持续管理和动态监控，防止抵（质）押物质量发生恶化，避免担保人信用情况下降。
合同、档案管理管控不当	► **合同和档案管理** 合同管理部门应对合同、档案进行登记管理，定期对合同、档案进行统计、分类和归档。

3. 潜在问题关注

在融资类业务的存续期管理环节部分往往会出现以下潜在问题及应对措施。

■【潜在问题】

信托项目跟踪管理管控不当。可能无法及时发现信托项目在存续期间的信用、管理、政策、项目建设等风险，导致收益不确定的可能性增强。具体包括：

1. 信用风险：借款人的经营状况及偿债能力将直接影响本信托的收益。若其因各种原因不能如期归还贷款本息，将可能产生不能到期回收信托资金和信托收益的风险。
2. 管理风险：管理风险在信托资金的管理和运用中，可能因受托人管理方式、管理能力的缺陷，导致信托资金运作的管理失当，从而影响信托资金运作的收益水平和收益兑付。

潜在问题关注

3. 政策及项目建设风险：受宏观政策影响程度较高的项目，如果加宏观经济政策、地方财政税收等相关政策或相关法律、法规发生变化，则可能对项目建设的实施产生影响，从而对本信托计划的信托收入的实现产生影响。

【应对措施】

具体应对措施包括如下几个方面：

1. 强化企业经营状况定期检查，提升风险甄别能力。深入项目企业上下游客户端了解情况，不断加强对上中下游产业链及企业所处行业的发展现状与趋势的研判分析，作为企业经营发展状况检查的分析依据。
2. 增加贷后定期现场检查等方式，及时调度企业生产、经营、销售情况以及资金财务状况。在此基础上，对项目还款来源的充足性和可靠性以及项目到期偿付能力进行风险评级，及时掌握各种潜在风险点，切实提升风险甄别能力。
3. 信托项目可以增派监察人员，常驻项目现场进行实时监控。除了对项目检查还须对担保人和抵（质）押物进行检查，确保抵（质）押物仍处于正常状态，担保人具有担保能力。
4. 对于抵（质）押物质量或担保人还款能力发生恶化的情况，应及时进行报告及采取相应措施，如追加抵（质）押物等。信托财务相关人员要对融资方资金使用情况以及受益人资金给付情况设置台账，确保资金划付按照合同进行。
5. 强化抵（质）押物专项检查，提升风险防范能力。抵（质）押物的合规性、完整性和有效性是防范项目风险的重要保障。通过现场勘查，到工商局、土地管理局、房管局查阅相关资料等形式，全面、及时地了解信托项目抵（质）押情况，有效增强实时风险防范能力。

潜在问题关注

案例4-4

地产类信托产品风险事件

要素	相关案例情况	受托人分析
尽职调查水平	例如“鄂尔多斯棚户区改造项目”“温州泰宇花苑”涉及的民间借贷据新闻报道在当地早有传闻，而“洋城锦都置业项目”（锦都二期项目开发）由于一期项目交房多次违约等，融资方在当地名声极差。	信托计划投资项目在信托计划成立之前风险已经显现，信托尽职调查时未予发现。
风控及尽职	“温州泰宇花苑项目”中两块土地估价被抬高了近两倍，如采取拍卖则基本不可能覆盖全部本金收益；“荣腾商业地产项目”抵押物存在其他第一顺位抵押权人。	抵押物估价严重虚高、非第一顺位抵押表明信托公司风控存在较大纰漏，可能未能做到尽职。
后续管理能力	多个信托计划没有做好定期评估和追踪，或存在定期报告披露不实、避重就轻等问题；如“南京联强项目”中吉林信托是临近信托到期才发现融资方无法还款付息，虽然最终找到了接盘方，但兑付还是推迟了。	信托公司后续管理缺失，未能及早发现问题，快速采取恰当措施以降低信托产品违约概率。

案例 4－4

省思

目前信托产品的信息披露程度较低，信用评级缺失，投资者的风险意识也有待增强，信用产品的风险控制很大程度上依赖于信托公司的尽职调查和后续管理能力。

房地产信托是信托兑付危机的高发领域，从这些风险事件分析，大部分地产信托投资项目均是由于融资方受到前期限购、限价和限贷等调控措施影响，项目租售严重低于预期造成回款困难；同时在调控环境下，银行借贷、资本市场融资等筹资渠道都会受阻。各种因素叠加导致融资方违约风险，从而信托出现兑付风险。实际上，尽管房地产信托产品可能有多种形式，但其兑付资金基本以楼盘租售回款为基础，房地产行业宏观调控和信托产品能否如期兑付很多时候有着必然关系，这是房地产类信托产品最显著的风险特征之一。

此外，房地产信托中流动性风险是信用风险最普遍的导火线。房地产行业的宏观调控并不会导致项目质量变差或是失去价值。调控往往是一时的，但可能会造成开发商资金链断裂，从而导致危机，短期流动性风险是项目违约和信托兑付风险的最直接因素。

第五节　证券投资类信托业务的内部控制与管理

本节重点关注证券投资类信托流程具有特殊性的投资研究、投资管理、投资结算、投后管理环节，进一步探讨证券投资类信托业务的风险与内部控制。对于项目立项、项目审批、项目成立、项目推介等共性较大的环节不再赘述。

一、证券投资类信托业务概览

与融资类信托相比，证券投资类信托强调的是权利及权益的关系，信托产品信托计划所募集的资金以购买融资方发行的股票或债券的方式间接参与到融资方的利润分配，受托机构与融资方所产生的是股权和权益关系，融资方将其所拥有的某项现金收益权出售给受托机构，或者以拥有的上市公司或非上市公司股权质押融资。一般所称的“证券投资类”产品投向包括固有收益类产品（如债券）、权益类产品（如股票）、证券类产品组合（如基金）、证券结构化产品等。

证券投资类信托业务的开展需要健全适当的组织架构与授权体系作为效力和效率的有效保障，具备胜任能力的业务人员是业务开展的基础。详细的岗位说明书规定了每个组织层级、每个岗位的职责、权限和工作范围，确保前台、中台、后台职责分离。持续的专业职业技能培训可提升业务人员的专业知识及技能。

此外，业务应当有清晰的发展规划，制定符合自身特点的证券投资信托业务发展战略、业务流程和风险管理制度。应涵盖投资管理、授权管理、营销推介管理和委托人风险适应性调查、证券交易经纪商选择、合规审查管理、市场风险管理、操作风险管理、

IT系统和信息安全、估值与核算、信息披露管理等内容。公司应建立和完善制度规范体系，定期维护并适当更新相关制度，并及时下发。

证券投资类信托业务的流程从整体结构上来分析，一般包括项目立项、项目审批、项目推介、投资研究、投资管理、投资结算和投资后续管理的环节。图4－5展示了证券投资类信托业务流程中所涉及的环节。

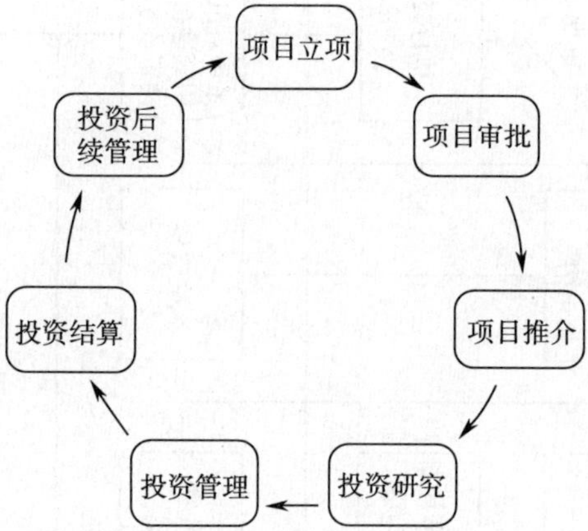

图4－5　证券投资类信托业务流程的环节

证券投资类信托业务的各环节中主要涉及信托业务部门、风险（合规）管理部门、专业委员会、销售部门、投资管理部门、财务部门、审计稽核部门等。图4－6全面展现了证券投资类信托业务过程中通常所涉及的各操作环节，并对应到相关部门。

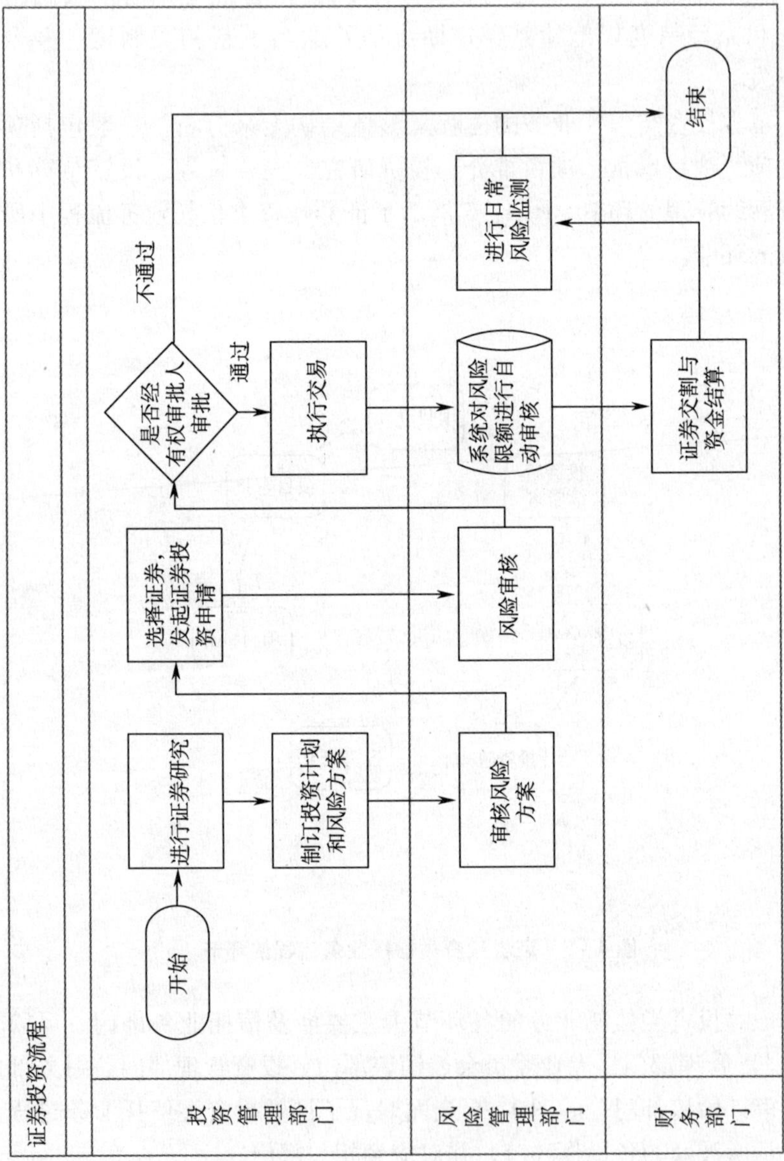

图4-6 证券投资类信托业务流程图

二、证券投资类信托业务流程风险与内部控制

（一）投资研究环节

1. 风险识别

投资研究环节的风险点包括：

- 未进行投资研究或投资研究质量不高；
- 投资顾问机构资质欠佳。

法律直通车

《信托公司证券投资信托业务操作指引》
（银监发〔2009〕11号）

第二十二条　信托公司聘请的第三方顾问应当符合以下条件：

（一）依法设立的公司或合伙企业，且没有重大违法违规记录。

（二）实收资本金不低于人民币1 000万元。

（三）有合格的证券投资管理和研究团队，团队主要成员通过证券从业资格考试，从业经验不少于3年，且在业内具有良好的声誉，无不良从业记录，并有可追溯的证券投资管理业绩证明。

（四）有健全的业务管理制度、风险控制体系，有规范的后台管理制度和业务流程。

（五）有固定的营业场所和与所从事业务相适应的软硬件设施。

（六）与信托公司没有关联关系。

（七）中国银监会规定的其他条件。

第二十三条　信托公司应当就第三方顾问的管理团队基本情况、从业记录和过往业绩等开展尽职调查，并在信托文件中载明有关内容。

信托公司应当制定第三方顾问选聘规程，并向中国银监会或其派出机构报告。

2. 控制活动

基于以上识别的风险点，建立投资研究环节内部控制活动时，关键控制活动至少包括但不限于投资研究和投资顾问管理。表 4－16 展示了主要风险点与关键控制活动的映射关系及内容。

表 4－16　　投资研究环节主要风险点与关键控制活动

主要风险点	关键控制活动
未进行投资研究或投资研究质量不高	► **投资研究** 投资研究部门应当利用多种信息渠道收集相关投资研究资料，可适当运用分析软件，进行宏观经济形式分析和投资产品价值研究，定期制作投资研究报告并为制定投资策略打下基础。投资研究报告发送风险管理部门审阅。 有条件的公司还可以考虑建立债券库、股票库、基金库等机制，定期和不定期评估库中产品的业务表现，对于业务表现较差的产品，进行出库处理。投资研究过程中若有新增产品入库建立，就该产品进行投资研究，并对风险及收益作出阐述，进行初步推荐，由风险管理部门对其进行审核，提交有权审批人审批通过后进行入库操作。
投资顾问机构资质欠佳	► **投资顾问管理** 根据信托公司的业务能力情况，目前较多的信托公司将证券投资研究的职能外包给具有资质且服务质量较好的投资顾问公司。公司建立对投资顾问的考评机制，制定定性和定量的考核标准。风险管理部门从市场上选取口碑较好、资质较优的公司，对其管理团队基本情况、从业记录和过往业绩等进行尽职调查，按照考核标准进行打分与评估，择优选取几家投资顾问公司，投资顾问公司选择名单连同尽职调查报告与相关资料等一起提交有权审批人审批，审批通过后建立投资顾问库。 在开发证券投资类信托产品时，信托经理可从投资顾问库中选取投资顾问，由其在产品的存续期间提供专业的投资顾问服务。 风险管理部门定期组织对其服务质量进行回顾与评估，对于服务质量出现问题或合作不顺畅的投资顾问公司进行出库处理。若有新投资顾问推荐，同样适用考评机制进行评估，评估合格后安排入库。

3. 潜在问题关注

在投资研究环节部分往往会出现以下潜在问题及应对措施。

■【潜在问题】

缺少专业投资研究团队对经济环境、市场行情、投资产品等进行研究，缺少专业化的投资指导。通常信托公司的证券团队，由于人力和精力的限制，对于投资研究的广度、深度和专业化程度都为较为欠缺，即使自主进行投资研究，其内容也可能较为空洞或流于形式，参考价值有限。

【应对措施】

对于标准化的产品，可通过外部平台的研究报告，如研究机构、专业网站、媒体、中介机构等平台，获取研究报告，对经济环境、产品趋势进行分析与判断。基于本公司投资研究实力薄弱的情况，一般公司会购买专业证券公司的投资研究平台咨询权限，通过专业团队的投资研究报告作为信托，广泛汲取多家之精华，在些基础上进行总结与评估，作为投资的导向。

■【潜在问题】

投资顾问机构资质欠佳，服务质量达不到要求。雇佣投资顾问机构的模式都会较大程度上以投资顾问机构的投资建议作为投资导向，那么顾问机构的服务质量对于投资收益将起到至关重要的作用。资质不佳，可能会造成本公司的投资收益低于同类产品水平甚至造成亏损。服务质量的问题，可能存在提供建议的投资不符合资产配置要求、不符合风险与收益配比的情况，甚至可能存在业务交流衔接的障碍等，严重影响到投资运作。

【应对措施】

可制定投资顾问准入门槛，对投资顾问进行服务质量调查与评估，按可行的标准尺度对评定合格的机构建立投资顾问库。日常业务中，可从投资顾问库中选择投资顾问机构提供服务。对投资顾问库建立定期更新机制，针对库内的投资顾问机构进行跟踪后评估，将实际服务质量达不到要求的机构从库中移除，新增投资顾问机构时进行调查与评估并入库。

潜在问题关注

（二）投资管理环节

1. 风险识别

投资管理环节的风险点包括：

- 缺少或不明确投资计划与投资策略；
- 无预设风险管理方案；
- 未设置投资人员权限；
- 交易不符合投资策略和风险管理方案；
- 交易未经过有效审批。

法律直通车

《信托公司证券投资信托业务操作指引》
（银监发〔2009〕11 号）

第十条 信托文件应当明确约定信托资金投资方向、投资策略、投资比例限制等内容，明确约定是否设置止损线和设置原则。

信托文件约定设置止损线的，应明确止损的具体条件、操作方式等事项。

第十三条 信托公司应当对信托经理的投资权限进行书面授权，并监督信托经理严格按照信托合同约定的投资方向、投资策略和相应的投资权限运作证券投资信托财产。

第十四条 信托公司应当根据市场情况以及不同业务的特点，确定适当的预警线，并逐日盯市。信托公司管理信托文件约定设置止损线的信托产品，应根据盯市结果和信托文件约定，及时采取相应措施。

2. 控制活动

基于以上识别的风险点，在建立投资管理环节内部控制活动时，关键控制活动至少包括但不限于投资计划、投资风险控制方案、投资人员和审批人员权限、交易发起、投资审批。表4－17展示了主要风险点与关键控制活动的映射关系及内容。

表4－17　投资管理环节主要风险点与关键控制活动

主要风险点	关键控制活动
缺少或不明确投资计划与投资策略	▶ **投资计划** 信托经理在设计产品时，根据宏观市场、行业经济趋势等情况制订产品投资计划，约定信托资金投资方向、投资策略、投资比例限制等内容，明确约定是否设置止损线和设置原则，并落实在信托文件中。信托文件在项目审批过程中，连同项目立项的其他文档一起需经过逐级审批和审议。 在证券投资过程中，投资管理部门建立投资分析例会制度，每周回顾上周交易、业绩表现情况，讨论并评估有关产品市场走势、宏观经济和价值走向，制订当周的投资计划。若金融市场发生变化，需要在当周计划外进行交易时，交易员应申请特批交易审批流程。
无预设风险管理方案	▶ **投资风险控制方案** 产品设计时应当设置投资风险方案，包括风险指标、限额管理和预警体系。根据预设的产品风险程度、目标客户风险承受情况，并结合国内外经济金融形势等因素，评审产品的风险控制方案，评审意见与项目报批材料一并提交有权审批人或委员会批准。
未设置投资人员和审批人员权限	▶ **投资人员和审批人员权限** 风险管理部门根据投资策略和投资风险方案框架，对相关投资人员的交易权限进行配置，投资人员仅在权限范围内发起并执行投资。同时，风险管理部门按照公司授权体系标准，对交易审批人员的审批权限进行配置，审批人仅在权限范围内审批交易。风险管理人员对权限执行情况实施监控。

续表

主要风险点	关键控制活动
交易不符合投资策略和风险管理方案	▶ **交易发起** 投资人员每日在投资计划和策略的范围内，选择投资产品，研究和调查产品相关的情况，如历史发行情况、外部权威机构信用评级、财务和非财务状况、运营情况、担保情况等方面，填写交易申请，包括基础交易要素，交与另一交易员复核。 投资产品的信用评级需在投资策略和风险控制方案要求的级别之上。具备良好信息系统环境的公司，可将交易系统与风险管理系统或模块进行联动设置，由风险管理部人员在系统中设置投资人员权限，由系统对权限进行控制。一旦发生起权限交易，系统将自动进行拦截和预警。
交易未经过有效审批	▶ **投资审批** 审批人员综合考虑投资组合的收益与风险情况、产品的趋势等因素，在权限范围内对交易进行审批。 此外，应当设立独立于业务部门的风险中台对交易的风险情况进行审核，确保交易在设定的限额之内且风险可控。一旦发生触及预警或超限的情况，应及时按风险控制方案中设置的处理方式进行处理和上报。

3. 潜在问题关注

在投资管理环节部分往往会出现以下潜在问题及应对措施。

■【潜在问题】

证券标的的风险收益偏离投资策略，达不到产品设计说明要求，如选择的证券风险过高、投资的证券历史表现不佳等。如，盲目追求高收益而选择风险高的证券，或是即使知道证券的历史业绩不佳但出于人为原因仍进行选择，均有可能存在选券本身不符合投资策略的情况。

【应对措施】

将证券按不同类型进行分类，风险收益的要求量化至类型，对每类产品进行标准化的考核，标准可根据市场情况适时调整。

风险管理部门可将投资策略中的限制、限额管理指标等通过信息系统进行预设，通过系统来限制背离投资策略的情况。

潜在问题关注

■【潜在问题】

投资授权不健全，审批流程过于冗长；投资审批缺失或审批流于形式。证券投资过程中，对时效性的要求比较高，在大多数情况下，均存在投资人员口头申报，先行交易，后补办审批流程的情况，因为过长的审批流程反而会错失转瞬即逝的交易机会。

【应对措施】

信息系统健全的公司，可通过系统设置为必须经过审批流程后方可执行交易的系统控制。但由于交易系统一般为外部制式系统，尚难达到此种需求，公司则依靠于检查和培训，加强风险控制理念的教育和奖惩，提高相关人员风险防范的意识和责任感。

■【潜在问题】

风险管理部门不参与投资交易过程，未进行事前风险控制，风险管理更多为事后控制，无法将风险在未发生时进行管控。前、中、后台不兼容职责的设置就是相互监督相互制约，若整个交易过程无风险控制中台的参与，大大增加了业务部门为了盲目追求利润而轻视风险管理的概率，更有甚者可能出现利益输送的情况。

【应对措施】

信托公司可采用风险中台前置的模式，风险管理部门派驻中台至交易部门，参与交易的事前风险审批，只有风险中台放行的业务才可达成交易。在现代信息科技发达的今天，许多风险限额管理的工作均可以通过风险管理系统实现。健全的信息科技体系下，可建立公司内部的风险管理系统与外部交易平台的联动，风险管理人员按风险限额方案的规定在风险管理系统中预设限额值，由系统在交易发起申请时，自动根据限额值进行卡控，超过限额的进行自动停止交易或者暂停交易，并将报告发送给风险管理人员进行处理。任何未通过风险交易系统审批的交易都无法流转至交易平台执行交易。

潜在问题关注

(三)投资结算环节

1. 风险识别

投资结算环节的风险点包括:

- 交易指令下达不正确;
- 资金划拨不准确;
- 成交确认单或划款指令等相关凭证未及时给清算交割人员;
- 清算交割人员未按时进行结算。

法律直通车

《信托公司证券投资信托业务操作指引》(银监发〔2009〕11号)

第十九条 信托公司应当严格按照财政部印发的《信托业务会计核算办法》处理证券投资信托的收入和支出,不得扩大费用列支范围。

第二十一条 证券投资信托设立后,信托公司应当亲自处理信托事务,自主决策,并亲自履行向证券交易经纪机构下达交易指令的义务,不得将投资管理职责委托他人行使。信托文件事先另有约定的,信托公司可以聘请第三方为证券投资信托业务提供投资顾问服务,但投资顾问不得代为实施投资决策。聘请第三方顾问的费用由信托公司从收取的管理费和业绩报酬中支付。

《关于信托投资公司开设信托专用证券账户和信托专用资金账户有关问题的通知》(银监发〔2004〕61号)

信托投资公司运用信托资金进行证券投资时,应该使用单独开设的信托专用证券账户和信托专用资金账户。

2. 控制活动

基于以上识别的风险点，建立投资结算环节内部控制活动时，关键控制活动至少包括但不限于交易指令下达、交易清算、投资收益确认。表4－18展示了主要风险点与关键控制活动的映射关系及内容。

表4－18　　投资结算环节主要风险点与关键控制活动

主要风险点	关键控制活动
交易指令下达不正确	▶ **交易指令下达** 交易审批通过后，投资人员及时在交易系统中下单，交与另一人复核，确认无误后执行交易并打印成交确认单。 若发生预警或超限情况，风险中台应及时进行监测和处理。
资金划拨不准确	▶ **资金划拨管理** 在清算过程中，发现资金划拨方式及金额错误等交易异常情况，运营托管部门联系投资人员进行处理。若存在重大问题，暂停清算并立即向有关领导汇报，形成文字材料对情况进行记录说明。
成交确认单或划款指令等相关凭证未及时给清算交割人员	▶ **交易清算** 运营托管部门在收到成交确认单、交易审批单、划款审批单后，核对信息确认一致后进行资金划拨和证券交割并进行相应的账务处理。 财务部门每日从交易系统下载前一日交易流程，进行对账，对未进行交割或交割错误的交易联系投资人员共同进行处理。
清算交割人员未按时进行结算	▶ **投资收益确认** 产品分配收益时，投资人员从交易系统下载收益分配信息后，通知财务部门确认收入和查收资金。财务部门根据收益分配和到账金额，进行收益确认和财务处理。

3. 潜在问题关注

在投资结算环节部分往往会出现以下潜在问题及应对措施。

■【潜在问题】

信托公司运营托管部门未建立有效的清算和收益分配机制，造成信托项目清算出现差错，与委托人造成实际的纠纷，进而影响公司的声誉。

【应对措施】

1. 运营托管部门应仔细核对成交确认单和审批单的交易要素是否一致，若存在差错不进行清算，退回给投资人员进行处理。
2. 秉承“当日交易当日清算”的原则，由双人执行清算，确保清算的及时性和准确性。第二日从交易系统下载数据，进行对账，若对账存在差异，则及时查明原因并进行处理。
3. 运营托管部门应于收益分配次日从交易系统下载收益分配数据，核对分配金额，并确认收益、进行核算。

潜在问题关注

（四）投资后续管理环节

1. 风险识别

投资后续管理环节的风险点包括：

- 未及时监控投资价格的重大变动；
- 限额超过风险容忍度未及时应对；
- 未进行净值披露。

法律直通车

《信托公司证券投资信托业务操作指引》

（银监发〔2009〕11号）

第十四条 信托公司应当根据市场情况以及不同业务的特点，确定适当的预警线，并逐日盯市。信托公司管理信托文件约定设置

法律直通车

止损线的信托产品，应根据盯市结果和信托文件约定，及时采取相应措施。

第十六条　信托公司办理集合管理的证券投资信托业务，应当按以下要求披露信托单位净值：

（一）至少每周一次在公司网站公布信托单位净值。

（二）至少每30日一次向委托人、受益人寄送信托单位净值书面材料。

（三）随时应委托人、受益人要求披露上一个交易日信托单位净值。

2. 控制活动

基于以上识别的风险点，建立投资后续管理环节内部控制活动时，关键控制活动至少包括但不限于估值监测、限额监测、信息披露。表4－19展示了主要风险点与关键控制活动的映射关系及内容。

表4－19　投资后续管理环节主要风险点与关键控制活动

主要风险点	关键控制活动
未及时监控投资价格的重大变动	▶ **估值监测** 投资部门应当负责跟踪关键市场指标、分析投资组合的风险收益情况、单个产品的信用状况变化等，若出现投资对象市场价格重大不利变动或异动情况时应立即报告部门负责人与风险管理部门。
限额超过风险容忍度未及时应对	▶ **限额监测** 公司配备专门投资交易风险监控中台，每日进行盯设点并估值，填写每日估值表。风险管理中台每日监测限额占用情况，出具限额管理报表。若交易触及预警线或限额指标，则按处理流程立即采取相应措施。

续表

主要风险点	关键控制活动
未进行净值披露	► **信息披露** 风险监控中台负责提供信托单位净值数据，由负责信息披露的部门至少每周一次在网站上公布；每月向委托人、受益人寄送书面材料；按委托人、受益人要求提供相关披露。

3. 潜在问题关注

在投资后续管理环节部分往往会出现以下潜在问题及应对措施。

■【潜在问题】

每日估值是一项每日需要执行的固定化日常工作，鉴于休假或由于员工个人原因造成操作失误，都有可能存在某些日期未下载估值表的情况。若估值人员与前台交易人员存在着利益牵连，可能会影响估值人员的客观性和独立性，估值结果将会由某些人为因素所变动。在市场波动情况较大时，也只是常规的下载估值数据而未进行报告，将会造成相关部门错施采取最佳处理方式的时机，造成损失。

【应对措施】

由独立于投资部门的人员执行每日盯市工作，按照指定的方法和渠道对产品价值进行估值。建立估值预警的报告机制，明确估值波动多大范围应当发起预警、向谁预警、由谁处理的一系列流程。一旦产品出现估值价值变动较大时，及时按预设汇报路径进行汇报并由相关部门采取行动进行应对。

潜在问题关注

案例 4－5

某公司“乌龙指”事件

2013 年 8 月 16 日上午 11:05，A 股突现惊天异动，沪指涨逾 5%，四大行携石化双雄等权重股集体涨停，顿时坊间传闻四起。16 日下午 14:25，该公司发布公告称其证券策略投资部证券投资业务在使用其独立的套利系统时出现问题。此次事件涉及 72.7 亿元的大额买入，公告显示按 8 月 16 日收盘价，上述交易的当日盯市损失约为 1.94 亿元。

9 月 30 日，证监会通报了对此次事件的处罚结果，认定此异常交易行为已经构成内幕交易、信息误导、违反证券公司内控管理规定等多项违法违规行为，罚没金额总计 5.23 亿元、创新业务暂停、4 名高管终身禁入证券市场，可谓是我国资本市场“史上最严罚单”。

省思

核查中发现，该公司证券策略投资部使用的套利策略系统出现了问题，该系统包含订单生成系统和订单执行系统两个部分。订单执行系统针对高频交易在市价委托时，对可用资金额度未能进行有效校验控制，而订单生成系统存在的缺陷会导致特定情况下生成预期外的订单。由于订单生成系统存在的缺陷，导致在 11 时 05 分 08 秒之后的 2 秒内，瞬间重复生成 26 082 笔预期外的市价委托订单，上述预期外的巨量市价委托订单被直接发送至交易所。

分析其深层次的原因，该证券策略投资部门系统完全独立于公司其他系统，甚至未置于公司风控系统监控下，多级风控体系都未发生作用：

案例4－5

交易员级：对于交易品种、开盘限额、止损限额三种风控，后两种均未发挥作用；

部门级：部门实盘限额2亿元，当日操作限额8 000万元，均未发挥作用；

公司级：公司监控系统未发现234亿元巨额订单，同时，或者动用了公司其他部门的资金来补充所需头寸来完成订单生成和执行，或者根本没有头寸控制机制。

针对以上的分析，公司在上线交易系统时应确保进行实盘测试并进行验收，避免系统本身的缺陷；交易系统应于风险管理模块（系统）联动，由风险管理功能设置的风险参数对交易系统进行自动预防控制。公司应当建立限额管理体系，设置阈值控制功能，超过限额的交易直接由系统自动拦截、无法达成交易；应当建立预警机制，对于巨额、异常的交易进行预警提示，对违规指令进行拦截或冻结。

第五章　事务管理类信托业务内部控制与管理

一、事务管理类信托业务概览

在中国金融市场的大环境中，信托公司都把主要业务集中在资金信托上，融资类占比非常高，相反事务管理类信托则发展相对缓慢。然而，随着国家对房地产市场的调控，证券市场的持续低迷，资金类信托盈利空间逐步缩小，风险日益增加，事务管理类信托日渐成为信托业务新的增长点。相关统计数据显示，自2012年以来，事务管理类信托规模占信托总规模的比例由2012年第一季度的12.5%增长到2013年第三季度的19.18%；资产规模则从6 600万元上升至1.94亿元，增幅接近200%。信托业务回归到传统事务型管理的本质，为未来信托公司的利润增长提供了新的空间。

中国信托业协会对于事务管理类信托作出了如下定义：事务管理类信托主要是指委托人交付资金或财产给信托公司，指令信托公司为完成信托目的，从事事务性管理的信托业务。这类信托业务由委托人驱动，信托公司一般不对信托财产进行主动的管理运用，包括股权代持、员工福利计划、股权激励计划等。

事务管理类信托业务主要是利用信托权益重构、名实分离、风险隔离、信托财产独立性等制度优势，为法人和个人委托人提供信托事务管理服务并获得收益。

事务管理类信托业务目前还没有准确的分类，较为常见的事务管理类信托业务包括第三方保管信托、员工受益信托以及公益信托等。需要指出的是事务管理类信托业务的流程（如前期项目调研与评审、确认收入报酬等）与本书第四章节中的内容较为相似，本章不再赘述。本章将从事务管理类信托业务特点出发，对其特有的风险和控制进行介绍。图 5－1 展示了事务管理类信托业务流程所涉及的环节。

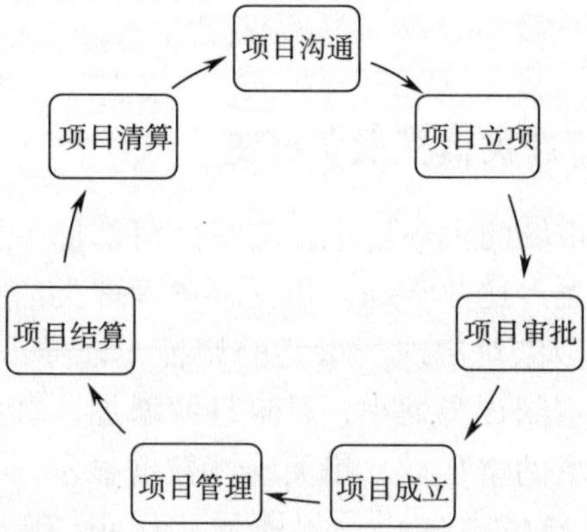

图 5－1　事务管理类信托业务流程的环节

法律直通车

《中华人民共和国信托法》
（中华人民共和国主席令 2001 年第 50 号）

第二十五条　受托人应当遵守信托文件的规定，为受益人的最大利益处理信托事务。

受托人管理信托财产，必须恪尽职守，履行诚实、信用、谨慎、有效管理的义务。

第三十三条　受托人必须保存处理信托事务的完整记录。

法律直通车

受托人应当每年定期将信托财产的管理运用、处分及收支情况，报告委托人和受益人。

受托人对委托人、受益人以及处理信托事务的情况和资料负有依法保密的义务。

第三十七条　受托人因处理信托事务所支出的费用、对第三人所负债务，以信托财产承担。受托人以其固有财产先行支付的，对信托财产享有优先受偿的权利。

受托人违背管理职责或者处理信托事务不当对第三人所负债务或者自己所受到的损失，以其固有财产承担。

二、事务管理类信托业务风险与内部控制

（一）第三方管理信托

第三方管理业务中，交易双方需要邀请独立第三方作为受托人严格按照《第三方保管协议》履行职责，建立受托双方的公平信任。最普遍的第三方管理业务是项目托管和资产托管业务。

项目托管由信托公司作为项目的托管人，定期监测项目进展情况，确认其在正常的项目进度范围内。此外，信托公司不参与项目的管理工作。

资产托管由信托公司作为第三方资产托管人，可以为资产的保管、所有权等情况提供见证。托管资产的所有权未经过转移，信托公司无权处分资产，也不会对资产进行转移。

项目托管或资产托管业务中最为重要的环节之一是项目托管期的尽职管理风险与控制。受托人若在托管期内没有履行尽职义务，或者履职工作不到位，工作流于形式，则会给委托人的资产带来潜在或者实际的损失。

1. 风险识别

第三方管理信托的风险点包括：

- 资产（项目）托管期的尽职工作不完善

2. 控制活动

基于上述识别的风险点，建立相应的内部控制活动。表5－1展示了主要风险点与关键控制活动的映射关系及内容。

表5－1　　主要风险点与关键控制活动

主要风险点	关键控制活动
资产（项目）托管期的尽职工作不完善	▶ **项目托管尽职管理** 运营托管部门严格按照合同规定的频率，对项目进度进行实地检查，搜集项目进度书面证明资料，核实真实性和完整性，进行归档汇总，并发送给委托人，履行勤勉尽职的责任。
	▶ **资产托管尽职管理** 运营托管部门严格按照合同规定的频率，对资产进行实际检查、盘点，按要求搜集资产使用和进展情况，核实真实性和完整性，进行归档汇总，并发送给委托人，履行勤勉尽职的责任。

3. 潜在问题关注

在第三方托管信托业务中往往会出现以下潜在问题及应对措施。

■【潜在问题】

目前，信托公司开展的事务类信托业务规模较小，且国内也没有对事务管理类信托业务有一个明确的定义，因此信托公司作为事务管理类信托产品的第三方管理机构，往往会忽视对于资产托管应尽的义务，包括对资产的接受、使用、管理、检查核盘点等工作，从而遭到委托人的解约。

【应对措施】

信托公司在开展事务管理类信托业务的同时，需要成立相应的运营托管部门，并且指定特定的小组负责对于该类信托业务进行管理，明确相应的职责和义务，确保委托人的权益能够得到相应的保护。

潜在问题关注

（二）员工受益信托

员工受益信托主要是公司管理层为了挽留和激励员工，将部分股权委托给信托公司，并委托信托公司在特定条件下奖励给员工。特定的条件包括规定的使用年限、特殊工作表现等。

员工受益信托业务中最为重要的环节之一是在股权激励过程中委托人会要求受托人制定股权激励的标准，并且该类标准既需要符合受托公司的内部发展需要，又要满足受托公司激励的目的，确保股权激励的方式得到有效的开展。

1. 风险识别

员工受益信托的风险点包括：

- 受益标准的设定不合理

2. 控制活动

基于上述识别的风险点，建立相应的内部控制活动。表 5－2 展示了主要风险点与关键控制活动的映射关系及内容。

表 5－2　　　　主要风险点与关键控制活动

主要风险点	关键控制活动
受益标准的设定不合理	▶ **受益标准的制定** 信托公司在制作受益标准时，信托业务部门经理应当对委托人的要求进行实际调查和分析，有必要时聘请专业咨询机构设计相应的受益标准，确保受益标准符合委托人的要求。
	▶ **受益标准的确认** 信托业务部门经理按照与委托人签订信托合同的要求，制定信托受益标准，并与委托人进行书面确认。

3. 潜在问题关注

在员工受益信托业务中往往会出现以下潜在问题及应对措施。

■【潜在问题】

信托公司未能够按照委托人的要求，制定符合委托人需求的受益标准，造成激励机制未能够发挥其实际预计的效果，最终对企业造成不必要的财务负担。

【应对措施】

信托公司在自身能力受到限制的情况下，无法为委托人设计专业性的受益标准，则可以通过聘请专业咨询机构、招聘有相关业务经验的人才或者向同业进行实地考察和学习等方法确保受益标准符合委托人需要。

潜在问题关注

（三）公益信托

公益信托是信托财产及收益均用于公益目的，经公益事业管理机构审批，设置信托监察人，以发展社会公益事业而设立的信托。

公益信托由委托人提供一定的财产设立，由信托公司管理信托财产并将信托财产用于信托文件约定的公益目的。

由信托公司作为第三方财产保管人，财产被挪用、侵占的损失风险就大大降低。此外，信托公司开设信托专户保管公益信托财产，即使信托公司破产，财产也将受到保障，信托公司的债权人没有享受信托专户中财产的权利。

公益信托业务中最为重要的环节之一是信托专户中财产转移或者资金的划转。信托公司在按照委托人的要求进行信托财产转移或者资金的划拨过程中，需要按照信托合同的约定严格执行审核的标准，确保信托专户的正常使用。

1. 风险识别

公益信托的风险点包括：

- 信托专户中财产转移或者资金划转未得到有效审核

2. 控制活动

基于上述识别的风险点，建立相应的内部控制活动。表5－3展示了主要风险点与关键控制活动的映射关系及内容。

表5－3　　主要风险点与关键控制活动

主要风险点	关键控制活动
信托专户中财产转移或者资金划转未得到有效审核	► **资金划转审批** 运营托管部门审核申请单和印鉴的真实性、证明用途的原始凭证的完整性和真实性，确认申请符合合同规定的财产使用条件，在得到复核通过后由有权审批人进行审批。信托财务部门核对付款凭证齐全，从信托托管专户中执行划款操作，交与另一人复核。
	► **财产转移审批** 运营托管部门审核财产转移申请单的真实性，经过逐级审批通过后，采取双人方式前往办理财产转移手续。

3. 潜在问题关注

在公益信托业务中往往会出现以下潜在问题及应对措施。

■【潜在问题】

信托公司在成立公益信托项目时，往往会忽视建立信托专户中财产转移或者资金划转环节的风险把控环节。在信托财产转移或资金划拨过程中，证明用途的原始凭证不齐全，申请和印鉴存在缺失或伪造，审核合同用款条件不严、审批过程存在缺失等现象，最终造成公益财产受到损失。

【应对措施】

信托财务部门应制定资金计划表，记录项目受益人、现金流、项目收支的具体时间节点和金额。

当信托项目需要支付资金时，应及时发出资金使用申请，信托公司运营管理部门审批申请内容是否和合同规定相符，确认融资方签章的真实性，核实证明用途的原始凭证完整性和真实性后，发起划款流程，经由运营管理部门负责人、信托财务部门负责人审批后，提交分管领导审批。审批通过后，信托财务部门从信托托管专户中执行划款操作，并执行双人复核。

潜在问题关注

案例5－1

A爱心信托计划

在汶川地震两周年之际，由“A爱心信托”项目捐助700万元援建的四川省绵阳市某县爱心信托中心小学于2010年5月10日举行了揭牌仪式。该爱心信托项目另外捐赠200万元建设的100个“爱心图书室”也已全部投入使用。至此，该项目画上了一个圆满的句号。

“A爱心信托”项目由A信托于2012年8月与M银行和N银行合作设立。N银行发行人民币理财计划募集资金，A信托所募集资金成立爱心信托计划，购买M银行的信贷资产。信托资产规模约10亿元，信托期限10个月，受益人预期年收益率约为4.5%至4.7%，在扣减投资者收益和相关税费后的剩余信托收益通过中国S基金会捐赠灾区。

到2009年5月该信托计划结束时，累计向中国S基金会捐款956万元，是国内捐款规模最大的公益性信托。项目所捐款项用于援建四川省绵阳市某乡中心小学和在四川省39个县（市、区）的50个中小学和50个安置点捐建100所“爱心图书室”及捐赠2 000余万册图书。

A信托已与S基金会沟通，将在资助贫困学生、母婴援助、贫困地区医疗设备援助等方面长期合作，继续推出公益性信托项目，把此类活动长期化和系统化，切实履行企业社会责任。

案例5－1

省思

在公益事业中引入信托模型具有重要意义。一是能发挥信托的金融理财功能，通过受托人的积极管理，为投资者创造超额收益，将超额收益部分用于公益事业；二是通过引入信托模式，使公益基金的管理更加透明。

虽然这款公益信托有着与众不同的特点：首先是在信托行业中规模和捐款数额高，以10亿元的规模用于公益事业并捐赠达到956万元非常罕见，显现了信托公司在从事公益事业方面的主动性和积极性；其次是金融机构之间实现的联合形式，探索了一条创新之路，将投资范围拓展到多个领域，获得了更丰厚的收益。

（四）家族信托

家族信托主要针对高净值客户，将部分家族产业或资金委托给信托公司进行长期管理，以保障其后代的基本生活，同时有效约束信托受益人，避免家族因具体财产的分割问题起纷争。

家族信托可不设具体投资收益目标，信托公司作为受托人，在业务中更加注重与委托人的全面沟通，根据委托人的意愿进行产品定制。在产品存续期间内，资产配置方式和策略也可以根据委托人的实际情况和风险承受能力随时进行调整。

在受益人的设置及信托财产分配方面，家族信托可以设置其他受益人，并且可以中途变更，或对受益人权利进行限制。与此同时，信托利益分配上可以选择一次性分配、定期定量分配、比例分配、不定期不定量分配、临时分配、附带条件分配等分配方式。

家族信托业务中最为重要的环节之一是信托经理与委托人的沟

通。家族信托项目开展前期，信托经理应及时搜集相关信息，对委托人进行准确的定位，从而为其量身定做信托产品。同时，信托经理定期与委托人进行沟通，及时了解委托人财务状况及其他相关信息的变动情况，对保存的信息记录进行及时的更新。

1. 风险识别

家族信托的风险点包括：

- 信托经理与委托人未建立沟通机制；
- 未对委托人信息进行及时更新。

2. 控制活动

基于以上识别的风险点，建立相应的内部控制活动。表 5 – 4 展示了主要风险点与关键控制活动的映射关系及内容。

表 5 – 4　　主要风险点与关键控制活动

主要风险点	关键控制活动
信托经理与委托人未建立沟通机制	▶ **沟通机制** 信托经理通过访谈、信息查询、问卷测试等方式，全面了解委托人的财富价值、资产构成、设定家族信托的初衷、投资方向与收益要求、风险承受度与流动性要求、受益人设定、信托收益分配方式等信息，将上述信息进行整理记录，并归档妥善保存。确保对委托人进行准确定位，从而为其量身定做信托产品。
未对委托人信息进行及时更新	▶ **委托人信息更新** 项目存续期间内，信托经理定期与委托人进行沟通，搜集相关资料，及时了解委托人财务状况及其他相关信息的变动情况，对保存的信息记录进行及时的更新，并视情况对信托产品进行调整，确保产品符合委托人需求。

3. 潜在问题关注

在家族信托业务中往往会出现以下潜在问题及应对措施。

■【潜在问题】

信托经理在与委托人洽谈家族信托业务时，未准确事先了解委托人的基本信息，对委托人实际提出的需求定位不准确，导致信托产品的设计与委托人的主观要求或客观情况相偏离。

【应对措施】

信托经理应在与委托人沟通信托项目前，全面了解委托人的基本信息和家族背景，拟定在假设情况下委托人可能提出要求及应对方案。此外，信托经理在与委托人当面沟通时，应当全面了解委托人实际的财富价值、资产构成、设定家族信托的初衷、投资方向与收益要求、风险承受度与流动性要求、受益人设定、信托收益分配方式等信息。除此之外，由于家族信托涉及整个家族的财富保护和继承，可能面临诸如权属纠纷、财产继承等潜在法律问题。因此，家族信托项目成立前，信托经理必须与从事此类业务的专业律师仔细商讨，确保委托人的需求合理，信托产品的设计合法可行。

在信托项目存续过程中，信托经理还应当与委托人建立定期和不定期的沟通和拜访机制，确保信托项目的开展满足委托人的需要。

潜在问题关注

案例 5－2

某地产掌门人分家引入信托手段

2012 年 11 月 21 日，某地产掌门人与其妻子离婚。超过 700 亿港元市值的上市公司，因双方离婚而分割的资产占比超过 70%。然而没有股权纷争，公司股价基本保持稳定。这一切得益于公司两位创始人早在公司上市之初便埋下的伏笔。

2008 年 6 月 11 日，通过 H 信托，该地产掌门人与妻子分别各设立一只家族信托代为持有公司股份。经过近几年的几番股权变更，截至 2008 年底，该掌门人通过家族信托持有超过公司 45% 的资产，而其妻子则通过家族信托持有该地产公司超过 30% 的权益。

信托代持的大致结构为，该地产掌门人与妻子分别均以设立人与监管人的身份通过 H 信托设立各自的家族信托，而 H 信托通过信托受托持有 SS 和 SL 公司股份。双方家族的股份登记持有人分别为成立于某群岛的壳公司 CT 和 JD，而这两家子公司的股份分别被上述 SS 与 SL 公司持有。

也就是说，早在该地产上市之初，双方的财产便已经通过信托持有的方式巧妙“分家”。双方分别指定家族信托的收益对象包括各自家族的若干成员。

值得注意的是，该地产公司除了上述两个家族信托之外，仍有向公司相关高管及工作人员发行的股权激励计划目前也以信托形式存在。简单计算上述几个信托计划，该地产公司超过 80% 的股份通过信托的形式存在。

案例 5－2

省思

该地产掌门人与其妻子先前所采用的英美法律体系下的家庭信托安排，确实使公司的经营未受大的影响。相比一些上市公司大股东家庭离异所造成的灾难性后果，家庭信托无疑是成熟且具有前瞻性的。而此次在事件中发挥重要作用的家族信托，则承担了事务类信托对于家族财富的稳定作用。在家族信托的长期管理下，委托人的财富除享受信托管理人的专业投资服务之外，也保持了财产的独立性，避免了因财产具体分割问题而导致的纠纷。

第六章　固有业务内部控制与管理

一、固有业务概览

信托公司的固有业务又称自营业务，是信托公司运用自有资金开展投融资的业务。信托公司固有业务范围包括存放同业、拆放同业、贷款、租赁、投资等。

固有资金融资业务主要指信托公司利用自有资金，向融资方发放贷款并收取利息的活动。信托公司在开展自有资金融资类业务时，固有业务部门与外部潜在交易对手进行接洽，对融资项目进行筛选，开展实地考察、搜集交易对手资料，根据调查情况撰写尽职调查报告。如有必要信托公司会聘请外部律师、会计师事务所等服务机构分别进行尽职调查并撰写法律尽职调查报告、财务尽职调查报告。融资类项目的相关资料经过固有业务部门、风险管理部门、法律合规部门审核后，交由评审委员会和投资决策委员会审议。融资项目审批完成后，固有业务部门开展项目的后续工作，包括合同的签订、抵（质）押物手续的办理、抵（质）押物入库以及贷后管理。

总体来说，信托公司自有资金融资业务与信托融资业务在立项调查、项目审批、项目成立、贷后管理、项目结算等方面均较为接近，区别在于固有资金融资业务不涉及信托项目成立、项目推介，以及项目结束后向投资人进行受益分配的环节。鉴于第四章已经详细介绍了信托融资类业务的具体流程，故本章不再展开对自有资金融资业务的描述。

信托公司固有资金投资业务一般分为标准化产品、非标准化产品两大类，标准化产品一般可包括固定收益类产品（如债券）、权益类产品（如股票）、外汇产品等；非标准化产品一般可包括信托产品、理财产品、股权类投资等。信托公司在运用自有资金开展投资业务时受到监管的限制，投资范围限定为金融类公司股权投资、金融产品投资和自用固定资产投资，且不允许进行实业投资。因此，根据投资大类的不同，信托公司对固有资金投资业务的内部控制也不尽相同。标准化产品在内控体系方面关注交易限额的限定、风控参数的维护、投资顾问的管理、交易的确认与复核。非标准化产品主要关注尽职调查和投资后续管理，主要控制活动和方式与贷款较为相似，贷款更重视融资人的偿还能力，而投资更关注被投资人的盈利能力。

本章将就固有资金投资标准化产品（以股票为例）与非标准化产品两个方面，对固有资金投资业务的内部控制进行介绍。

二、固有资金标准化投资业务流程风险与内部控制

信托公司运用自有资金投资股票市场时的业务流程及重要环节包括投资管理研究、股票池管理、投资账户和交易管理、清算管理以及风险监测与控制。图 6－1 展示了固有资金投资标准化产品业务流程所涉及的环节。

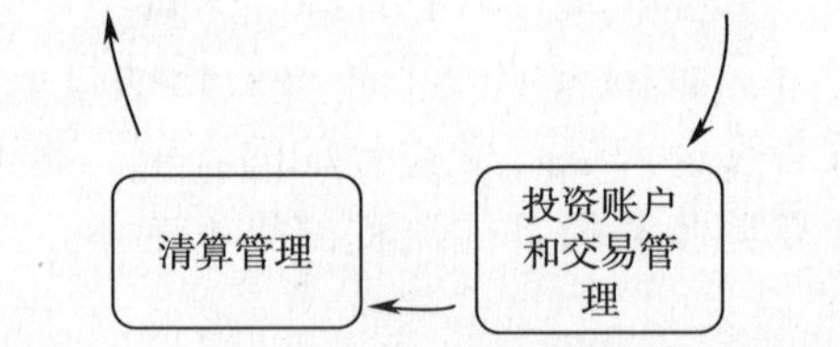

图 6－1　固有资金投资股票业务流程的环节

（一）投资研究管理环节

1. 风险识别

投资研究管理环节风险点包括：

- 公司投资决策不当；
- 短期投资策略不完善；
- 证券买卖数据录入有误。

2. 控制活动

基于以上识别的风险点，建立该环节内部控制活动时，关键控制活动至少包括但不限于公司投资决策、短期投资策略、投资风险控制。表6－1展示了主要风险点与关键控制活动的映射关系及内容。

表6－1　　投资研究管理环节主要风险点与关键控制活动

风险点	关键控制活动
公司投资决策不当	▶ **公司投资决策** 信托公司应当在年初对固有业务部门下达具体的盈利指标，固有业务部门各业务条线年初制定本年度投资计划，标准化产品投资业务条线制定本条线的年度投资方向、预期规模、盈利目标等相关信息，年初制定本年度的工作计划，交固有业务部门负责人汇总，编制固有业务部年度投资计划，提交公司管理层审阅。
短期投资策略不完善	▶ **短期投资策略** 信托公司每周召开一次股票组会议，法律合规部门负责人、风险管理部门负责人、固有业务部门负责人和股票投资人员参加，会议讨论分析近期投资形势，并形成分析报告，该会议结果为最终投资决策提供参考，同时会议纪要邮件发送公司高级管理层。
证券买卖数据录入有误	▶ **证券交易录入** 固有业务部门投资小组会依据前一天交割单和对账单，制作股票投资明细表，内容包括交割和余额情况。股票投资明细表将会与交割单和对账单一同被递交给计划财务部，并发送给固有业务部门负责人和公司高级管理层。

3. 潜在问题关注

在投资研究管理环节部分往往会出现以下潜在问题及应对措施。

■【潜在问题】

信托公司固有业务缺乏明确的发展战略，战略规划不能在保证公司固有资产安全性、流动性的基础上，起到资产增值、收益获取的作用，或不具有较强指导性和可操作性，发展战略实施不到位，可能导致企业盲目发展，难以形成竞争优势，丧失发展机遇和动力。

【应对措施】

每年初，固有业务部门投资小组负责人根据行业形势并结合自身发展情况，制订固有资金股票投资的总体方案，提交固有业务部门负责人审核。固有业务部门负责人根据部门整体情况进行适当修改与完善后，提交决策委员会讨论，审批通过后呈报董事会进行审定。经审定的年度固有业务计划作为年度财务预算报告的组成部分形成文档。

潜在问题关注

（二）股票池管理环节

1. 风险识别

股票池管理环节风险点包括：

- 股票池中个股的选择缺乏审核

2. 控制活动

基于以上识别的风险点，建立该环节内部控制活动时，关键控制活动至少包括但不限于个股进入与退出股票池审核。表6－2展示了主要风险点与关键控制活动的映射关系及内容。

表 6－2　　股票池管理环节主要风险点与关键控制活动

风险点	关键控制活动
个股进入与退出股票池缺乏恰当审核	▶ **个股进入与退出股票池审核** 公司固有业务部门投资小组负责研究确定股票池，股票池分普通池和核心池，并由固有业务部门投资小组负责人进行监测与管理，股票池的确定和更新保留书面审核留痕。

3. 潜在问题关注

在股票池管理环节部分往往会出现以下潜在问题及应对措施。

■【潜在问题】

固有业务部门未按照投资指令买入相应的股票，或者买入股票的额度、比例、品种、价格等因素不符合投资指引、合同约定或风险管理要求，造成信托公司自由资金投资的损失。

【应对措施】

公司可对股票池和黑白名单的参数设置权限。交易系统中关于股票池参数和证券黑白名单的预设值的维护由固有业务部门股票组经理负责，只有系统管理员和被授予股票池维护权限的人员拥有参数维护权限。

公司可以在交易系统中，对股票池进行限定。当交易违反股票池中限定的证券账号时，系统将无法继续交易行为。交易系统中的每笔委托都需经过股票池中的黑白名单的验证，方可通过。

潜在问题关注

（三）投资账户和交易管理环节

1. 风险识别

投资账户和交易管理环节风险点包括：

- 未根据公司账户管理的相关规定办理账户的开设和变更；
- 未能有效管理资金头寸；

- 投资顾问建议未有效落实；
- 证券买卖数据录入有误；
- 证券交易错漏未得到及时反馈；
- 交易安全性管理有待完善。

2. 控制活动

基于以上识别的风险点，建立该环节内部控制活动时，关键控制活动至少包括但不限于投资账户的开设、资金头寸的管理、证券交易录入、交易安全性管理。表6－3展示了主要风险点与关键控制活动的映射关系及内容。

表6－3　投资账户和交易管理环节主要风险点与关键控制活动

风险点	关键控制活动
未根据公司账户管理的相关规定办理账户的开设和变更	► **投资账户的开设** 公司投资开户时，由公司法人开具开户授权书，固有业务部门投资小组负责人开设股票交易账户，计划财务部门开设资金账户，开户申请书将会加盖公司印鉴，盖章之前需要提交盖章审批表进行审核。
未能有效管理资金头寸	► **资金头寸的管理** 当交易金额在公司授权的资金交易限额范围内，资金划拨的权限在计划财务部，固有业务部门投资小组负责人填写资金划拨单交由固有业务部门负责人、计划财务部门负责人、公司分管领导审核后，由计划财务部门放款。如果交易金额超过公司额度时，固有业务部门投资小组负责人提交业务审批表，由公司根据审核制度对资金要求进行审核，在决策委员会同意后形成会议纪要。审核通过后，固有业务部门股票组经理提交资金划拨单至固有业务部门负责人、计划财务部负责人、公司分管领导审核后，由计划财务部门放款。
投资顾问建议未有效落实	► **投资顾问投资建议与执行** 投资顾问向固有业务部门投资小组传真投资建议书，投资小组交易员根据风险信息以及合同安排进行交易审批后执行交易，并由交易员负责跟踪并确认该交易的完成情况。交易完成后，交易员通过邮件或电话形式，通知投资顾问交易执行情况。
证券买卖数据录入有误	► **证券交易录入** 每天固有业务部门投资小组负责人依据前一天交割单和对账单，制作股票投资明细表，记录股票交割和余额情况。股票投资明细表与交割单和对账单一同被递交给计划财务部门，并发送给固有业务部门负责人和公司高级管理层。

续表

风险点	关键控制活动
交易安全性管理有待完善	▶ **交易安全性管理** 交易账号和密码由固有业务部股票组经理，交易员，固有业务部门负责人持有。他人无权限登录证券交易软件进行交易操作或查看交易信息。

3. 潜在问题关注

在投资账户和交易管理环节部分往往会出现以下潜在问题及应对措施。

■【潜在问题】

信托公司未建立新股申购的流程，新股申购缺乏相应的审批和复核，导致新股申购的失败，未能够按预期给公司带来投资收益。

【应对措施】

对于新股申购，固有业务部门投资小组向固有业务部门投资小组负责人汇报新股申购计划。固有业务部门投资小组负责人编制申购计划书提交固有业务部负责人审核通过后进行新股申购。

■【潜在问题】

信托公司对于二级市场证券买卖流程的管理不够完善，相关操作缺乏相应的审批与复核。此外，信托公司在二级市场证券买卖的执行过程中，股票交易的种类、交易数额与初始买卖指令出现偏离，导致信托公司的投资损失。

【应对措施】

对于二级市场证券买卖，固有业务部门投资小组负责人应口头向股票组交易员下达交易指令，交易员使用交易账号进行交易。交易后，固有业务部门投资小组负责人会现场复核交易员的操作。

潜在问题关注

（四）清算管理环节

1. 风险识别

清算管理环节风险点包括：

- 财务报告未准确反映证券公允价值变动

2. 控制活动

基于以上识别的风险点，建立该环节内部控制活动时，关键控制活动至少包括但不限于公允价值管理。表 6 – 4 展示了主要风险点与关键控制活动的映射关系及内容。

表 6 – 4　　清算管理环节主要风险点与关键控制活动

风险点	关键控制活动
财务报告未准确反映证券公允价值变动	▶ **公允价值管理** 月度关账前，计划财务部门根据固有业务部门投资小组提供的数据，以月末收市后的个股市值对二级市场买入的股票进行公允价值的重估，并及时入账。

3. 潜在问题关注

在清算管理环节部分往往会出现以下潜在问题及应对措施。

■ **【潜在问题】**

信托公司计划财务部门在进行投资清算时，清算信息未进行有效核实，交易数据与财务系统内录入信息的差异可能未被发现，导致清算结果出现错误，进而影响财务报表的准确性。

【应对措施】

计划财务部门经办人检查固有业务部门投资小组负责人递交的交易相关支持性文件（股票投资明细表、交易协议、交易确认单、对账表等）是否与财务管理系统内的录入信息一致，并在确认无误后递交计划财务部门进行复核。计划财务部门审核无误后确认清算结果，系统自动进行结算。

潜在问题关注

（五）风险监测与控制环节

1. 风险识别

风险监测与控制环节风险点包括：

- 非正常或超额交易未获得恰当审批；
- 预警和止损机制缺乏独立人员监督。

2. 控制活动

基于以上识别的风险点，建立该环节内部控制活动时，关键控制活动至少包括但不限于超额交易申请、止损管理。表6－5展示了主要风险点与关键控制活动的映射关系及内容。

表6－5　风险监测与控制环节主要风险点与关键控制活动

风险点	关键控制活动
非正常或超额交易未获得恰当审批	▶ **超额交易申请** 信托公司对固有资金投资设定额度限制，超出额度的投资项目，须由固有业务部门投资经理填写业务审批表，提交固有业务部门负责人、计划财务部门负责人和分管领导审核通过后，最终由公司决策委员会审核确认，下发计划财务部执行。
预警和止损机制缺乏独立人员监督	▶ **预警与止损管理** 信托公司相关管理制度中规定每只股票预警线与止损点。当股票价格触及预警线时，系统向股票交易人员与投资小组负责人自动发出预警信号，股票交易人员对相关股票进行关注；当超过止损点时，系统向股票交易人员与投资小组负责人自动发出止损信号，固有业务部门投资小组负责人向固有业务部门负责人，公司高级管理层汇报，公司高级管理层在进行综合评估后决定投资管理的后续操作。

3. 潜在问题关注

在风险监测与控制环节部分往往会出现以下潜在问题及应对措施。

■【潜在问题】

信托公司交易管理系统的参数维护权限的设定与日常验证不完善，交易参数被违规修改，或风控参数流于形式，导致公固有业务部门无法正常进行投资交易。

【应对措施】

公司应对交易系统中风控参数（阈值）的维护权限进行设定，只有系统管理员和被授予风控参数维护权限的交易管理员拥有参数维护权限。交易系统中的每笔委托都需经过预设的风控参数的验证，方可通过。

潜在问题关注

三、固有资金非标准化投资业务流程风险与内部控制

下面，我们以长期股权投资为例，对固有资金投资非标准化产品过程中，相关环节的风险与内部控制流程进行介绍。信托公司运用自有资金进行股权投资时的业务流程重要环节包括投资研究管理、投资决策管理、交易管理。图 6 – 2 展示了固有资金投资非标准化产品业务流程所涉及的环节。

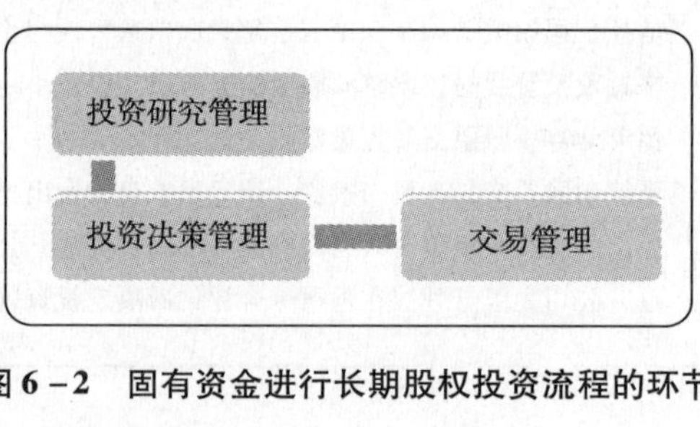

图 6 – 2　固有资金进行长期股权投资流程的环节

（一）投资研究管理环节

1. 风险识别

投资研究管理环节风险点包括：

- 投资项目与公司的发展战略或投资总体要求不符

2. 控制活动

基于以上识别的风险点，建立该环节内部控制活动时，关键控制活动至少包括但不限于长期投资战略目标制定。表6－6展示了主要风险点与关键控制活动的映射关系及内容。

表6－6　　投资研究管理环节主要风险点与关键控制活动

风险点	关键控制活动
投资项目与公司的发展战略或投资总体要求不符	▶ **长期投资战略目标制定** 公司在年初会对固有业务部门下达具体的盈利指标，同时固有业务部门根据自身情况，自有资金的各个条线编制本年度的投资计划。非标准化产品投资业务条线制定本条线相关的年度投资方向、预期规模、盈利目标等相关信息，提交部门进行汇总，编制固有业务部门的年度投资计划，向公司进行上报。

3. 潜在问题关注

在投资研究管理环节中，一般出现概率较高的问题及应对措施列举如下。

■【潜在问题】

年度投资计划流于形式，未能在实质上对本年度的投资活动起到指导和规范作用。

【应对措施】

固有业务部门的各个条线应当以上一年的业务发展情况为基础，结合本年度市场情况及业务人员专业判断，制定条线的年度投资计划，并上报固有业务部负责人。固有业务部门负责人汇总各业务条线提交的情况，对本部门投资品种、投资规模、投资项目方案等内容进行整体规划，使投资业务符合公司总体发展战略。

潜在问题关注

（二）投资决策管理环节

1. 风险识别

投资决策管理环节风险点包括：

- 投资项目方案依据不充分或可行性差；
- 投资立项、决策及调整程序不明确；
- 投资项目方案符合国家有关法律法规和相关调控政策。

2. 控制活动

基于以上识别的风险点，建立该环节内部控制活动时，关键控制活动至少包括但不限于项目评估、投资立项决策、投资法规合规。表 6－7 展示了主要风险点与关键控制活动的映射关系及内容。

表 6－7　投资决策管理环节主要风险点与关键控制活动

风险点	关键控制活动
投资项目方案依据不充分或可行性差	► **项目评估** 投资计划立项前，固有业务部门投资经理会对客户进行现场尽职调查（建议实行双人调研制）并出具书面的尽职调查报告。项目经理填制业务审批表，提交固有业务部门负责人，分管领导审核，确定是否立项。 投资项目经分管领导审核同意后，由项目经理制作可行性研究报告，提交固有业务部门、法律合规部门、风险管理部门、审计稽核部门，运营管理部门，计划财务部门进行初审通过后，由信托公司项目决策委员会进一步审议。
投资立项、决策及调整程序不明确	► **投资立项决策** 公司按照项目分级审核授权办法进行授权，实施项目委员会、决策委员会、董事会、股东大会四级审核。项目通过预审会审核同意后，公司按照授权规定，分别召开项目委员会、决策委员会、董事会和股东大会集体研究审批，审批实施多数同意通过的原则，会后形成会议纪要，参会委员签字确认，委员会领导代表委员会在业务审批表上签署审批意见。

续表

风险点	关键控制活动
投资项目方案符合国家有关法律法规和相关调控政策	▶ **投资法规合规** 在投资项目通过审核之后，由投资经理起草投资相关合同。合同起草完毕发送给法律合规部门和外部律师审阅，外部律师将会出具意见，法律合规部门负责人进行打印合同，项目经理填制公章盖章审批表，固有业务部门负责人，分管领导，法律合规部门，风险管理部门，外部律师审核同意后加盖公司公章。

3. 潜在问题关注

在投资决策管理环节部分往往会出现以下潜在问题及应对措施。

■【潜在问题】

信托公司未开展尽职调查工作，或尽职调查工作流于形式，可能导致未能发现目标公司在公司治理、财务状况与法律诉讼等方面的潜在问题，影响项目的顺利进行。

【应对措施】

信托公司应就固有业务部长期股权投资的尽职调查事项制定相关制度，对报告的格式、内容、复核审批流程作出详尽的说明。每个长期股权投资项目立项前，都应编制详尽完整的可行性调查报告，报告内容应涵盖项目的交易结构、目标公司的行业状况、公司盈利情况、治理情况与发展前景、相关税费、收益来源及预期等内容，并对资金运用及风险控制措施、退出方式等信息进行详尽的说明，确保相关信息及时向决策层进行传递，有助于决策层的立项决策。

潜在问题关注

（三）交易管理环节

1. 风险识别

交易管理环节风险点包括：

- 资金使用与具有法律效应的项目合同内容不符；
- 记录的权益性投资不能准确反映公司的资产；
- 错误地记录投资收益；
- 对于投资项目的跟踪管理不全面不及时；
- 错误地评估或记录已持有投资的价值。

2. 控制活动

基于以上识别的风险点，建立该环节内部控制活动时，关键控制活动至少包括但不限于资金使用审批、会计记账、投资收益记录、存续期管理、资产减值记录、交易额度设定。表 6－8 展示了主要风险点与关键控制活动的映射关系及内容。

表 6－8　交易管理环节主要风险点与关键控制活动

风险点	关键控制活动
资金使用与具有法律效应的项目合同内容不符	► **资金使用审批** 资金使用时，由固有业务部门投资经理提交资金划拨申请书，并将各类合同、审批表作为附件，由固有业务部门负责人、计划财务部门负责人及分管领导签字审核后放款。
记录的权益性投资不能准确反映公司的资产	► **会计记账** 信托公司计划财务部门按照银行支付凭证，投资合同等记录进行会计入账，并进行复核和书面确认。
错误地记录投资收益	► **投资收益记录** 固有业务部门投资经理提交《资金划拨申请》，由财务部门负责人审核通过之后将附在凭证之后。
对于投资项目的跟踪管理不全面、不及时	► **存续期管理** 固有业务部门投资经理会定期获取企业财务报告，根据需要还可进行实地核查，了解投资企业的经营情况。

续表

风险点	关键控制活动
错误地评估或记录已持有投资的价值	▶ **资产减值记录** 公司制定资产质量五级分类实施细则等内容，对公司投资项目资产减值进行规范。风险管理部门定期对长期股权投资项目进行测算，得出五级分类结果。计划财务部门会计根据风险管理部确定的五级分类结果，计提相应的资产减值准备。

3. 潜在问题关注

在交易管理环节部分往往会出现以下潜在问题及应对措施。

■【**潜在问题**】

公司对长期股权投资项目未进行持续的跟踪管理，未能及时、全面、准确地发现接受长期股权投资的公司存在的缺陷与隐患，未针对发现点及时进行处理，追踪整改结果，整改不及时。

【**应对措施**】

固有业务部门制作任务书，记录项目基本情况、存续期管理相关量化指标、项目定期沟通与检查机制，经过固有业务部门负责人审批。

每月固有业务部门将检查项目清单下发投资经理，项目经理撰写长期股权投资项目存续管理报告后，交给风险管理部。风险管理部门对项目存续管理报告进行评价并出具存续项目风险管理检查报告，报告包括资金用途检查、交易对手和项目情况检查、投资收益获取及投资收回能力检查等，经过风险管理部门负责人审核后发送给决策委员会，并抄送法律合规部门负责人。

潜在问题关注

第七章　支持保障体系内部控制与管理

第一节　人力资源内部控制与管理

“人”是信托公司的核心要素，信托公司的文化事实上是每位员工的文化，体现为每位员工的价值观念、行事方法、工作态度和生活方式。金融业竞争的实质是人才的竞争。金融企业的发展，在很大程度上取决于企业吸引、发展、留住人才的能力，以及它所拥有的员工素质和人才管理水平。成功的信托公司是能够将公司的发展与员工的个人职业发展和价值观念进行整合和统一的。人力资源在建立“以人为本”的信托公司的文化中起到了关键的作用。它通过运用现代管理方法，对招聘、培训和薪酬与绩效管理、轮岗备岗管理等方面所进行的计划、组织、控制和协调等一系列活动，使得人尽其才、事得其人，来实现公司发展和经营目标。信托业的快速发展需要大量专业人才的支撑，2012 年各信托公司不断完善优化了薪酬与绩效考核体系，逐步建立了有竞争力的薪酬制度与绩效考核激励机制，支撑信托公司战略经营目标的有效实现。

人力资源管理面临以下两个主要挑战：

第一，如何制定科学、合理、有效的人力资源管理制度，规范岗位职责及岗位价值设定、招聘、薪酬、绩效考核、员工培训、晋级晋职、奖惩、劳动保护、辞退与辞职，以及与公司发展相适应的激励约束机制等控制事项，从而为信托公司的经营管理和持续发展提供人力资源支持。

第二，如何有效地将每位员工融入组织中、结合组织目标开发他们的潜能、充分发挥他们的能力并协助他们设计自己的职业生涯。

人力资源管理若无法很好地解决上述两个问题，就可能将面临一系列的风险，包括员工的素质无法满足岗位实际用人需求；人员流失率高，影响信托公司日常经营活动的正常运作；各项职责尚未厘清，或不相容权责未能充分分离，导致信托公司各项业务不能顺利开展，或易产生舞弊或违规行为；激励与约束不对称、奖惩不明，可能触发或纵容不负责任的短期性、投机性和盲目性等侥幸行为。而这些风险，都是信托公司在人力资源相关的内控体系建设中需要予以关注和控制的内容。

法律直通车

《信托公司内部控制指引》（征求意见稿）

第九节　人力资源管理控制

第九十五条　公司应当高度重视员工的诚信记录，确保其具有与业务岗位要求相适应的专业能力和道德水准。公司应当要求员工以恰当形式进行诚信承诺。

第九十六条　公司关键岗位人员应当实行定期或不定期的轮换和强制休假制度。

第九十七条　公司关键岗位人员任期届满、工作调动或离职，应当进行任期经济责任审计及专项审计。公司对高级管理人员、信托执行经理的相关稽核审计报告应当向中国银监会及派出机构备案。

法律直通车

第九十八条 公司应当培育良好的内部控制文化，建立健全员工持续教育制度，加强对员工的法规及业务培训，确保所有从业人员及时获得充分的法律法规、内部控制和行为规范的最新文件和资料，确保员工书面承诺收到相关资料并理解其内容。

第九十九条 公司应当加强业务人员的从业资格管理，上岗人员应当符合相关资格管理的规定。

第一百条 公司应当建立合理有效的激励约束机制，建立严格的责任追究制度。

公司对员工的绩效考核、评价制度应当达到鼓励员工守法经营的目的。

第一百零一条 公司应当制定严谨、公开、合理的人事选拔制度，任免程序中应当明确规定任免决定权的归属。人事任免应当有完备的决策记录。

第一百零二条 公司应当建立高级管理人员及其他关键岗位人员的年度述职报告及定期谈话制度。

第一百零三条 公司应当加强对高级管理人员及其他关键岗位人员的档案（包括外事档案）管理。

第一百零四条 公司高级管理人员离职，公司应当向中国银监会及注册地派出机构及时报告，并对离职原因作出说明。

人力资源管理从流程上可以划分为三部分：一是人力资源的引进与开发，包括招聘和培训；二是人力资源的使用，包括薪酬与绩效管理；三是人才退出机制，包括离职与退休。

本节将重点关注人力资源管理流程的人员招聘、员工培训、薪酬计算与绩效考核以及离职与退休环节，探讨人力资源管理的风险与内部控制。表 7 – 1 展示了本小节选取的业务环节和风险点。

表 7-1　人力资源管理环节及风险点

环节	风险点
人员招聘	• 组织架构及岗位职责不合理（不明确） • 人力资源管理欠妥 • 人才储备不足 • 人员招聘预算编制缺失（不合理） • 人员招聘预算执行不利 • 人力资源管理外包审批不健全 • 人员资源管理外包的实施管理缺失（不到位） • 人员招聘未签订合同 • 人员招聘订立的合同未经授权 • 人员招聘合同内容存在瑕疵 • 人力资源管理内部控制目标和政策制定不当 • 人力资源高级管理层专业资质不足 • 人员招聘的传导机制不健全 • 业务核算与保障不当 • 人力资源研发和管理团队专业资质不足
员工培训	• 员工职业教育培训不当 • 员工培训预算编制缺失（不合理） • 人力资源管理欠妥 • 员工培训管理审查与复核不当 • 员工培训资金管理不当 • 业务核算与保障不当
薪酬计算与绩效考核	• 激励与约束机制的制定与实施不当 • 业务核算与保障不当 • 分级授权体系不当 • 税务申报与缴纳不当 • 人力资源资金管理不当 • 董事会对高级管理层的监督考核不当
离职与退休	• 人力资源管理欠妥 • 离职账号未及时注销 • 业务核算与保障不当

一、人力资源管理概览

人力资源管理是指根据企业发展战略的需求，有计划地对人力资源进行合理配置。企业的人力资源管理政策以及相应的管理活动主要包括：人力资源工作分析、企业人力资源需求计划的制定、人员招聘、员工培训及开发、员工使用、绩效考核评估、薪酬福利管理、人员激励、人员调整、劳动关系管理、员工安全与健康管理等一系列环节。企业运用现代管理方法，通过人力资源管理各个环节，调动企业员工的积极性，发挥企业员工的潜能，为企业的发展创造价值，以确保企业长远战略目标的最终实现。

人力资源管理的最终目标是促进企业目标的实现。人力资源管理专家阿姆斯特朗对人力资源管理体系的目标作出了规定：企业的目标最终将通过其员工来实现；为提高员工个人和企业整体的业绩，人们应把促进企业的成功当做自己的义务；制定与企业业绩紧密相连，具有连贯性的人力资源方针和制度，是企业最有效利用资源和实现商业目标的必要前提；应努力寻求人力资源管理政策与商业目标之间的匹配和统一；当企业文化合理时，人力资源管理政策应起支持作用；当企业文化不合理时，人力资源管理政策应促使其改进；创造理想的企业环境，鼓励员工创造，培养积极向上的作风；人力资源政策应为合作、创新和全面质量管理的完善提供合适的环境；创造反应灵敏、适应性强的组织体系，从而帮助企业实现竞争环境下的具体目标；增强员工上班时间和工作内容的灵活性；提供相对完善的工作和组织条件，为员工充分发挥其潜力提供所需要的各种支持；维护和完善员工队伍以及产品和服务。①

在经济发展成熟的体系下，人力资源管理越来越被重视。因此，人力资源管理必须配合以争取最佳的资源效益，提升管理效能和质量，需要健全和适当的人力资源组织架构与授权体系作为效力和效率的有效保障，具备胜任能力的管理人员是人力资源的基础。详细的岗位说明书规定了每个组织层级、每个岗位的职责、权限和工作

① A. Michael, Human Resource Management Practice, London: Kogan Page, 2012.

范围，确保职责分离。建立人力资源平台，作为沟通及搜集资讯渠道，将各方意见综合，舍短取长，以处理薪酬、福利等事宜。人力资源最重要是培训及发展，持续的专业职业技能培训可提升业务人员的专业知识及技能，发挥各阶层的人力资源潜能。

此外，人力资源管理应当有清晰的发展规划，制定符合自身特点的人力资源管理发展战略、管理流程和人力资源管理制度。人力资源管理的风险和控制建立在人力资源管理制度的基础上，制度即是流程的指南，明确了行动的方向与方法。人力资源管理制度应涵盖人员准入管理、新员工入职管理、销售人员资格认证管理、信托经理资格认证管理、员工培训与学习规定、资金管理、财务管理、费用报销管理、薪酬福利管理、绩效考核管理、风险管理、IT 系统和信息安全、信息披露管理等内容。公司应建立和完善制度规范体系，定期维护并适当更新相关制度，并及时下发。

人力资源管理的流程从整体结构上来分析，一般包括人员招聘、员工培训、薪酬计算、绩效考核、离职与退休等环节。图 7－1 展示了人力资源管理流程中所涉及的环节。

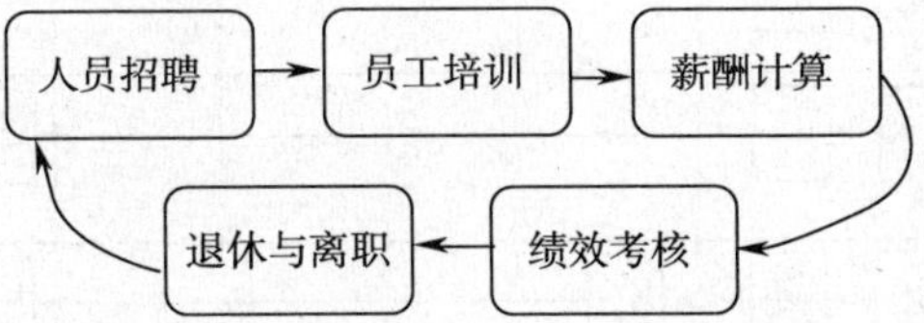

图 7－1　人力资源管理流程的环节

人力资源管理的各环节中主要涉及信托业务部门、风险（合规）管理部门、高级管理层、行政事务部门、销售部门、投资管理部门、财务部门、审计稽核部门等。图 7－2 全面展现了人力资源管理过程中通常所涉及的各操作环节，并对应到相关部门。

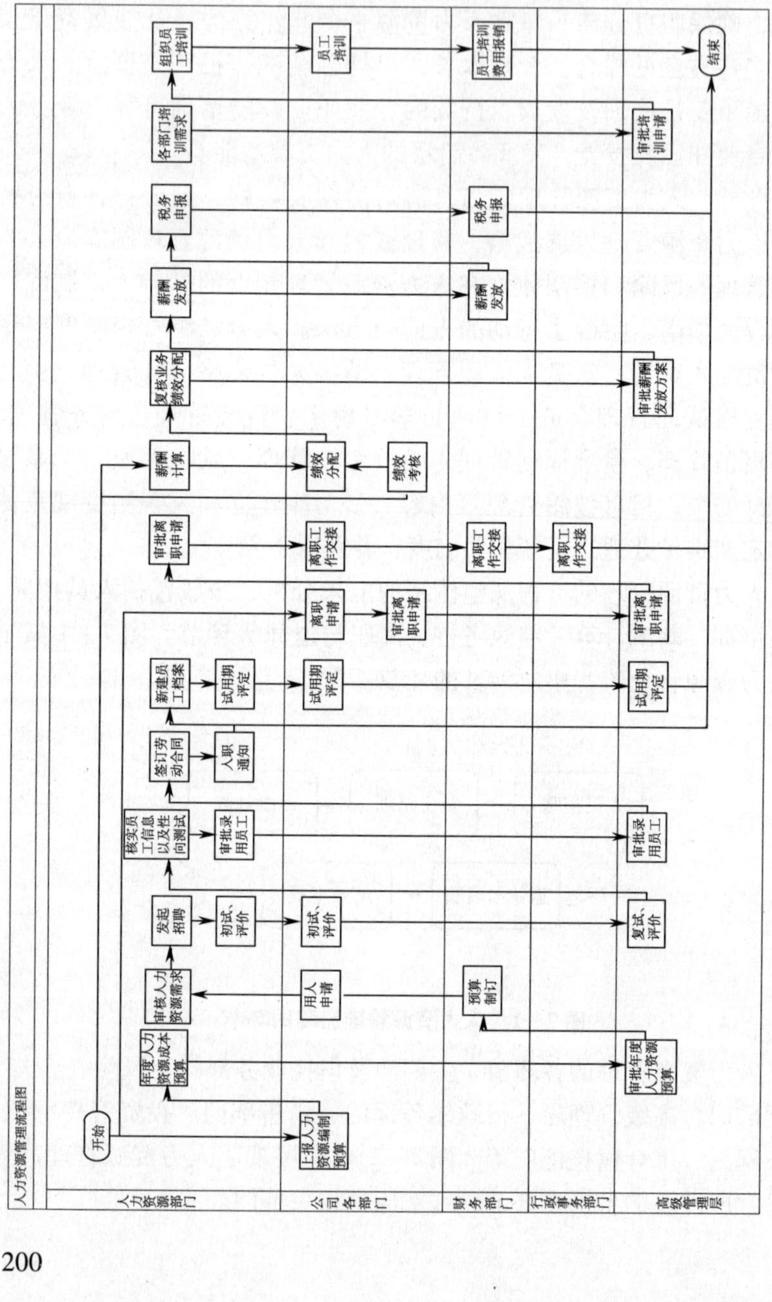

图7-2 人力资源管理流程图

公司通过建立人力资源管理相关岗位的岗位说明书，明确各层级、各部门和各岗位的职责、权限，确保此业务开展过程中不相容岗位相互分离、制约和监督。按照不相容职责分享的原则，表7－2展示了至少应当分离的职能。

二、人力资源管理流程风险与内部控制

（一）人员招聘环节

当今信托公司之间的竞争，很大程度上是人才的竞争，优秀人才已经成为市场竞争中最重要的战略资源。一个信托公司的成功与否，很大程度上取决于人力资源。信托公司能否招聘到高素质的人才，不仅关系到公司是否可以在现时顺利开展各项经营活动以实现战略和经营目标，更是关系到未来是否可以实现可持续增长的关键。

1. 风险识别

关键风险点列举如下：

- 组织架构及岗位职责不合理（不明确）；
- 人力资源预算编制缺失（不合理）；
- 人才储备不足；
- 业务外包的实施管理缺失（不到位）；
- 合同内容存在瑕疵；
- 人力资源管理欠妥；
- 业务核算与保障不当。

2. 控制活动

基于以上识别的风险点，建立该环节内部控制活动时，关键控制活动至少包括但不限于建立人力资源和职级框架、人力资源成本预算管理、招聘管理、猎头公司选择和协议签订、信息核实、合同签订及保密协议、员工入职、员工档案保管和更新。表7－3展示了主要风险点与关键控制活动的映射关系及内容。

表 7－2　人力资源管理流程至少应当分离的职能

	A	B	C	D	E	F	G	H	I	J	K	L	M	N	O	P	Q	R	S	T
A		×			×	×	×			×		×				×	×	×	×	×
B			×	×		×	×			×		×	×	×		×		×	×	×
C					×	×	×	×		×	×	×	×	×	×	×	×	×	×	×
D					×	×	×	×	×	×	×	×	×	×	×	×	×	×	×	×
E						×	×	×	×	×	×	×	×	×	×	×	×	×	×	×
F							×	×	×	×	×	×	×	×	×	×	×	×	×	×
G								×	×	×	×	×	×	×	×	×	×	×	×	×
H									×	×	×	×	×	×	×	×	×	×	×	×
I										×	×	×	×	×	×	×	×	×	×	×
J											×		×	×	×	×	×	×	×	×
K												×	×	×	×	×	×	×	×	×
L													×	×	×	×	×	×	×	×
M														×	×	×	×	×	×	×
N															×	×	×	×	×	×
O																×	×	×	×	×
P																	×	×	×	×
Q																		×	×	×
R																			×	×
S																				×
T																				

A　制定岗位职责说明书
B　审批人力资源预算
C　汇总人力资源预算
D　组织员工招聘
E　制定目标责任书
F　发送新员工入职信息
G　更新员工档案
H　审批离职手续
I　组织上岗考核
J　计算员工工资
K　复核员工工资
L　税务申报
M　调整薪酬
N　业务绩效的计算
O　业务绩效的审批
P　KPI/MBO 制定
Q　KPI/MBO 评分
R　外部培训审批
S　培训预算制定
T　人力资源档案归档

表 7-3　　人员招聘环节主要风险点与关键控制活动

风险点	关键控制活动
组织架构及岗位职责不合理（不明确）	▶ **建立人力资源和职级框架** 信托公司应当加强人力资源和职级框架的建设，明确提出本信托公司人力资源能力框架要求，以及与各岗位之间的匹配关系。同时，人力资源部门制订岗位职责说明书，明确各部门各岗位的职责权限、任职条件和工作要求。
人力资源预算编制缺失（不合理）	▶ **人力资源成本预算管理** 信托公司应当加强人力资源成本预算的管理。公司人力资源部门充分考虑公司发展战略规划、部门业务发展用人需求，结合目前人力现状等因素，在每年末编制并测算第二年的人力资源成本，由财务部门进行汇总上报，经相关审批通过后，进行决议。
人才储备不足	▶ **招聘管理** 信托公司应当加强招聘的管理。公司各部门向人力资源部门提出用人需求，人力资源部门通过内部推荐、猎头推荐以及网上招聘组织等多种方式选聘优秀人才，根据候选人的沟通能力、业务能力、个性、仪表和仪态对应聘者进行评价，通过流程化设计管理做到择优录用，任人唯贤，并充分考虑岗位任职要求与人员能力的匹配。若相关人力资源申请在预算外，申请部门还应进行预算外的人力资源需求申请，经过相关审批通过后方可进行招聘流程。
业务外包的实施管理缺失（不到位）	▶ **猎头公司选择和协议签订** 信托公司应当加强猎头公司的管理。公司人力资源部门每年审视现有合作的猎头公司，根据合作情况及行业经验选择合作伙伴，经过相关审批通过后，将符合要求的公司列入猎头公司备选池。在选取猎头公司后，经相关的审批通过后，公司与猎头公司签订服务协议。

续表

风险点	关键控制活动
合同内容存在瑕疵	▶ **合同签订及保密协议** 信托公司应当加强合同签订及保密协议的管理。信托公司通过招聘面试，确定选聘人员，经过相关审批通过后，公司与新聘员工依法签订符合国家和地方相关政策的劳动合同，建立劳动用工关系。劳动合同标准格式聘请外部律师事务所制作，标准格式中包含保密条款，对于涉及敏感性和机密信息的员工（比如在产品开发、市场渠道等方面掌握或涉及关键技术、知识产权或商业秘密的工作岗位），明确保密义务。
人力资源管理欠妥	▶ **信息核实** 信托公司应当加强信息核实的准确。公司人力资源部门聘请专业的咨询机构专门负责雇员背景核实工作。雇员背景核实工作主要包括核实员工的工作经历、教育背景、身份信息、犯罪记录。若发现有造假行为，则立即停止试用，永不录用。 ▶ **员工入职** 信托公司应当加强员工入职的管理。新员工入职前，确保相应部门做好入职准备，如员工姓名、归属部门、入职日期，由相关部门做好 IT 设备、文具用品、门卡、系统、邮箱的配置和发放工作。建立选聘人员试用期和岗前培训制度，对试用人员进行严格考察。新员工入职后，对员工在试用期中的表现，进行目标设定，包括业务指标和管理指标。试用期届满后，根据试用期目标完成情况对员工作出评定，评定内容包括待改善方面、职业发展方向意见以及试用期综合意见。试用期满考核不合格者，应当及时解除劳动关系。
业务核算与保障不当	▶ **员工档案保管和更新** 信托公司应当加强员工档案保管和更新的管理。信托公司维护员工的基本信息，包括工号、姓名、合同日期、部门、职位、性别、出生日期、国籍等。如有变动需在系统中进行更新。保证员工的合同及档案包括身份证复印件、户口本复印件、学历证明等存放的安全与有效性。

3. 潜在问题关注

在人员招聘环节部分往往会出现以下潜在问题及应对措施。

■【潜在问题】

因业务外包实施管理不到位导致在人力资源管理流程中承担猎头公司服务质量不佳的信用风险。企业人力资源部门可能自行根据以往合作情况或是行业经验选取专门的猎头公司进行合作，未对猎头公司的选取进行招投标工作。

【应对措施】

人力资源部门组织完成对现有猎头公司服务质量的评估。此外，人力资源部门可以组织建立对猎头公司的服务质量的定期评估机制，采用猎头公司候选库的形式；将猎头公司的选择纳入集中采购招投标体系中去，通过横向比较多家猎头公司，综合考虑服务价格、服务效率等诸多因素，选择最优质的猎头服务。

潜在问题关注

（二）员工培训环节

信托公司的人员招聘对于其成功之道来说，只是千里之行的起始。更为重要的是，需要构建一支结构合理、分工明确、运行有效、积极向上的精英团队。只有如此，信托公司的核心竞争力才会不断增强，才能在竞争中保持持续的发展优势。

1. 风险识别

关键风险点列举如下：

- 研发和管理团队专业资质不足；
- 员工职业教育培训不当；
- 预算编制缺失（不合理）；
- 业务审查与复核不当；
- 资金管理不当；

- 业务核算与保障不当。

2. 控制活动

基于以上识别的风险点，建立该环节内部控制活动时，关键控制活动至少包括但不限于上岗资格考核、年度培训计划制订、年度培训预算制定、培训审批、培训报销审批、培训档案管理、培训质量提升、E－Learning、企业文化传播。表7－4展示了主要风险点与关键控制活动的映射关系及内容。

表7－4　　员工培训环节主要风险点与关键控制活动

风险点	关键控制活动
研发和管理团队专业资质不足	▶ **上岗资格考核** 信托公司应当加强上岗资格考核的控制。信托公司人力资源部门协同信托业务部门根据执业需求，组织相关人员参加考试，成绩不达标者将进行补考，补考还未通过不能上岗。
员工职业教育培训不当	▶ **年度培训计划制订** 信托公司应当加强年度培训计划的管理。信托公司人力资源部门建立员工培训长效机制，遵循合理与全面原则，充分考虑公司的经营目标，人力资源部门结合各部门员工培训学习工作重点和方向以及部门和岗位培训需求等因素，制订年度培训计划，以促进全体员工的知识、技能持续更新，不断提升员工的服务效能。
	▶ **培训质量提升** 信托公司应当加强培训质量的控制。人力资源部门协同信托业务部门与外部培训机构签订培训合同，规定培训主体、培训方式、培训质量的监督、培训资料的发放等内容。在培训结束后，通过现场培训问卷和反馈调查等形式对培训的针对性、实用性等内容进行记录，对培训效果进行评估后，以便对培训质量作进一步监控和以后培训机构的选择。

续表

风险点	关键控制活动
员工职业教育培训不当	▶ **E－Learning** 信托公司应当加强 E－Learning 的建设和管理。有条件的信托公司，应当借助信息系统手段，设置“E－Learning”培训及相互交流的 IT 平台，以及配套的线上考试认证和学分机制等，打造学习型组织、奠定学习型信托公司的基石。 ▶ **企业文化传播** 信托公司应当加强企业文化的传播。人力资源部门建立全面和丰富的培训主题，包括公司文化理念、核心价值观、规章制度和工作流程方面。培训资料通过 E－Learning 系统提供给新入职员工。
预算编制缺失（不合理）	▶ **年度培训预算制定** 信托公司应当加强年度培训预算的控制。人力资源部门根据年度培训计划和各个部门的培训需求，编制年度培训计划表以及各个部门的年度培训预算。
业务审查与复核不当	▶ **培训审批** 信托公司应当加强培训审批的管理。人力资源部门开展内部培训和外部培训前，皆需经过相关审批流程，流程通过后方可在内部培训开展后进行报销申请。
资金管理不当	▶ **培训报销审批** 信托公司应当加强培训报销审批的管理。公司员工在通过考试或参加完培训后，申请培训报销时，需简单描述报销用途和金额，并将考试通过的相关证明、培训费用的内容以及已批准的培训申请作为附件，经相关审批流程通过后，方可由财务部门进行费用报销。
业务核算与保障不当	▶ **培训档案管理** 信托公司应当加强培训档案的管理。通过电子或者纸质媒体，对每次培训的出勤情况进行记录并予以分析统计，作为绩效考核的有机组成部分；保管员工的培训档案，对员工参加内部和外部培训的记录作定期更新和维护。

3. 潜在问题关注

在员工培训环节部分往往会出现以下潜在问题及应对措施。

■【潜在问题】

因业务审查与复核不当以及资金管理不当导致在人力资源管理流程中承担培训管理不完整以及培训费用报销不实的操作风险。企业员工参加培训、考试前一般都会发起培训需求申请，但在培训费、考试费报销的审批流程中却可能未设置相应的审核环节，直接进入费用报销环节。

【应对措施】

信托公司在培训、考试实际费用报销时，首先由人力资源部门审核员工培训项目的真实性、考试通过的真实性进行审核，审核通过后，方能经过后续费用报销审批环节，以保证培训、考试费用报销审查落到实处，并确保培训管理的完整性。

潜在问题关注

（三）薪酬计算与绩效考核环节

信托公司的成功需要“天时、地利、人和”。其中，“人和”是其中很重要的关键因素之一，就是需要公平、公正地给予评价和导向，并且给予相适应的激励和约束。如何留住和激励重要的人才，是最近十年中国信托公司面临的重大挑战之一。

1. 风险识别

关键风险点列举如下：

- 激励与约束机制的制定与实施不当；
- 分级授权体系不当；
- 业务核算与保障不当；
- 资金管理不当；
- 税务申报与缴纳不当。

法律直通车

《信托公司治理指引》
（中国银行业监督管理委员会令 2007 年第 4 号）

第六章　激励与约束机制

第四十八条　信托公司应当依法制订公开、公正的绩效评价标准和程序，建立薪酬与公司效益和个人业绩相联系的激励与约束机制。

第四十九条　信托公司应当与公司员工签订聘任协议，对公司员工的任期、绩效考核、薪酬待遇、解聘事由、双方的权利义务及违约责任等进行约定。

第五十条　信托公司的薪酬分配制度应获得董事会的批准。董事会应当向股东（大）会就公司高级管理人员履行职责的情况、绩效评价情况、薪酬情况作出专项说明。

第五十一条　信托公司应当拟订员工培训计划，定期开展学习培训，提高公司员工的业务能力、合规意识和道德水准等。

2. 控制活动

基于以上识别的风险点，建立该环节内部控制活动时，关键控制活动至少包括但不限于薪酬制度、薪酬数据管理和分工、行业薪酬数据外包、薪酬调整、薪酬计算、工资划款、税务申报、绩效管理、业务目标制定、各部门和各级管理人员的绩效考核、一般员工的绩效考核、门禁卡考勤、业务绩效发放。表 7－5 展示了主要风险点与关键控制活动的映射关系及内容。

表7-5　薪酬计算与绩效考核环节主要风险点与关键控制活动

风险点	关键控制活动
激励与约束机制的制定与实施不当	▶ **薪酬制度** 信托公司应当加强薪酬制度的管理。人力资源部门制定与业绩考核挂钩的薪酬制度，切实做到薪酬安排与员工贡献相协调，体现效率优先，兼顾公平，以及遵循客观性（即与既定标准进行比较，而不仅是人与人的比较）和长期性（即短期年度激励和中长期激励目标相结合）的原则。
	▶ **行业薪酬数据外包** 信托公司应当加强行业薪酬数据外包的管理。人力资源部门向咨询公司购买薪酬数据，用于分析行业内各类职务的薪酬水平，以保证公司薪酬水平在市场中的竞争力，防止关键岗位人才流失。
	▶ **薪酬调整** 信托公司应当加强薪酬调整的控制。公司人力资源部门建立完整的薪酬计算调整机制，通过信息系统或者表单流转等手段，确保员工入职、升迁、离职行为均及时反映到当月薪酬的计算中。
	▶ **绩效管理** 信托公司应当加强绩效的管理。人力资源部门科学设置人力资源的激励约束机制，设置科学的业绩考核指标体系（即遵循量化、易衡量、具体/清晰、可达到、权责对等的原则），对各级管理人员、各部门以及全体员工进行严格考核与评价，以此作为确定员工薪酬、职级调整、奖惩和解除劳动合同等的重要依据。
	▶ **业务目标制定** 信托公司应当加强业务目标的控制。每年初，各个部门负责人需根据部门发展情况，从团队建设、机会捕捉、精细化管理等维度制定定性和定量的指标，并需经过相应审批程序通过。

续表

风险点	关键控制活动
激励与约束机制的制定与实施不当	▶ **各部门和各级管理人员的绩效考核** 信托公司应当加强管理人员的绩效考核的管理。每年底，综合全年的工作表现和业绩，需对每个部门以及对应管理人员就业务目标的完成情况进行评分，评分的要素包括根据团队建设、机会捕捉、精细化管理等各个维度所制定的定性和定量的指标。人力资源部门汇总年度绩效结果后进行相应审批程序。
	▶ **一般员工的绩效考核** 信托公司应当加强一般员工绩效考核的管理。一般员工的绩效考核由业绩测评和部门内部考核组成。每年底，各部门的管理人员参考部门的业务目标计划，对部门内部的员工进行绩效评分，并进行排名。绩效考核的维度包括但不限于业务素质、工作质量、业务成果等。评分结束后提交给人力资源部门进行汇总。
	▶ **门禁卡考勤** 信托公司应当加强门禁卡考勤的管理。人力资源部门从门禁卡系统获取员工考勤信息。员工考勤信息在年底绩效考核时作为员工绩效考核的依据。
分级授权体系不当	▶ **薪酬数据管理和分工** 信托公司应当加强薪酬数据的管理和分工。薪酬数据的获取、计算、发放和调整的权限受到限制，且均应受到日志监控。人力资源部门专人负责员工信息数据录入工作，包括姓名、地址、联系方式、薪酬，以及薪酬的计算和发放。

续表

风险点	关键控制活动
业务核算与保障不当	▶ **薪酬计算** 信托公司应当加强薪酬计算的管理。每月人力资源部门专员手工计算全体员工的工资明细，按照税法的相关要求，及时准确地计算、计提和代扣代缴个人所得税，准确地计提和缴纳员工各项社会保险，并将手工计算的工资明细表与系统自动计算的工资明细表进行核对，上报相应审批流程。月度薪酬、定期奖金的计算表格等均应经过适当层级的复核，并且利用信息技术加密、只读等手段确保敏感信息的保密，以及复核后信息传递到银行支付之间的环节中，不被任意篡改。
资金管理不当	▶ **工资划款** 信托公司应当加强工资划款的管理。人力资源部门根据经过审批的工资明细，将工资相关数据信息发送至财务部门进行划款处理。工资相关数据信息包括当月公司发放的工资、社保、医保和养老等总数。财务部门会根据划款指令进行划款操作，并填制会计凭证。
	▶ **业务绩效发放** 信托公司应当加强业务绩效发放的控制。前台业务人员的业务绩效，应由各业务部门负责人、财务部门负责人计算并提出分配方案，经人力资源部门复核、管理层审批后，由人力资源部门制作奖金发放清单并交财务部门放款。
税务申报与缴纳不当	▶ **税务申报** 信托公司应当加强税务申报的管理。发工资之后的次月，人力资源部门将在税务系统中替每位员工进行税务申报。

3. 潜在问题关注

在薪酬计算与绩效考核环节往往会出现以下潜在问题及应对措施。

■【潜在问题】

因激励与约束机制的制定与实施不当会导致在人力资源管理流程中承担人员业务规模、类型比重失衡的操作风险。信托公司绩效考核较为注重业务收入与规模的奖励，忽视风险因素及执行情况的惩罚。企业对业务前台的绩效考核指标可能主要集中在对业务收入（前台部门考核净利润）、规模的考核，对业务开展过程中的风险收益比重、净资本的占用、规模和效益比重、工作质量等因素考虑较少。

【应对措施】

信托公司在设计前台业务人员绩效考核指标时：

1. 结合项目风险程度、适度增加对项目风险收益（而非纯收入和规模）、净资本耗用、规模与效益比重、工作质量等的考核指标；
2. 对业务人员存续期管理的工作质量进行考评，加强项目业务人员对存续期管理的积极性和主动性。

■【潜在问题】

因分级授权体系不当导致在人力资源管理流程中承担重要业务环节操作过程中的舞弊风险。信托公司员工信息录入岗位与薪酬发放岗位为不兼容职责岗，企业可能未对此两个岗位进行职责分离。

【应对措施】

1. 信托公司人力资源部门安排另一名与信息录入岗位独立的员工，该员工每月负责在系统中复核在职员工名单和薪酬发放的名单并确保一致，以保证工资发放名单无误；
2. 信托公司人力资源部门对员工信息录入岗位以及薪酬计算发放岗位进行不兼容职责分离，安排两名独立员工分别承担。

（四）离职与退休环节

建立企业人力资源退出机制是实现企业发展战略的必然要求。人力资源只进不出，就会造成滞胀，严重影响企业有效运行。员工的离职行为有助于信托公司人力资源的重新优化配置，但同时也会给信托公司带来“人才流失”“泄露商业秘密”以及“带走客户资源”等可能引发的风险。此外，信托公司若不能处理好离职（退休）工作的具体环节，可能会违反《中华人民共和国劳动法》的规定，给公司带来负面影响。

1. 风险识别

关键风险点列举如下：

- 人力资源管理欠妥；
- 业务核算与保障不当；
- 合同内容存在瑕疵；
- 离职账号未及时注销。

2. 控制活动

基于以上识别的风险点，建立该环节内部控制活动时，关键控制活动至少包括但不限于员工退出机制、离职信息收集、保密协议以及同业竞争协议、工作交接管理、离职流程接口。表7－6展示了主要风险点与关键控制活动的映射关系及内容。

表7－6　　离职与退休环节主要风险点与关键控制活动

风险点	关键控制活动
人力资源管理欠妥	▶ **员工退出机制** 按照有关法律法规规定，结合信托公司实际，人力资源部门建立健全员工退出（辞职/离职、解除劳动合同、退休等）机制，明确退出的条件和程序，确保员工推出机制得到有效实施。

续表

风险点	关键控制活动
人力资源管理欠妥	▶ **工作交接管理** 关键岗位人员离职前，人力资源部门应当指定接替人员，并且根据有关法律法规的规定进行工作交接。审计稽核部门视情况根据相关监管规定开展其离任审计。
业务核算与保障不当	▶ **离职信息收集** 人力资源部门遵循一定的流程，主动安排与离职人员的离职谈话，收集其离职的原因和对公司的反馈；这些信息应当记录在案，并且就其中合理的部分督促业务部门进行改进。
合同内容存在瑕疵	▶ **保密协议以及同业竞争协议制定** 人力资源部门通过保密协议、排他同业竞争协议等安排，确保退出员工依法约定和保守相关的关键技术（知识产权）、商业秘密和国家机密，维护本公司利益。
离职账号未及时注销	▶ **离职流程接口** 人力资源部门牵头与其他相关部门建立离职流程，例如，触发薪酬计算表的调整，个人电脑、备用金等实物资产的回收，以及账号密码权限等虚拟资产的回收。

3. 潜在问题关注

在离职与退休环节往往会出现以下潜在问题及应对措施。

■【潜在问题】

因人力资源退出机制不当导致在人力资源管理流程中承担法律诉讼或企业声誉受损的信用风险。通常被辞退员工会散布不利于企业的言论，解聘退出的员工若较多时，企业可能会付出较大的代价，此外还可能导致因解除员工劳动合同而引发的劳动纠纷。

【应对措施】

信托公司在设计人力资源退出机制时：

1. 应遵循国家有关法律法规，要有书面材料记录员工相关行为，使员工退出具有充分证据；主动与劳动部门沟通，对符合劳动合同约定和劳动法政策的，要给予适当的经济补偿；
2. 应在观念上将人员退出机制纳入人力资源管理系统和企业文化之中，使人力资源退出从计划到操作成为可能，同时获得员工的理解与支持；
3. 应建立科学合理的人力资源退出标准，使人力资源退出机制程序化、公开化，有效消除人力资源退出可能造成的不良影响。

潜在问题关注

案例 7－1

员工招聘失误事件

A 公司是世界上规模大、产品多元化的医疗卫生保健品及消费者护理产品公司之一，也是中国最大的外资制药有限公司。随着生产业务的扩大，为对生产部门的人力资源进行更有效的管理，公司决定在生产部设立一个新职位，主要负责生产部门与人力资源部间的协调。人力资源部发布招聘信息，渠道有两种选择：一是在本行业专业杂志上，费用较低；二是在本地区发行量最大的报纸上，费用较高。人力资源部把两个方案向公司主管领导作了汇报，反馈意见是选择方案二，因为公司当时在国内处于发展初期，应抓住发布招聘广告的机会扩大公司的影响。

人力资源部收到了 800 多份简历，从中挑出 5 名应聘者。人力资源部经理把候选人名单交给了生产部经理，其从中挑选了两人：X 和 Y 先生，并决定两部门经理一起面试并决定最终人选。在面试中，发现两人基本条件相当，两位经理对两位候选人都比较满意，尽管 X 先生曾在两个单位工作过，但没有最近工作过的单位主管的评价材料。面试后，告知两人在一周后等待通知。在此期间，Y 先生静候通知；而 X 先生致电两次人力资源部经理，一次表示感谢，另一次表示渴望这份工作。

面试后，生产部经理和人力资源部经理都对 X 先生都有很好的印象，X 先生进入公司工作 6 个月，公司发现他的工作不如预期的好，指定的工作经常不能按时完成，有时甚至表现出不胜任的行为。而 X 先生也发现公司环境、薪酬福利、工作性质等与招聘时的描述有出入。

案例7－1

省思

公司之所以会出现这种情况，是在人员选拔的过程中出现了技术性失误，以至于在新员工进入公司之后出现了公司和新员工本人都不满意的情况。人员选拔是招聘工作中最关键的一步，也是招聘工作中技术性最强的一步。研究表明，同一职位上最好的员工比最差的员工的劳动生产率要高3倍，这意味着在人员进入组织之前，就要有一个良好的辨别、甄选过程，挑选出有相应技能、知识和经验，同时又愿意为组织工作的人来。这可为提高生产率，节约成本打下基础。

公司应当加强信息核实的准确。公司人力资源部门聘请专业的咨询机构专门负责雇员背景核实工作。雇员背景核实工作主要包括核实员工的工作经历、教育背景、身份信息、犯罪记录。若发现有造假行为，则立即停止试用，永不录用。

第二节　财务管理内部控制与管理

《准则》第二十八条明确指出，信托公司应当建立严密的财务管理制度，规范公司预算、核算、费用控制、资金管理、资产管理、财务报告等控制事项，降低公司运营成本，提高资本创利能力。

本节将重点关注财务管理流程的预算和费用管理、资金管理、会计记录和财务报告管理、财务信息统计和财务信息披露以及财务分析环节，逐一梳理并探讨财务管理的风险与内部控制。表7－7中归纳了本节将要涉及的环节和风险点。

表7－7　　财务管理环节及风险点

环节	风险点
预算和费用管理	• 预算编制缺失（不合理） • 预算执行不力 • 预算考核不当 • 业务核算与保障不当 • 业务审查与复核不当 • 资金管理不当
资金管理	• 业务核算与保障不当 • 资金管理不当 • 业务审查与复核不当 • 销售结算方式选择不当，账款回收不力 • 资本分类与准备金计提不当 • 净资本及风险资本管理不当

续表

环节	风险点
会计记录和财务报告管理	• 分级授权体系不当 • 业务核算与保障不当 • 业务审查与复核不当 • 财务报告的编制不合理 • 风险识别和评估体系的技术保障不足 • 财务分析不完善 • 外部沟通机制不当 • 外部审计监督机制不当
财务信息统计和财务信息披露	• 业务核算与保障不当 • 外部沟通机制不当 • 财务报告的对外披露不当 • 重大事项临时报告披露不合规 • 其他披露事项不合规
财务分析	• 财务分析不完善

一、财务资源管理概览

企业的财务管理流程是在一定的整体目标下，关于投资、筹资和营运资金以及利润分配的企业管理活动，是根据财经法规制度，按照财务管理的原则，组织企业财务活动，处理财务关系的一项经济管理工作。

财务管理的开展需要健全和适当的组织架构与授权体系作为效力和效率的有效保障，具备胜任能力的管理人员是人力资源的基础。详细的岗位说明书规定了每个组织层级、每个岗位的职责、权限和工作范围，确保职责分离。持续的专业职业技能培训可提升业务人员的专业知识及技能。

此外，财务管理应当有清晰的发展规划，制定符合自身特点的财务管理发展战略、管理流程和财务管理制度。财务管理的风险和控制建立在财务管理制度的基础上，制度即是流程的指南，明确了行动的方向与方法。财务管理制度应涵盖预算管理、固有财务管理、信托财务管理、固有业务会计核算、信托业务会计核算、财务统计管理、费用报销管理、信托备用金管理、信托报酬收入确认、资金管理、信息披露管理、印章管理、档案管理、资产风险管理、审计稽核管理、IT 系统和信息安全等内容。公司应建立和完善制度规范体系，定期维护并适当更新相关制度，并及时下发。

财务管理的流程从整体结构上来分析，一般包括预算管理、费用管理、资金管理、会计记录和财务报告管理、财务信息统计和财务信息披露、税务管理、财务分析和财务检查的环节。图 7－3 展示了财务管理流程中所涉及的环节。

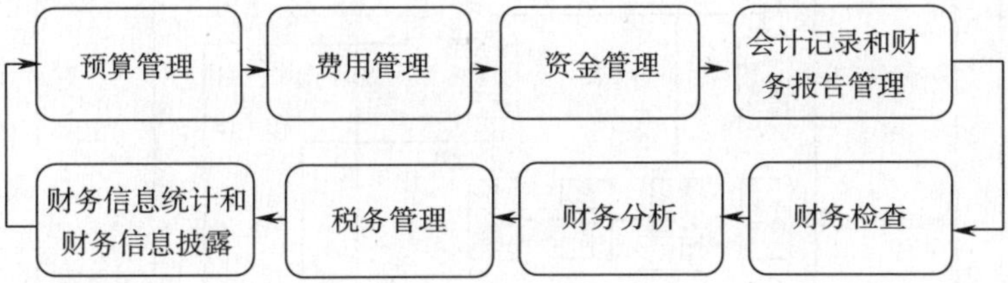

图 7－3　财务管理流程的环节

财务管理的各环节中主要涉及信托业务部门、风险（合规）管理部门、销售部门、财务部门、审计稽核部门、行政事务部门、高级管理层等。图 7－4 全面展现了财务管理过程中通常所涉及的各操作环节，并对应到相关部门。

公司通过建立财务管理相关岗位的岗位说明书，明确各层级、各部门和各岗位的职责、权限，确保此业务开展过程中不相容岗位相互分离、制约和监督。按照不相容职责分享的原则，表 7－8 展示了至少应当分离的职能。

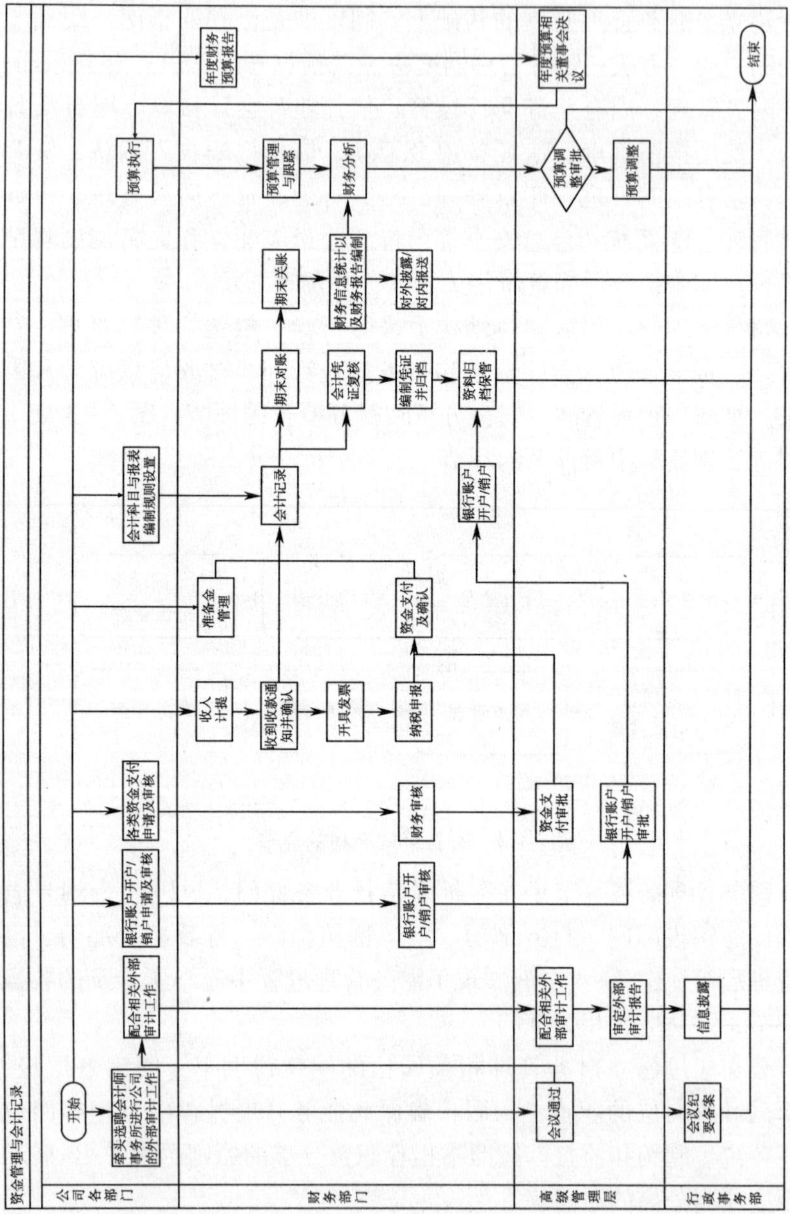
资金管理与会计记录
公司各部门
财务部门
高级管理层
行政事务部
开始
牵头选聘会计师事务所进行公司的外部审计工作
配合相关外部审计工作
银行账户开户/销户申请及审核
各类资金支付申请及审核
收入计提
准备金管理
会计科目与报表编制规则设置
预算执行
年度财务预算报告
收到收款通知并确认
开具发票
纳税申报
资金支付及确认
会计记录
期末对账
会计凭证复核
编制凭证并归档
资料归档保管
银行账户开户/销户
期末关账
财务信息统计以及财务报告编制
对外披露/对内报送
预算管理与跟踪
财务分析
银行账户开户/销户审核
财务审核
会议通过
配合相关外部审计工作
资金支付审批
银行账户开户/销户审批
审定外部审计报告
年度预算相关董事会决议
预算调整审批
预算调整
会议纪要备案
信息披露
结束

图7-4 财务管理流程图

表 7-8 财务管理流程至少应当分离的职能

	A	B	C	D	E	F	G	H	I	J	K	L	M	N	O	P	Q	R	S	T	U	V	W	X	Y	Z	AA
A 财务系统系统维护		×	×	×	×	×	×	×	×	×	×	×	×	×	×	×	×	×	×	×	×	×	×	×	×	×	×
B 财务系统权限管理					×			×	×	×	×	×	×	×	×		×		×	×		×	×		×		×
E 年度财务预算管理				×																							
F 年度财务预算管理审批																											
G 固有资金管理						×	×	×	×	×	×	×	×	×				×	×	×		×		×	×		×
H 固有资金管理审批							×	×		×	×	×	×	×					×	×					×		×
I 公司银行账户密钥管理										×	×	×	×	×					×	×					×		×
J 固有财务会计记录									×	×	×	×	×	×				×	×	×		×			×		×
K 固有财务会计记录复核										×	×	×	×	×					×	×		×			×		×
L 信托资金管理											×	×	×	×			×	×		×	×			×	×	×	
M 信托资金管理审批												×	×	×			×	×			×				×	×	
N 信托专户密钥管理																	×	×			×				×	×	
O 信托财务会计记录														×			×	×			×				×	×	
P 信托财务会计记录复核																	×	×			×				×	×	
R 开具发票申请																×									×		
T 开具发票审批																									×		
V 固有财务报表编制																		×	×	×		×			×		×
W 固有财务报表审批																			×	×		×			×		×
X 信托财务报表编制																				×	×				×	×	
Y 信托财务报表审批																					×				×	×	
Z 固有财务分析报告编制																						×			×		×
AA 信托财务分析报告编制																									×	×	
AB 税务申报编制																								×	×		
AC 税务申报审批																									×		
AD 内部审计																										×	×
AE 固有财务会计档案管理																											×
AF 信托财务会计档案管理																											

法律直通车

《信托公司内部控制指引》（征求意见稿）

第七节　会计系统控制

第七十八条　会计系统控制的重点是防范资金擅自动用，设置账外账，应当收、应当付和内部往来混乱、模糊，信托会计部门、业务部门、保管部门对账不及时等引起的风险。确保公司实行财务会计工作的统一管理，严格执行会计制度和会计操作规程，会计信息真实、完整和合法。

第七十九条　公司应当制订并实施明确的财务管理制度、资金审批制度和会计业务规范，会计业务规范应当覆盖会计业务所有环节。

第八十条　公司会计核算应当合规、及时、准确、完整，确保提供及时、可靠的财务信息。严禁在应当收、应当付款科目、其他应当收、应当付款科目和损益类等科目中藏匿违反国家会计制度和会计准则规定的资产和负债、收入和费用的情形和行为发生。

第八十一条　公司应当保证会计工作的独立性，会计人员进行账务记录必须是经严格审定的有效会计凭证，除此之外，会计人员不得接受任何指令。会计人员进行的任何账务记录如果没有有效的会计凭证，公司应当对其主管和会计人员进行相应当的处罚。

第八十二条　公司应当对会计账务处理实行分级授权；会计账务处理必须实行岗位分工，明确岗位职责，严禁一人兼岗或独自操作全过程。重要岗位实行休假和定期或不定期轮换制度。

法律直通车

第八十三条　公司应当对会计账务处理的全过程实行监督，对会计账务，必须坚持“六个核对”，即账账、账据、账款、账实、账表及内外账务核对相符根据制度要求对不同账务采取每日核对或定期核对的办法。要建立和完善外部对账制度，定期按户对账。对财务会计差错建立追究制度。

第八十四条　公司应当制定完善的会计档案资料交接、整理、借阅、保管等管理制度；对会计账务处理的有效依据如业务用章、密押、空白凭证实行专人分管。

第八十五条　公司应当对银行账户、证券账户、信托账户制定明确的管理制度。确保自有财产与信托财产、其他业务之间，不同的信托业务之间，不同委托人的信托财产之间不混同核算。在每月末对信托财产会计账户、银行账户、保管登记簿进行核对。

第八十六条　资金与实物分别核算与管理，应当有独立于会计部门之外的部门管理现金、有价证券、信托财产及其他实物形态的资产。

第八十七条　公司应当制定并严格执行费用管理办法，加强费用的预算控制，明确费用标准，严格备用金借款管理和费用报销审批程序。

第八十八条　公司应当合理分配利润，确保足额提取公积金和信托赔偿准备金，增强可持续发展能力。

二、财务管理流程风险与内部控制

（一）预算和费用管理环节

信托公司应当实施全面预算管理，根据公司发展战略目标和年度经营计划，对各项经营资源进行合理配置，明确预算的编制、执行、分析、调整、考核等操作流程和作业要求，严格预算执行与调整的审批权限，从而更加精确地控制资源的配置和费用的支出，最终目的是为了达成公司的战略和经营目标。一个完整的信托公司预算管理至少应包括收入预算、资本性收支预算、投资预算、费用预算、准备金预算，最终形成现金流量预算、资产负债预算以及损益预算。

1. 风险识别

关键风险点列举如下：

- 预算编制缺失（不合理）；
- 预算执行不力；
- 预算考核不当。

2. 控制活动

基于以上识别的风险点，建立该环节内部控制活动时，关键控制活动至少包括但不限于预算编制、预算执行、预算调整，以及预算考核。表7－9展示了主要风险点与关键控制活动的映射关系及内容。

表7－9　预算和费用管理环节主要风险点与关键控制活动

风险点	关键控制活动
预算编制缺失（不合理）	▶ **预算编制** 信托公司应当加强预算管理制度的建立。信托公司应当实行预算管理制度，强化资金收支管控，确保预算编制依据合理、程序适当、方法科学。财务部门会在预算年度开始前完成年度财务预算报告的编制工作。 信托公司应当加强预算数据的管理。预算数据主要基于前一年的销售业绩及盈利水平，并在编制过程中通过公司战略研究获取影响预算年度的主要风险因素，包括经济环境、市场变化以及政策导向方面的信息，在此基础上，结合工作计划进行编制。预算基本内容包括：年度商业计划、年度财务预算简表、信托业务收入预算、其他业务收入预算、手续费及佣金支出预算、业务及管理费用预算、营业外费用预算、计划资本性支出预算等。此外，针对公司各部门，预算中还应包含针对性的KPI指标。

续表

风险点	关键控制活动
预算编制缺失（不合理）	信托公司应当加强预算方法的建立。预算方法多采用滚动预算与增量预算相结合的方式。例如，对于未来三年的总预算采用滚动预算方法，根据当年实际的数据更新未来三年的预算数据。而对于年度预算的编制，则采用增量预算的方法，以过去一年的业务数据为基础，结合相关风险因素，编制下一年度的预算数据。 信托公司应当加强预算报告的控制。财务部门会将年度财务预算报告上交至首席财务官和管理层各领导审阅，对预算方案进行研究论证，最后通过董事会决议后，反馈至各部门并下达执行。
预算执行不力	▶ **预算执行和费用管理** 信托公司应当加强预算审批的控制。信托公司全面预算审批并下达后，公司各项资金支出需根据公司年度预算计划的要求安排实施，各预算执行部门应当认真组织实施，将预算指标分解至部门内各环节和各岗位，形成全方位的预算执行责任体系。 信托公司应当加强预算执行制度的建立。信托公司预算管理工作机构和各预算执行单位应当建立预算执行情况分析制度，定期召开预算执行分析会议，财务部门每月向管理层报告、反馈预算执行进度、执行差异及其对预算目标的影响，提出改进措施。 信托公司应当加强预算执行的管理。信托公司分析预算执行情况，应当充分收集有关财务、业务、市场、技术、政策、法律等方面的信息资料，从定量与定性两个层面充分反映预算执行单位的现状、发展趋势及其存在的潜力。 信托公司应当加强费用报销的控制。信托公司应建立严格的费用报销审批制度，下发至各部门。公司通过预算管理制度，每月制作预算与实际对比来控制公司的费用收支情况。对于较大额的费用或者重要的费用支出，如差旅费和业务招待费用，必须进行事前申请审批，公司统筹管理，以减少不必要的支出，控制公司经营管理成本。

续表

风险点	关键控制活动
预算执行不力	▶ **预算调整** 信托公司应当加强预算调整的管理。信托公司批准下达的预算应当保持稳定，根据公司年度预算计划的要求安排实施，不得随意调整。财务部门每季度通过公司各项资金收支预算和决算的比对判断是否需要进行预算调整，确有需要的，制订预算调整方案，经首席财务官审批通过后，向管理层乃至董事会申请预算调整，经过其同意后传达至各部门。
预算考核不当	▶ **预算分析和考核** 信托公司应当加强预算分析的管理。每月末，信托公司的财务部门负责编制财务分析报告，发送至管理层各领导进行审阅；对预算执行有重大差异的部分向上级解释原因；对在执行过程中发现的重大漏编预算的项目及时予以纠正。公司财务系统视差异情况给予通报，并加大部门报销控制等相应处理。 信托公司应当加强预算执行考核与分析制度的建设。信托公司应当建立全方位的预算执行考核体系与分析评价制度，对各预算执行单位和个人进行考核，做到有奖有惩、奖惩分明。信托公司预算执行情况考核工作，应坚持公开、公平、公正的原则，考核过程及结果应有完整的记录。 信托公司应当加强费用的管理。在进行费用监控时，公司财务部门对于费用中的固定费用和变动费用等重要的费用类指标进行监控，并与各部门绩效挂钩。 信托公司应当加强预算的内部审计控制。对全面预算管理应当定期执行内部审计，对预算编制及修改调整的合规性、工作质量、执行效果等进行审核评价。

3. 潜在问题关注

在预算和费用管理环节往往会出现以下潜在问题及应对措施。

■【潜在问题】

因预算编制制度缺失导致在财务管理流程中承担企业预算偏离发展战略和年度生产经营计划，未考虑预算期内经济政策、市场环境等因素造成的流动性风险。企业可能未出台全面预算管理制度，未对全面预算管理流程作出详细规定，仅有针对重大费用（如差旅费、业务招待费）和重大资金运作的简单的或者不成文的预算方法。

【应对措施】

1. 由计划财务部门主导，相关部门配合，对信托公司的预算管理进行一个系统、完整的整理统合和分析，撰写全面预算管理方案；
2. 由计划财务部门撰写全面预算管理制度初稿，相关部门出具意见后，由合规管理部门审核，按照新增制度流程形成全面预算管理制度。

潜在问题关注

(二) 资金管理环节

1. 风险识别

关键风险点列举如下：

- 组织架构及岗位职责不合理（不明确）；
- 业务核算与保障不当；
- 资金管理不当；
- 业务审查与复核不当；
- 销售结算方式选择不当，账款回收不力；
- 资本分类与准备金计提不当；
- 净资本及风险资本管理不当。

法律直通车

《信托公司净资本管理办法》
（中国银行业监督管理委员会令2010年第5号）

第二章　净资本计算

第八条　净资本计算公式为：净资本＝净资产－各类资产的风险扣除项－或有负债的风险扣除项－中国银行业监督管理委员会认定的其他风险扣除项。

第九条　信托公司应当在充分计提各类资产减值准备的基础上，按照中国银行业监督管理委员会规定的信托公司净资本计算标准计算净资本。

第十条　信托公司应当根据不同资产的特点和风险状况，按照中国银行业监督管理委员会规定的系数对资产项目进行风险调整。信托公司计算净资本时，应当将不同科目中核算的同类资产合并计算，按照资产的属性统一进行风险调整。

（一）金融产品投资应当根据金融产品的类别和流动性特点按照规定的系数进行调整。信托公司以固有资金投资集合资金信托计划或其他理财产品的，应当根据承担的风险相应进行风险调整。

（二）股权投资应当根据股权的类别和流动性特点按照规定的系数进行风险调整。

（三）贷款等债权类资产应当根据到期日的长短和可回收情况按照规定的系数进行风险调整。资产的分类中同时符合两个或两个以上分类标准的，应当采用最高的扣除比例进行调整。

第十一条　对于或有事项，信托公司在计算净资本时应当根据出现损失的可能性按照规定的系数进行风险调整。信托公司应当

法律直通车

对期末或有事项的性质（如未决诉讼、未决仲裁、对外担保等）、涉及金额、形成原因和进展情况、可能发生的损失和预计损失的会计处理情况等在净资本计算表的附注中予以充分披露。

第三章　风险资本计算

第十二条　由于信托公司开展的各项业务存在一定风险并可能导致资本损失，所以应当按照各项业务规模的一定比例计算风险资本并与净资本建立对应关系，确保各项业务的风险资本有相应的净资本来支撑。

第十三条　信托公司开展固有业务、信托业务和其他业务，应当计算风险资本。风险资本计算公式为：

风险资本＝固有业务风险资本＋信托业务风险资本＋其他业务风险资本；

固有业务风险资本＝固有业务各项资产净值×风险系数；

信托业务风险资本＝信托业务各项资产余额×风险系数；

其他业务风险资本＝其他各项业务余额×风险系数。

各项业务的风险系数由中国银行业监督管理委员会另行发布。

第十四条　信托公司应当按照有关业务的规模和规定的风险系数计算各项业务风险资本。

2. 控制活动

基于以上识别的风险点，建立该环节内部控制活动时，关键控制活动至少包括但不限于银行账户管理、现金及票据管理、网上银行管理、资金收支管理、借款管理、发票开具管理、准备金管理、净资本管理。表 7－10 展示了主要风险点与关键控制活动的映射关系及内容。

表7-10　资金管理环节主要风险点与关键控制活动

风险点	关键控制活动
组织架构及岗位职责不合理（不明确）	► **资金管理不兼容岗位分离** 信托公司应当建立资金业务的岗位责任制，明确相关部门和岗位的职责权限，确保办理资金业务的不相容岗位相互分离、制约和监督。资金业务的不相容岗位至少应当包括：资金支付的审批与执行；资金的保管、记录与盘点清查；资金的会计记录与审计监督；出纳人员不得兼任稽核、会计档案保管和收入、支出、费用、债权债务账目的登记工作。此外，信托公司应当加强资金管理岗位的控制，实行定期轮岗。
业务核算与保障不当	► **银行账户和存款管理** 信托公司加强对银行账户的管理，严格按照规定开立账户，办理存款、取款和结算。公司根据不同资金流程设置专门对应账户，根据类别区分，如基本户办理转账结转和现金收付、一般户办理转账结转和现金缴存、专户办理信托、投资项目资金收支和外汇、纳税户办理税务缴纳事务、临时户办理公司注册验资等临时活动。不得随意开立多个账户，禁止信托公司内部的管理部门，以及各分支部门在公司规定以外自行开立银行账户。 信托公司应当加强银行账户的清查管理。公司财务部门定期从系统中抽取数据，检查是否存在交易不活跃的账户，并进行销户。每年，由财务部门牵头进行银行账户全面清查。 信托公司应当加强银行信息系统的建设，有条件的信托公司可全面运用信息系统的内嵌控制管理全司范围的银行账户，包括：只有获授权的人员可在系统中录入和审批银行账户信息；在系统中创建银行账户信息时，系统会自动校验账户中银行账号及币种信息（银行账号及币种确认账户的唯一性），避免重复账户的产生；系统中银行账户信息的创建在审批完后由系统自动将信息传输至财务系统，确保经审批的新设银行账号及时无误地体现在账务信息系统中；在系统中设定银行账户自动归集策略，系统根据收款账户的机构和银行信息自动限定适用于此策略的付款银行账户；而且，在执行自动归集策略时，只有已开启银企直连的银行账户会执行上划操作。 信托公司应当加强银行对账的管理。每月末，财务部门应核对《银行对账单》，编制银行余额调节表，由财务管理人员进行复核，并向财务部门负责人报送未达账报告。

续表

风险点	关键控制活动
资金管理不当	▶ **现金和票据管理** 信托公司应当加强现金库存限额的管理。超过库存限额的现金应当及时存入开户银行，应当确定本公司的现金开支范围和现金支付限额。 信托公司应当加强现金的管理。现金保存在保险箱中，保险箱钥匙由专职出纳保管。 信托公司定期进行现金盘点，确保现金账面余额与实际库存相符，由两人及两人以上监盘，留下盘点记录并签署。 信托公司应当加强现金收支的控制。出纳负责支付现金，出纳复核人审核，并要求收款人签署签收单；出纳负责收取现金，出纳复核人审核，并向付款人签发收据。 信托公司应当加强票据登记的管理。资金管理部门专设支票登记簿和电汇单登记簿，以登记支票、电汇单的购买、领用和作废。 信托公司应当加强票据盘点的管理。资金管理部门每季度进行票据盘点，由两人及两人以上监盘，留下盘点记录并签署。
资金管理不当	▶ **网上银行管理** 信托公司应当加强网上银行的权限管理。实行网上交易、电子支付等方式办理资金支付业务的信托公司，应当与承办银行签订网上银行操作协议、明确双方在资金安全方面的责任与义务、交易范围等。操作人员应当根据操作授权和密码进行规范操作。 信托公司应当加强网上交易审核的控制。使用网上交易、电子支付方式的信托公司办理资金支付业务，不应因支付方式的改变而随意简化、变更支付货币资金所必需的授权批准程序。信托公司在严格实行网上交易和电子支付操作人员的岗位相互分离控制的同时，应当配备专人加强对网上交易和支付行为的审核。 信托公司应当加强网上交易的职责说明，所有网银操作和管理的相关人员均需签署《网银责任状》，明确自身的责任。 信托公司应当加强网上交易的安全控制，网银查询和支付均应在一台独立的电脑上进行，该电脑的接触、使用和登录人员应受到控制。

续表

风险点	关键控制活动
资金管理不当	► **公司资金收支管理** 信托公司应当加强资金收支的管理。公司资金收支由财务部门统一核算管理，对所有的资金收支进行全面控制，包括全过程控制、全员控制、全要素控制，所有的资金支付都经过相应审批，且经财务系统流转入账并归档。 信托公司应当加强流动资金的管理。公司根据各业务部门货币资金使用情况和业务规模等因素制定总体额度，超过额度的资金都要在指定时间划到指定账户。超过额度的紧急、临时增加的资金需求应提前上报财务部门，并说明资金使用的金额、用途、时间等。 信托公司应当加强资金收支的控制。公司各业务部门的资金管理遵循既定的资金管理办法操作：在资金收支环节，资金上划或下拨由部门申请，公司作出决策并监督资金收支情况。 信托公司应当加强资金检查的控制。公司财务部门每月对各业务部门的资金管理工作进行非现场检查，并将非现场检查结果报送管理层，供其汇总信息，进行季度考核。
业务审查与复核不当	► **借款管理** 信托公司应当加强借款管理的方法建设。公司建立信托备用金管理办法，备用金包括公司总部以及各异地业务部门发生的借款，分为短期借款和长期借款两类借款。 信托公司应当加强借款的控制。借款由各部门申请人进行申请，需经过相应审批后才可执行。借款额度必须限定在公司财务部门核定的额度以内，且上次借款需结清后方可再次借款。 信托公司应当加强借款的检查。公司财务部门定期检查备用金借款余额情况。对借款人报销审批的同时，检查备用金使用人的借款余额，保证短期借款的及时冲账和长期借款额度的及时调整。对不及时进行报销结算的短期借款人，将限期收回备用金；对不及时进行报销结算的长期借款人，将及时调整额度，并限期收回调整部分的备用金。
销售结算方式选择不当，账款回收不力	► **发票开具管理** 信托公司应当加强发票开具的控制。发票开具由各业务部门发起申请，需经过相应审批后才可执行。审批无误后由财务部门确认开具发票并归档保管。

续表

风险点	关键控制活动
资本分类与准备金计提不当	▶ **准备金管理** 信托公司应当加强准备金的管理。公司财务部门负责信托赔偿准备金和一般风险准备金的管理和检查，每年末财务部门会根据期末资产负债表和利润表对准备金进行计提，编制会计凭证并归档保管。
净资本及风险资本管理不当	▶ **净资本管理** 信托公司应当加强净资本的管理。公司净资本管理每月由财务部门提供月度财务会计报表，运营管理部门提供对应核算口径，审计稽核部门负责核对，按《信托公司净资本管理办法》规定的方式对净资本、风险资本进行测算，分析计算剩余资本，测算结果经管理层相应审批后，提供内部展业指导。信托财务部门按季度编制《1104 非现场监管报表》将信托财务信息报告银监会。

3. 潜在问题关注

在资金管理环节往往会出现以下潜在问题及应对措施。

■【潜在问题】

因资金管理不当导致在财务管理流程中承担资金调度不合理、营运不畅，可能导致企业陷入财务困境或资金冗余等结果的操作风险和流动性风险。公司业务资金划拨可能会存在倒签的情况，资金投放的执行日期早于审批的日期。

【应对措施】

1. 信托公司切实加强先审批后进行业务执行的规定，对于事先沟通事后审批的业务留存事先沟通痕迹；
2. 信托公司由固有业务部门、计划财务部门及公司管理层协商，对于同业存款续存业务简化业务审批的流程，提高审批效率。

潜在问题关注

（三）会计记录和财务报告管理环节

内部控制的历史是从会计控制开始逐步发展到全面内控体系的一个过程。因此，虽然目前我国的《企业内部控制基本规范》及其配套指引已经对全面内控提出要求，但是财务管理本身的内控，毫无疑问，从来就是信托公司内部控制体系的重要核心。财务会计方面的主要管控领域有财务核算制度体系管理、会计处理中的常规和非常规交易处理、财会档案凭证以及信息系统相关管理等几个方面。

1. 风险识别

关键风险点列举如下：

- 业务核算与保障不当；
- 业务审查与复核不当；
- 分级授权体系不当；
- 财务报告的编制不合理。

法律直通车

《信托业务会计核算办法》（财会 2005 年第 1 号）

一、信托项目的会计处理

（一）信托项目是指受托人根据信托文件的约定，单独或者集合管理运用、处分信托财产的基本单位。

（二）信托项目应作为独立的会计核算主体，以持续经营为前提，独立核算信托财产的管理运用和处分情况。各信托项目应单独记账，单独核算，单独编制财务报告。不同信托项目在账户设置、资金划拨、账簿记录等方面应相互独立。信托财产是受托人承诺信托而取得的财产；受托人因信托财产的管理运用、处分或者其他情形而取得的财产，也归入信托财产。信托财产应与属于

法律直通车

受托人所有的财产（以下简称固有财产）相区别，不得归入受托人的固有财产或者成为固有财产的一部分。信托财产应与委托人未设立信托的其他财产相区别。

（三）信托项目的会计要素包括信托资产、信托负债、信托权益、信托项目收入、信托项目费用、信托项目利润。

（四）信托资产是指根据信托文件的要求，由受托人受托管理运用、处分信托财产而形成的各项资产，包括银行存款、短期投资、应收账款、长期股权投资、客户贷款、固定资产、无形资产等。信托项目对委托人未终止确认的信托财产，应设置备查簿进行登记（包括信托财产的性质、信托设立日的账面原价或余额、已计提的减值准备，信托文件约定的价值、信托期间等），并按本办法的规定予以确认和计量。如委托人未终止确认的信托财产为固定资产、无形资产，仍应由委托人计提折旧或进行摊销，信托项目不应对该固定资产或无形资产计提折旧或进行摊销；如委托人未终止确认的信托财产为权益法核算的长期股权投资，仍应由委托人采用权益法核算，信托项目不应对该长期股权投资采用权益法核算。会计期末，信托项目对委托人未终止确认的信托财产不应计提减值准备。

（五）信托负债是指信托项目管理运用、处分信托财产而形成的负债，包括应付受托人报酬、应付受益人收益、应付托管费、卖出回购信贷资产款等。

（六）信托权益是指信托受益人在信托财产中享有的经济利益，其金额为信托资产减去信托负债后的余额，包括实收信托、资本公积、未分配利润等。

（七）信托项目收入是指信托项目管理运用、处分信托财产而

法律直通车

形成的收入。信托项目收入包括利息收入、投资收益、租赁收入和其他收入。信托项目收入不包括为第三方或受托人代收的款项。

（八）信托项目费用是指信托文件约定由信托项目承担的各项费用。信托文件中没有作出约定的，信托项目费用指受托人与委托人协商达成的书面协议约定由信托项目承担的各项费用。

（九）信托项目利润是指信托项目在一定会计期间的经营成果。信托项目利润应按信托文件的约定，分配给信托受益人。

（十）信托终止，受托人应对信托项目做出处理信托事务的清算报告。受益人或者信托财产的权利归属人在信托文件约定的期限内对清算报告无异议的，受托人对信托项目就清算报告所列事项解除责任，并按信托文件的规定书面通知受益人或信托财产归属人，取回信托清算后的全部信托财产。但法律、行政法规另有规定者除外。信托终止的，信托财产归属于信托文件规定的人；信托文件未规定的，按下列顺序确定归属：（1）受益人或其继承人；（2）委托人或其继承人。已核销的信托资产在信托终止清算后又收回的，应返还给信托文件规定的信托财产归属人；如信托文件未规定已核销、后又收回信托财产归属人的，也应按上述顺序确定归属。未被取回的信托财产，在由受托人负责保管期间取得的收益，应归属于信托财产的归属人；发生的保管费用由归属人承担。

（十一）信托项目会计档案是记录和反映信托业务的重要资料和证据，具体包括会计凭证、会计账簿、财务报告、信托项目清算报告等。信托项目会计档案的立卷、保管、调阅、销毁以及保管期限，应符合财政部和国家档案局联合印发的《会计档案管理办法》（财会字〔1998〕32号）有关规定。

法律直通车

（十二）信托项目的会计年度自公历1月1日起至12月31日止。

（十三）信托项目与其关联方（该关联方为上市公司）发生交易形成的损益，按《关联方之间出售资产等有关会计处理问题暂行规定》（财会〔2001〕64号）所规定的原则办理。

2. 控制活动

基于以上识别的风险点，建立该环节内部控制活动时，关键控制活动至少包括但不限于财务核算制度的建立和更新、会计录入、财会档案管理、财务信息系统管理、财务报告的编制和调整。表7－11展示了主要风险点与关键控制活动的映射关系及内容。

表7－11　会计记录和财务报告环节主要风险点与关键控制活动

风险点	关键控制活动
业务核算与保障不当	▶ **财务核算制度的建立和更新** 信托公司应当加强财务核算制度的建立和更新管理。信托公司应当分别制定固有业务和信托业务的财务核算制度和会计手册，体现信托公司的会计政策、基本假设。 信托公司财务管理职能部门应分为计划财务部门和信托财务部门，分别负责固有业务、信托业务的财务管理和会计核算，单独记账，单独核算，单独保留账簿记录，单独编制财务报告。 信托公司财务部门应当准确掌握和运用已有的公司会计政策，及时了解会计政策的变更。 信托公司应当聘用有足够知识和能力的财务人员，并定期进行财务核算制度、会计手册等内容培训；针对重大的会计政策变更，公司应组织财务人员进行相关培训。 信托公司应根据法律法规和最新监管要求，定期发布一些专项会计制度，并由财务部负责人负责向财务人员传达。

续表

风险点	关键控制活动
业务核算与保障不当	► **财会档案管理** 信托公司应当制定财务档案相关的管理办法，并明确各种档案的管理职责。公司计划财务部门和信托财务部门的档案应当分离保管，计划财务部门及信托财务部门的负责会计档案的检查、整理、分类、装订，确保会计档案的完整、真实、准确，由会计人员、装订人员、档案管理人员签章确认，加装封面，按照归档要求负责财务会计档案的立卷、归档，编制和登记财务会计档案清单。 信托公司应当加强财会档案的管理，档案凭证的外部复制和调阅必须上报财务部门批准后方可进行。
业务审查与复核不当	► **会计记录** 信托公司应当加强交易事项信息来源的管理。信托公司应当分析所有的常规型交易事项和非常规交易事项的信息来源，作出明确的划分原则，并且设计不同的控制权限和复核要求。例如，对于常规性交易事项涉及的会计分录，通过简单的制单和审核两级复核设置提高工作效率；而对于非常规交易事项，则应当限定此类凭证的制作人员到资深主管，并经过财务部门负责人，甚至高级管理层的复核等。 信托公司应当加强会计记录的分析和复核。信托公司应对临近会计期末的常规（非常规）交易和事项进行分析复核，以确定他们是否被记录在适当的会计期间。 信托公司应当加强会计记录的管理。所有支持性附件由经办部门负责人审核后，交至财务部门审核，并由财务经理对支持性文件签字审批后，编制会计凭证。
分级授权体系不当	► **财务信息系统管理** 信托公司应当加强财务信息系统的控制。信托公司财务核算系统中的会计科目设置应经过恰当地审批，并进行相应的系统设置。公司应监控会计科目的增加和删除，任何重大变化都需独立复核和批准，并由指定权限人员进行更改（包括由于会计法规或核算要求变更调整等）。 信托公司应当加强财务数据的安全管理。信托公司应定期维护财务数据，并严格管理纸质的会计档案，包括凭证及其附件等，从而确保关键财务数据的安全。 信托公司应当加强财务系统用户权限的管理。财务系统用户权限的申请经审批通过后，由维护人员在系统中进行权限设置操作。 通过利用员工单点登录系统和财务系统之间的数据同步，做到用户离职时，会自动通过数据接口同步关闭财务系统中的用户权限，做到虚拟资源的及时回收。

续表

风险点	关键控制活动
财务报告的编制不合理	▶ **财务报告的编制和调整** 信托公司财务部门应当在年度结账和半年度结账之前向总部各部门及各分支机构下发关于年度会计决算安排的通知，该工作通知应由首席财务官签发，其中应包括明确要求合理计提当期应确认的收入及应负担的费用。 信托公司财务部门每月结账前向财务部门负责人和相关支持部门（如 IT 部）发送财务决算时间表，并明确月度财务结算的主要内容。 每月结账前，财务部门对过渡科目（如“固定资产结转”“货币兑换”等）进行检查，审核该类过渡科目是否已在期末结账前结平。 对于预提费用，由各经办部门根据合同等支持性文件作为判断标准，通过经办部门负责人和财务部门负责人审批后，进行入账处理，并对该凭证及其支持性文件进行会计凭证复核。信托公司财务部门每月对账和结账。

3. 潜在问题关注

在会计记录和财务报告管理环节往往会出现以下潜在问题及应对措施。

■【潜在问题】

因业务核算与保障不当导致在财务管理流程中承担公司未建立完备的档案管理制度的操作风险。信托公司财务部门财务会计的档案资料可能会缺少对应的档案清单或目录，或缺少编制人员以及审核人员的信息。

潜在问题关注

【应对措施】

信托公司计划财务部门与信托财务部门各自系统地对已有档案进行整理、编号、记录，编制总档案清单，在各自档案内都附上档案目录，包括档案管理人、档案编制人、档案审核人信息。

■【潜在问题】

因业务审查与复核不当导致在财务管理流程中承担公司会计记录环节未严格按照公司会计核算制度及流程要求履行相应的审查与复核程序的操作风险。信托公司财务部门编制的会计凭证后附原始凭证可能会不完整。

【应对措施】

1. 信托公司出台相关的制度对信托资金用款申请材料的全面性和真实性原始凭证进行规定并执行；
2. 信托公司运营管理部门在信托资金运用时切实执行搜集用款申请及真实性原始凭证并核实后方能进行放款；
3. 信托公司对信托资金的运用进行定期与不定期的监测与检查，一旦出现缺少资金运用原始凭证的情况，将进行问责；
4. 信托公司计划财务部门在编制会计凭证时严格遵循会计制度，附上相关原始凭证。

■【潜在问题】

因业务审查与复核不当导致在财务管理流程中承担公司会计记录环节未严格按照公司会计核算制度及流程要求履行相应的审查与复核程序的操作风险。公司财务部门编制的部分会计凭证没有经过复核和书面确认。

【应对措施】

信托公司信托财务部门定期核对是否对每一笔凭证进行了复核且确保复核后是否签字。

（四）财务信息统计和财务信息披露环节

1. 风险识别

关键风险点列举如下：

- 业务核算与保障不当；
- 财务报告的对外披露不当；
- 外部审计监督机制不当。

法律直通车

《信托投资公司信息披露管理暂行办法》
（中国银行业监督管理委员会令 2005 年第 1 号）

第二章　信息披露的内容

第八条　信托投资公司按照本办法规定披露的信息包括：

（一）年度报告。信托投资公司在会计年度结束后应就公司概况、公司治理、经营概况、会计报表、财务情况说明、重大事项等信息编制年度报告。年度报告摘要是对年度报告全文重点的摘录。

（二）重大事项临时报告。对发生可能影响本公司财务状况、经营成果、客户和相关利益人权益的重大事项，信托投资公司应当制作重大事项临时报告，并向社会披露。

（三）法律、行政法规以及银监会规定应予披露的其他信息。

第九条　信托投资公司应当按照本办法的要求编制和披露年度报告和年度报告摘要。年度报告和年度报告摘要应按本办法附件要求的内容与格式进行编制。

第十条　信托投资公司年度报告至少包括以下内容：

（一）公司概况

（二）公司治理

法律直通车

（三）经营概况

（四）会计报表

（五）会计报表附注

（六）财务情况说明书

（七）特别事项揭示

第十一条 信托投资公司应在经营概况中披露下列各类风险和风险管理情况：

（一）风险管理概况。信托投资公司应披露风险和风险管理的情况，包括风险管理的基本原则和控制政策、风险管理的组织结构和职责划分、经营活动中可能遇到的风险及产生风险的业务活动等情况。

（二）信用风险管理。信托投资公司应披露可能面临的信用风险和相应的控制策略，风险评级及使用外部评级公司的名称、依据，信用风险暴露期末数，信用风险资产分类情况，不良资产的期初、期末数，一般准备、专项准备的计提方法和统计方法，抵押品确认的主要原则及内部确定的抵押品与贷款本金之比，有关保证贷款管理原则等。

（三）市场风险管理。信托投资公司应披露因股价、市场汇率、利率及其他价格因素变动而产生和可能产生的风险及其量值估算，分析上述价格的变化对公司盈利能力和财务状况的影响，说明公司的市场风险管理和控制策略。

（四）操作风险管理。信托投资公司应披露由于内部程序、人员、系统的不完善或失误，或外部事件造成的风险，并就公司对该类风险的控制系统及风险管理策略的完整性、合法性和有效性作出说明。

法律直通车

（五）其他风险管理。信托投资公司应披露其他可能对公司、客户和相关利益人造成严重不利影响的风险，并说明公司对该类风险的管理策略。

第十二条　信托投资公司应当披露下列公司治理信息：

（一）年度内召开股东大会（股东会）情况；

（二）董事会及其下属委员会履行职责的情况；

（三）监事会及其下属委员会履行职责的情况；

（四）高级管理层履行职责的情况；

（五）内部控制情况。

第十三条　对会计师事务所出具的有解释性说明、保留意见、拒绝表示意见或否定意见的审计报告，信托投资公司董事会应就所涉及事项作出说明。

第十四条　信托投资公司监事会应当对本公司依法运作情况、财务报告是否真实反映公司的财务状况和经营成果等发表独立意见。

第十五条　信托投资公司应在会计报表附注中披露关联交易的总量及重大关联交易的情况。未与信托投资公司发生关联交易的关联方，信托投资公司可以不予披露。重大关联交易应当逐笔披露，包括关联交易方、交易内容、定价原则、交易方式、交易金额及报告期内逾期没有偿还的有关情况等。关联交易方是信托投资公司股东的，还应披露该股东对信托投资公司的持股金额和持股比例。第十四条信托公司应当按照有关业务的规模和规定的风险系数计算各项业务风险资本。

2. 控制活动

基于以上识别的风险点，建立该环节内部控制活动时，关键控制活动至少包括但不限于财务信息统计、财务信息披露、外部审计报告出具。表7－12展示了主要风险点与关键控制活动的映射关系及内容。

表7－12 财务信息统计和财务信息披露环节主要风险点与关键控制活动

风险点	关键控制活动
业务核算与保障不当	▶ **财务信息统计** 信托公司应当加强财务信息统计的管理。信托公司财务统计工作由计划财务部门、信托财务部门按照分工进行牵头，统一组织协调。公司各财务报表、报告及其他对外报送财务数据由计划财务部门和信托财务部各对应负责人员负责汇总、整理、复核，经过相应审批后，定期或不定期地通过对应的外部报送系统进行报送。
财务报告的对外披露不当	▶ **财务信息披露** 信托公司应当加强年度报告的管理。信托公司行政事务部门负责编制年度报告，按照监管单位要求的内容和格式编制和披露年度报告和年度报告摘要，编制完成后经相应审批确认。公司于每个会计年度结束后的4个月内披露年度报告。全文及摘要备置于公司主要营业场所，年度报告登载于公司网上，摘要登于指定的报纸。 信托公司应当加强重大事件的管理。当公司发生对应的重大事件，经相应审批确认，会出具由董事会负责的重大事项临时报告。 信托公司应当加强信托财产管理信息的管理。信托财产管理信息由运营管理部门负责相关编制工作，经相应审批确认，当信托计划出现对应情形时，公司会在获取有关情况后3个工作日内向受益人披露，并自披露之日起7个工作日内向受益人书面提出采取的应对措施。 信托公司应当加强其他财务信息披露的管理。银监会规定应予披露的其他信息，如应上报的备案材料、非现场监管报表等，分别由职能对应的计划财务部、信托财务部等部门负责编制，经过相应审批批准后上报。 信托公司应当加强税务的管理。对于重大的税务检查和解释等事项由公司计划财务部门牵头对外进行沟通交涉。公司计划财务部门会根据税务机关的要求时限内，回复税务机关。必要时公司会聘请外部税务咨询机构。

续表

风险点	关键控制活动
外部审计监督机制不当	▶ **外部审计报告** 信托公司应当加强外部审计的管理。信托公司配合外部监管机关的监管，由计划财务部门牵头，经公司执委会会议通过，选聘执业记录较佳的会计师事务所进行公司每年的外部审计工作，并进行备案。信托公司计划财务部门和信托财务部门、首席财务官配合相关外部审计工作，公司聘请的会计师事务所出具的有解释性说明、保留意见、拒绝表示意见、否定意见的年度审计报告，且公司董事会应作出相应说明。

（五）财务分析环节

1. 风险识别

关键风险点列举如下：

- 财务分析不完善

2. 控制活动

基于以上识别的风险点，建立该环节内部控制活动时，关键控制活动至少包括但不限于公司财务分析、信托财务分析。表 7－13 展示了主要风险点与关键控制活动的映射关系及内容。

表 7－13　　财务分析环节主要风险点与关键控制活动

风险点	关键控制活动
财务分析不完善	▶ **计划财务分析** 信托公司应当加强公司财务分析的管理： 信托公司计划财务部门每月编制公司财务分析报告，并上报管理层各领导及各部门负责人进行沟通汇报，具体分析内容包括：经营状况指标分析、应收应付账龄分析、预算及费用管理情况分析、分机构分部门分条线的费用利润细化分析、未来资金财务预测分析以及财务部门重点工作推进情况。 计划财务部门应定期或不定期地向固有业务部门提供固有资金情况，为资金的高效运用提供财务数据信息。

续表

风险点	关键控制活动
财务分析不完善	▶ **信托财务分析** 信托公司应当加强信托财务分析的管理。信托公司信托财务部门负责定期编制公司信托财务分析，并上报管理层审阅，包括公司每月信托条线财务分析、公司每月市场营销财务分析、信托存续规模变动、闲置资金应用收益统计。

3. 潜在问题关注

在财务分析环节往往会出现以下潜在问题及应对措施。

■【潜在问题】

因财务分析不完善导致在财务管理流程中承担未重视财务报告分析工作，未全面分析企业的经营管理状况和存在等风险问题。公司财务部门未进行税务管理的合理性分析工作，未分析的内容包括对公司各项经济活动纳税环节的分析、在发票/合同/投融资/薪酬福利等方面的税务管理建议等，导致公司可能出现潜在的财务危机。

【应对措施】

1. 短期内，信托公司计划财务部门建立合理的短期税务管理机制，税务岗位在执行纳税申报职能的同时，增加每月税务分析的工作，提升财务部税务岗位的职能作用；
2. 长期内，信托公司计划财务部门建立合理的长期税务管理机制，税务岗位由初步的纳税分析逐步展开更深入的税务管理工作，就税收因素的影响分析对公司战略规划、经营决策和日常经营活动提供建议；实施税务风险的识别、评估，监测日常税务风险并采取应对措施；
3. 信托公司应提高公司管理层的对待税务风险的态度；通过人力资源的调配及培训增加税务岗位的专业胜任能力。

潜在问题关注

案例 7－2

安然事件

安然假账问题让其审计公司安达信面临着被诉讼的危险。位列世界第一的会计师事务所安达信作为安然公司财务报告的审计者，既没审计出安然虚报利润，也没发现其巨额债务。2001 年 6 月，安达信曾因审计工作中出现欺诈行为被美国证券交易委员会罚了 700 万美元。

安然的核心业务就是能源及其相关产品的买卖，但在安然，这种买卖被称做“能源交易”。据介绍，该种生意是构建在信用的基础上，也就是能源供应者及消费者以安然为媒介建立合约，承诺在几个月或几年之后履行合约义务。在这种交易中，安然作为“中间人”可以在很短时间内提升业绩。由于这种生意以中间人的信用为基础，一旦安然出现任何丑闻，其信用必将大打折扣，生意马上就有中止的危险。

此外，这种业务模式对于安然的现金流向也有着重大影响。大多数安然的业务是基于“未来市场”的合同，虽然签订的合同收入将计入公司财务报表，但在合同履行之前并不能给安然带来任何现金。合同签订得越多，账面数字和实际现金收入之间的差距就越大。为了保住其自封的“世界领先公司”地位，安然的业务不断扩张，不仅包括传统的天然气和电力业务，还包括风力、水力、投资、木材、广告等。2000 年，宽带业务盛极一时，安然又投资了宽带业务。如此折腾，安然终于在 2001 年 10 月在资产负债平衡表上拉出了高达 6.18 亿美元的大口子。

案例 7－2

省思

在公司内部财务治理上，首先，安然公司管理层制定的具有极高风险的战略决策没有得到及时有效地调整和风险控制，为公司经营失败留下隐患。安然公司拥有多种交易契约，其标的从石油衍生商品、利率交换契约到宽带服务等。安然的金融衍生产品业务非常多，包括债权银行在内的大部分利益相关者，甚至安然公司员工也不清楚这些衍生产品的真实价值，以至于公司资产负债表上只列示了 130 亿美元债务，而其负债总额实际高达 400 亿美元，有 270 亿美元的债务一直不为外界所知，其中 30 亿美元是银行借款，70 亿美元为公司债券，170 亿美元属于衍生产品。

安然事件告诫人们：内部组织结构和管理环境决定着公司的风险，无论何时财务体制绝不允许有丝毫漏洞。公司应当加强外部审计的管理。信托公司配合外部监管机关的监管，由计划财务部门牵头，经公司执委会会议通过，选聘执业记录较佳的会计师事务所进行公司每年的外部审计工作，并进行备案。信托公司计划财务部门和信托财务部门所有岗位人员、首席财务官配合相关外部审计工作，公司聘请的会计师事务所出具的有解释性说明、保留意见、拒绝表示意见、否定意见的年度审计报告，应由公司董事会作出相应说明。

第三节 固定资产和无形资产管理内部控制与管理

本节将重点关注信托公司的固定资产和无形资产管理，进一步探讨信托公司相关流程的风险与内部控制。表7－14固定资产管理流程风险点汇总表说明了固定资产管理流程各个环节的主要风险。

表7－14　　固定资产管理流程风险点汇总表

环节	风险点
固定资产购入	• 未建立完善的固定资产管理制度，并根据业务发展定期更新 • 无法确保采购费用预算立项表经过适度授权审批 • 资产入库单据、手续不齐全 • 固定资产采购的会计处理不符合会计核算标准，会计记录不准确、及时
固定资产验收	• 未建立严格的采购验收流程，未由专门的验收人员根据验收标准对采购项目的品种、规格、数量、质量等相关内容进行验收，出具验收证明 • 公司未按照有关规定进行数据录入/核算，数据录入/核算有误或不及时 • 公司账户管理流程欠缺，执行无效或效果不显著，未能满足公司业务发展需要
固定资产实物管理	• 无法确保资产存放的安全性 • 无法确保资产账面价值与实际价值相符合 • 公司未按照有关规定进行数据录入/核算，数据录入/核算有误或不及时 • 未制定固定资产目录，未对每项固定资产进行编号，未按照单项资产建立固定资产卡片，未详细记录各项固定资产的来源、验收、使用地点、责任单位和责任人、运转、维修、改造、折旧、盘点等相关内容
固定资产定期检查	• 公司各项业务未严格按照公司内控制度及流程要求履行相应的复核程序 • 未建立固定资产清查制度，每年未至少进行一次全面清查；对固定资产清查中发现的问题，未查明原因、未进行问责

续表

环节	风险点
固定资产折旧	• 无法确保折旧的会计处理符合会计核算标准，会计记录不准确、及时 • 固定资产折旧方法无法体现固定资产特性
固定资产处置	• 未对固定资产处置进行控制，忽略固定资产处置中的关联交易和处置定价

一、固定资产管理概览

固定资产管理是指对固定资产的计划、购置、验收、登记、领取、使用、维修、报废全过程的管理。

由于固定资产在公司资产总额中一般都占有一定的比例，确保公司资产安全、完整，意义重大。一个公司的良性发展，固定资产管理显得尤为重要。传统的固定资产管理模式无论从质量还是效率上，都难以适应经营管理新形势的需要。因此，寻找一种简便、高效的管理手段成为必然。

固定资产一般遵循购建、价值转移与补偿、实物更新的顺序进行循环。在获取固定资产后，实行分口分级管理，即归属使用部门管理，并同财务部门依其类别及会计科目统御关系，予以分类编号并粘贴样签。各子公司、智能部门预算购置的固定资产，必须先向总公司上报，经总公司预算委员会批复后，方可购置。

固定资产增置、转移、闲置及减损主要由财务部门负责，财务部门按月登记“财产目录”整体反映固定资产状况。财务部门按月编制“固定资产增减表”，应于次月送达管理部门核对。固定资产的管理部门至少要每三个月将经营上认为无利用价值的闲置固定资产予以整理。

在上述管理过程中，公司根据固定资产的性质和使用情况，合理确定其折旧年限和净残值，作为计提折旧的依据。公司应当分清计提折旧的固定资产，按月计提折旧，并根据用途分别计入相关资产的成本或当期费用。此外，公司需要建立严密的固定资产维护和保养制度。

公司应当加强固定资产定期盘点控制管理，对固定资产应当会同财务部门至少每年实地盘点一次，公司的人事、财务、工会等核心部门应抽出专人具体负责此项工作，加强领导和协调。

综上所述，固定资产管理流程主要可以分为购置管理、增置、转移、闲置及减损管理、折旧管理、日常维护管理、定期盘点控制管理、固定资产保险制度管理等内容。图 7－5 展示了固定资产管理中所涉及的环节。

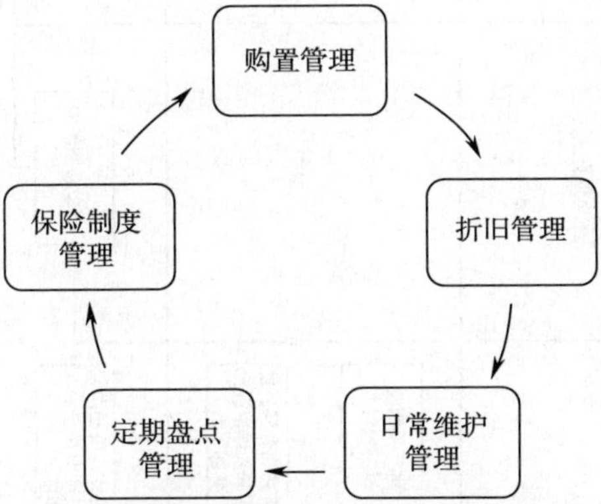

图 7－5　固定资产管理流程的环节

固定资产管理的各环节中主要涉及财务部门、采购部门、固定资产实务归口管理部门等。图 7－6 全面展现了固定资产管理过程中通常所涉及的各操作环节，并对应到相关部门。

公司通过建立固定资产管理相关岗位的岗位说明书，明确各层级、各部门和各岗位的职责、权限，确保此业务开展过程中不相容岗位相互分离、制约和监督。按照不相容职责分享的原则，表 7－15 展示了至少应当分离的职能。

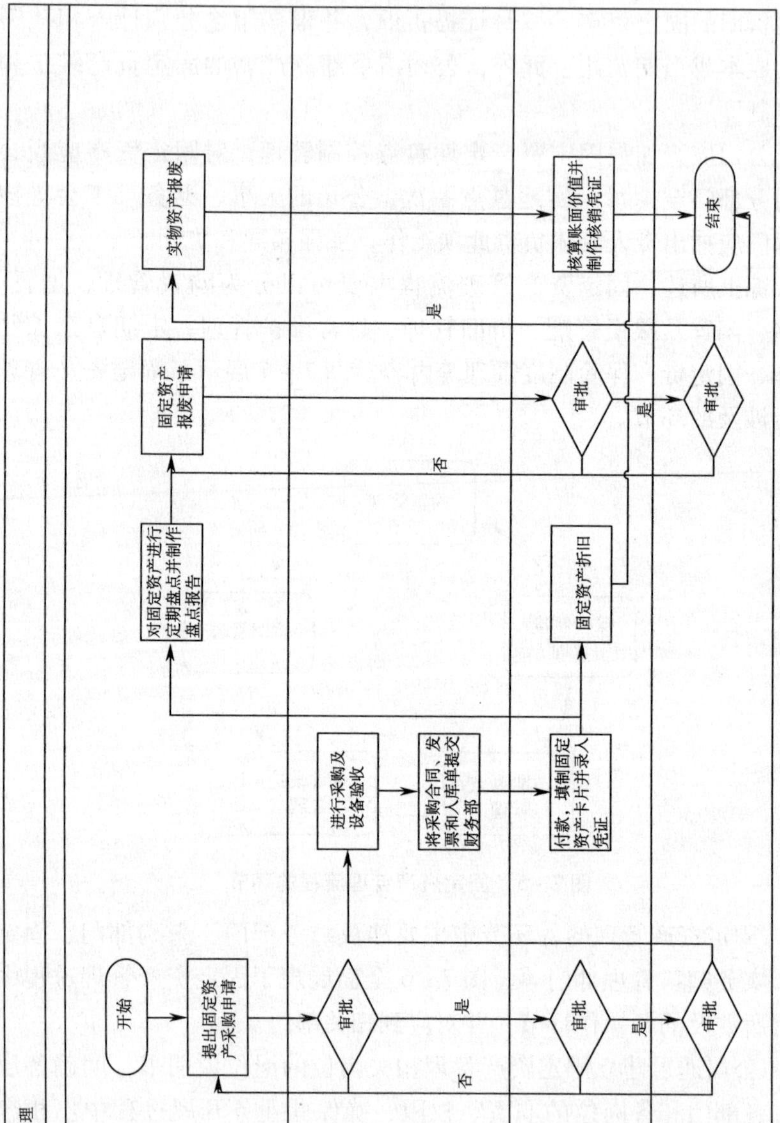

图7-6 固定资产管理流程图

表 7－15　固定资产管理流程至少应当分离的职能

	A	B	C	D	E	F	G	H
A		×					×	×
B							×	×
C				×			×	×
D							×	×
E						×	×	
F								
G								
H								

A　购买申请
B　购买申请审批
C　报废申请
D　报废申请审批
E　固定资产台账维护
F　固定资产监盘
G　凭证编制
H　凭证审核

二、固定资产管理流程风险与内部控制

1. 风险识别

固定资产管理流程环节的风险点包括：

- 未建立完善的固定资产管理制度；
- 无法确保年度预算费用符合实际需求并经过适度授权审批；
- 涉及符合索赔条件的退货，未在索赔期内及时办理索赔；
- 未建立退货管理流程；
- 未建立严格的采购验收流程；
- 公司未按照有关规定进行数据录入/核算；
- 未制定固定资产目录；
- 未建立固定资产清查制度；
- 未对固定资产处置进行控制。

2. 控制活动

固定资产在公司资产总额中一般都占有比较大的比例，特别是制造行业，固定资产是公司生产经营活动不可缺少的重要物质保证。信托公司虽然不属于制造行业，但是建立一套简便、高效的管理手

段，对维护固定资产安全、完整和提高固定资产使用效率具有十分重要的意义。信托公司应当加强和完善固定资产管理工作，防止出现固定资产更新改造不够、使用效能低下、维护不当等情况的发生。表7－16展示了主要风险点与关键控制活动的映射关系及内容。

表7－16　固定资产管理流程关键控制活动

主要风险点	关键控制活动
未建立完善的固定资产管理制度	▶ **固定资产管理制度** 行政管理部门建立完善的固定资产管理制度，并根据公司发展定期更新。
固定资产管理不当	▶ **固定资产日常管理** 行政管理部门应当建立固定资产日常管理流程，包括对房屋建筑物、机器设备等各类固定资产的管理，重视固定资产维护和更新改造。
未建立退货管理流程	▶ **固定资产退货管理流程** 行政管理部门按照退货条件办理退货手续，在安排货物出库的时候需要与供应商确定退款事宜。
未建立固定资产采购验收流程	▶ **固定资产采购验收流程** 行政管理部门建立严格的采购验收流程，由验收人员根据验收标准对采购项目的品种、规格、数量、质量等相关内容进行验收，出具验收证明。
未制定固定资产目录	▶ **固定资产目录** 行政管理部门对每项固定资产进行编号，按照单项资产建立固定资产卡片，详细记录各项固定资产的来源、验收、使用地点、责任单位和责任人、运转、维修、改造、折旧、盘点等相关内容。
未对固定资产处置进行控制	▶ **固定资产投保** 行政管理部门应当严格执行固定资产投保政策，对应投保的固定资产项目按规定程序进行审批，及时办理投保手续。
未对固定资产处置进行控制	▶ **固定资产抵押** 行政管理部门规范固定资产抵押管理，确定固定资产抵押程序和审批权限等。 其中：信托公司将固定资产用作抵押的，应由相关部门提出申请，经企业授权部门或人员批准后，由资产管理部门办理抵押手续。信托公司应当加强对接收抵押资产的管理，编制专门的资产目录，合理评估抵押资产的价值。

续表

主要风险点	关键控制活动
未建立固定资产清查制度	▶ **固定资产清查** 行政管理部门建立固定资产清查制度，至少每年进行全面清查，出具检查报告。对固定资产清查中发现的问题，要求相关部门作出书面回复。此外，行政管理部门加强固定资产处置的控制，关注固定资产处置中的关联交易和处置定价，防止资产流失。

3. 潜在问题关注

在固定资产管理流程中往往会出现以下潜在问题及应对措施。

■【潜在问题】

固定资产管理制度不健全。固定资产采购、验收、核算、使用保管、维修、调拨、处置、清查等核算管理制度不健全、管理流程不规范、考核奖惩制度空白或不兑现。

1. 固定资产前期管理不到位。固定资产的前期管理在固定资产管理中占有重要的地位，但往往有很多企业忽视了这一部分的内容。
2. 固定资产盲目投资问题。在实际工作中，某些负责固定资产投资指标审批的部门，往往有时为了个别人或个别单位的局部利益，忽视整个企业的发展，随意核拨投资指标，结果造成重复购置或购入大量无效固定资产。
3. 固定资产账实不符。在实际工作中由于受各种原因的影响，固定资产往往存在有账无物、有物无账和账实不匹配的账实不符问题。

不良固定资产在全部资产中的比重增加。不良固定资产主要是指近期内不能给公司带来经济效益的资产，如长期闲置不用或运行状况不稳定的设备、装置等。

潜在问题关注

固定资产现场管理问题。目前，在固定资产管理中普遍存在“重资产核算，轻现场管理”的现象。固定资产现场管理力度不够，对正在使用的固定资产的技术状况不能准确把握，还只是停留在“现场保管员”的层面上。

闲置、报废固定资产的管理问题。在固定资产管理过程中，如果闲置、报废固定资产无专人管理，时间一长，极易发生被盗、遗失、遭拆卸、资产状况恶化等情况，在很大程度上降低了闲置、报废固定资产的处置效益。

【应对措施】

公司应当加强房屋建筑物、机器设备等各类固定资产的管理，重视固定资产维护和更新改造，不断提升固定资产的使用效能，使固定资产处于良好运行状态。

公司应当制定相应固定资产目录，对每项固定资产进行编号，按照单项资产建立固定资产卡片，详细记录各项固定资产的来源、验收、使用地点、责任单位、责任人、运转、维修、改造、折旧、盘点等相关内容。

公司应当严格执行固定资产日常维修和大修理计划，定期对固定资产进行维修保养，切实消除安全隐患。

公司应当严格执行固定资产投保政策，对应投保的固定资产项目按规定程序进行审批，及时办理投保手续。规范固定资产抵押管理，确定固定资产抵押程序和审批权限。将固定资产用作抵押的，应由相关部门提出申请，经企业授权部门或人员批准后，由资产管理部门办理抵押手续。应当加强对接收的抵押资产的管理，编制专门的资产目录，合理评估抵押资产的价值。

公司应当建立固定资产清查制度，至少每年进行一次全面清查。对固定资产清查中发现的问题，应当查明原因，追究责任，妥善处理。

潜在问题关注

案例7-3

情景

某信托公司的固定资产管理工作存在严重的随意购置固定资产，重复购置现象。由于该公司的固定资产管理与预算管理相脱节，没有合理的资产配置标准，固定资产随意购置的现象比较普遍。其次，公司相关管理层对占用的大量固定资产关注不够，固定资产的购置和使用在管理上脱节，加上人员素质、责任心以及核算软件缺陷，对实物资产管理缺乏严格的验收审批、使用和保管制度，责任不落实，造成财产损坏、丢失无人追究的结果。对固定资产明细账不进行定期查实，不进行固定资产账账、账实、账卡核对，造成固定资产所反映的内容与实际情况相去甚远。

省思

该公司由于不能进行有效、合理的财务预算，资产重复购置现象严重。其次缺乏科学合理的配置标准，没有严格的审批制度和监管制度，导致存在购置的盲目性和随意性。

公司要强化资产的预算管理，提高资产的配置效率。首先，要建立公司的预算管理制度。在编制部门预算时将固定资产预算纳入，加强同政府采购预算管理之间的联系，配合政府采购实现资金效益的最大化，运用资产预算和统计报告对资产进行分析，对资产的使用效益进行科学的评价，从而使资产的预算与各单位承担的工作职责相一致。其次，要加强固定资产购置的科学性和计划性。预算及购置计划既要从实际出发又要注意节约，要根据各类资产的配备情况及使用标准合理配置，充分利用现有固定资产，防止积压浪费。

三、无形资产管理概览

本部分将重点关注信托公司的无形资产管理环节，进一步探讨信托公司相关流程管理的风险与内部控制。

信托公司涉及的无形资产管理主要是对信托公司品牌、商誉、土地使用权、外购或自行开发的信息系统软件等的管理，图 7-7 展示了无形资产管理流程中所涉及的环节。

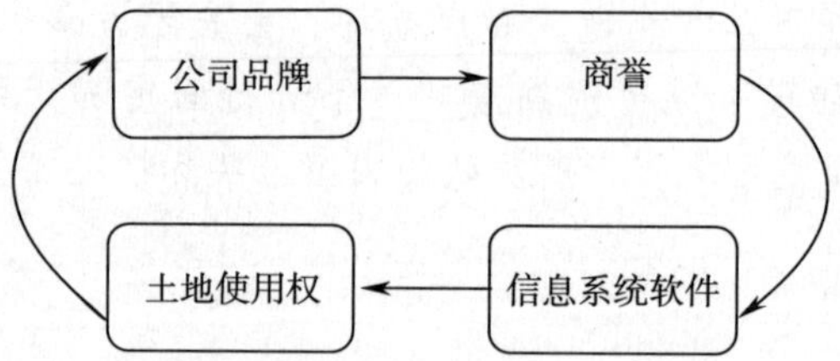

图 7-7　无形资产管理流程的环节

无形资产管理的各环节中主要涉及研发部、财务部门、采购部门、无形资产实务归口管理部门等。图 7-8 全面展现了无形资产管理过程中通常所涉及的各操作环节，并对应到相关部门。

公司通过建立无形资产管理相关岗位的岗位说明书，明确各层级、各部门和各岗位的职责、权限，确保此业务开展过程中不相容岗位相互分离、制约和监督。按照不相容职责分享的原则，表 7-17 展示了至少应当分离的职能。

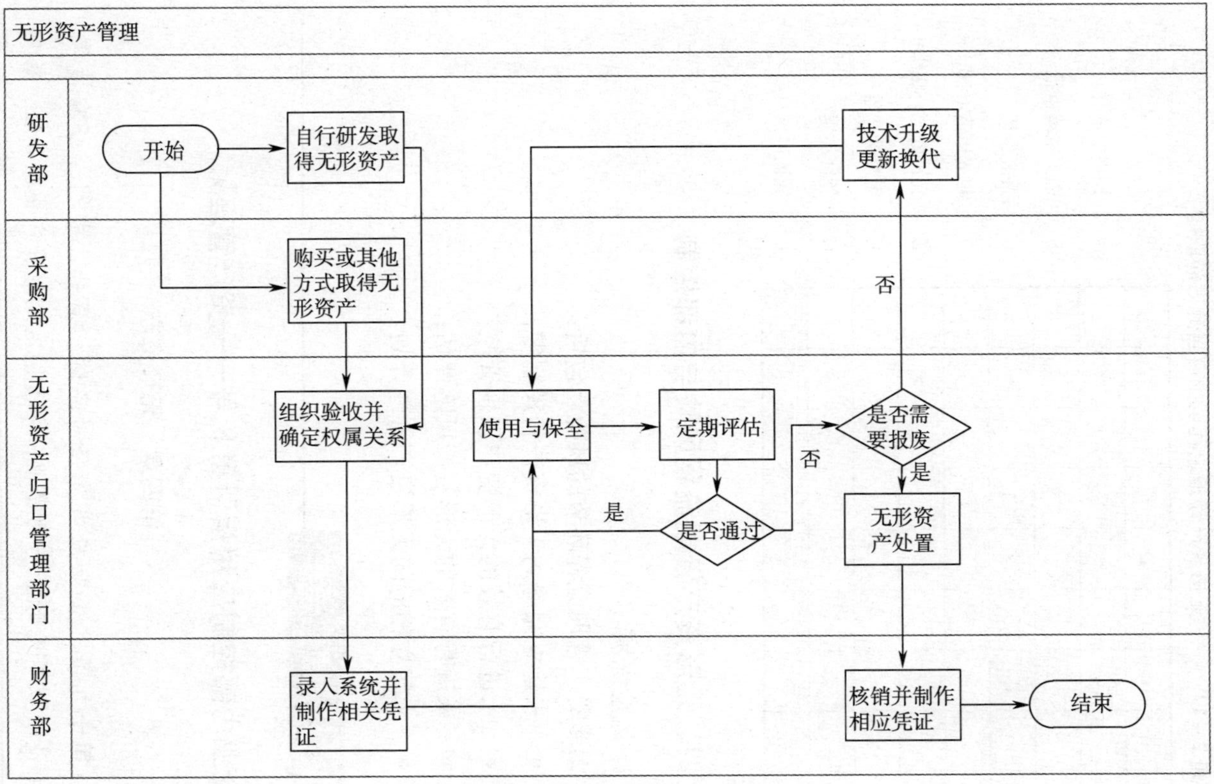

图7-8 无形资产管理业务流程图

表 7－17　　无形资产管理流程至少应当分离的职能

	A	B	C	D	E	F	G	H
A		×					×	×
B							×	×
C				×			×	×
D							×	×
E						×	×	
F								
G								
H								

A　购买申请
B　购买申请审批
C　报废申请
D　报废申请审批
E　无形资产台账维护
F　无形资产监盘
G　凭证编制
H　凭证审核

四、无形资产管理流程风险与内部控制

1. 风险识别

无形资产管理流程环节的风险点包括：

- 未建立完善的无形资产管理制度；
- 未进行有效的无形资产识别管控；
- 未进行有效的无形资产风险评估；
- 未建立相应的无形资产管理计划。

法律直通车

《企业内部控制应用指引第 8 号——资产管理》

第四章　无形资产

第十九条　企业应当加强对品牌、商标、专利、专有技术、土地使用权等无形资产的管理，分类制定无形资产管理办法，落实

法律直通车

无形资产管理责任制，促进无形资产有效利用，充分发挥无形资产对提升企业核心竞争力的作用。

第二十条　企业应当全面梳理外购、自行开发以及其他方式取得的各类无形资产的权属关系，加强无形资产权益保护，防范侵权行为和法律风险。无形资产具有保密性质的，应当采取严格保密措施，严防泄露商业秘密。

企业购入或者以支付土地出让金等方式取得的土地使用权，应当取得土地使用权有效证明文件。

第二十一条　企业应当定期对专利、专有技术等无形资产的先进性进行评估，淘汰落后技术，加大研发投入，促进技术更新换代，不断提升自主创新能力，努力做到核心技术处于同行业领先水平。

第二十二条　企业应当重视品牌建设，加强商誉管理，通过提供高质量产品和优质服务等多种方式，不断打造和培育主业品牌，切实维护和提升企业品牌的社会认可度。

2. 控制活动

无形资产的管理主要是指对于信托公司的品牌、商业、土地使用权、外购或自行开发的信息系统软件等的管理。

信托公司的品牌宣传作为一种沟通公司与社会、公司与客户的桥梁，在现代社会中的重要作用已显而易见。可以说，信托公司的生存和发展与宣传密切相关，因此，富有魅力的文化底蕴及其配套的品牌宣传是信托公司的重要组成部分。其中，知识行销、文化展业是信托公司差异化竞争的有力武器。客户在选择信托公司时，不仅会考虑到该公司产品和价格的市场认可程度，并且会综合考虑信托公司的品牌及其背后的服务。由此可见，品牌对信托公司赢得市场竞争具有重大意义。表 7－18 展示了主要风险点与关键控制活动的映射关系及内容。

表 7－18　　无形资产管理流程关键控制活动

主要风险点	关键控制活动
未建立无形资产管理制度	▶ **无形资产管理制度** 行政管理部门应建立完善的无形资产管理制度，并根据公司发展定期更新。
未进行有效的无形资产识别管控	▶ **无形资产识别管控** 行政管理部门建立无形资产管控的方法，通过从定性的角度剖析概念股经营活动可能面临的各种无形资产风险及其形成的原因，形成无形资产管控报告，递交公司管理层。
未建立无形资产管理计划	▶ **品牌和商誉管理** 行政管理部门应当加强对品牌、商标等无形资产的管理，经过部门和公司管理层审批同意后，在主流媒体上进行广告宣传。此外，行政管理部门可以按照业务部门提出的需求，在户外对公司广告进行宣传，切实维护和提升公司品牌的社会认可度。
未进行有效的无形资产风险评估	▶ **无形资产风险评估** 行政管理部门进行有效的无形资产风险评估，定期出具无形资产评估报告递交公司管理层。

3. 潜在问题关注

在无形资产管理流程中往往会出现以下潜在问题及应对措施。

■【潜在问题】

1. 无形资产管理意识薄弱。在保护知识产权方面，没有法律保护意识，无形资产开发后，不懂得申请专利、注册商标、推广新产品新技术，品牌保护意识淡薄。
2. 忽视无形资产的开发和利用。许多公司没有充分、有效、合理地使用无形资产，而是过度使用，或长期闲置不用。例如，公司在合资过程中，许多优秀品牌通过折价入股后，被闲置不用，使其价值丧失殆尽。另外，公司长期不参与有利于提升自身形象的竞争，也削弱了其无形资产的价值。
3. 无形资产流失的现象比较严重。近年来，由于保护无形资产的法律、法规不健全、不完善，企事业单位、个人自我保护无形资产的意识比较差，使无形资产流失的现象比较严重。经常会出现著作权受到侵犯、专利权受到侵犯、抢注商标、假冒商标等一些不良现象。
4. 无形资产评估体系不完善。目前公司对于无形资产评估缺乏统一的规范，管理混乱，致使在现实工作中有的评估机构为了迎合顾客的需要任意拼凑评估值，有的评估人员在操作中不认真进行市场调查，在评估方法的选用和评估参数的确定中存在主观随意性，这些都有损无形资产评估的客观性、公正性。

【应对措施】

公司应当对无形资产业务建立严格的授权批准制度，明确授权批准的方式、权限、程序、责任和相关控制措施，规定经办人的职责范围和工作要求，严禁未经授权的机构或人员办理续行资产业务。

1. 确定授权审批的范围。无形资产研究与开发、购置和转让计划都应纳入其范围，授权批准的层次，应根据无形资产的重要性和金额大小确定不同的授权批准层次，从而保证各管理层有权也有责。

2. 授权批准的责任。应当明确被授权者在履行权利时应对哪些方面负责，应避免责任不清，一旦出现问题又难咎其责的情况发生。
3. 授权批准的程序。应规定每一类无形资产业务的审批程序，以便按程序办理审批，以避免超级审批、违规审批的情况发生。单位内部的各级管理层必须在授权范围内行使相应职权，经办人员也必须在授权内办理经济业务。

公司无形资产取得依据必须充分、适当，决策过程应当科学、规范。公司应当建立无形资产预算管理制度，严格执行无形资产投资预算制度，建立请购审批制度，建立交付使用验收制度。

公司应对无形资产取得、自行开发并取得、使用及保护、处置报废等环节的控制流程清晰严密。

潜在问题关注

案例 7－4

情景

D 是一家环球企业，位居世界化工企业首位。D 公司成功的秘诀是围绕化学工业实行谨慎而开放的多样化经营战略，同时公司也极为重视经营无形资产，通过引入“知识产权动态管理”模式，对无形资产的核心知识产权进行管理。

D 公司从专利管理入手，将知识产权管理分为计划、竞争力测评、分类、价值评估、投资和组合六个阶段：

（1）计划是以公司整体发展战略为核心制定专利，利用与业务部门经营目标实施计划；

（2）竞争力测评是用“知识树图”把本企业和竞争对手的知识产权资产情况同时放到综合机会图上，对各自竞争优势、知识产权资产覆盖范围和发展机会等指标进行综合竞争力对比评估；

（3）分类是指以公司发展战略为核心，将所有的专利经过评估划分为三种：对公司未来发展有关键作用的专利予以保留，投入资金进行新技术的开发研究，为核心技术申请专利；

（4）价值评估是指确定知识产权资产的市场价值；

（5）投资是指根据对企业知识产权状况的分析作出战略决策：加大研究开发投资，开发企业发展所需的专利，通过专利交易建立合资企业，从外部获取技术等；

（6）组合是指通过加强专利的动态管理和有针对性的投资，不断减少专利数量和增强专利质量，最终提高企业竞争力。

省思

D 公司所创造的知识产权动态管理模式实际上是《企业内部控制规范》所倡导的无形资产管理理念，我们可以得到如下启示：

案例 7－4

（1）无形资产的取得方式有多种，比如外购、自行开发、非货币型资产交换等。D公司根据对企业知识产权状况的分析而作出取得专利的战略决策：加大研究开发投资，开发企业发展所需的专利或是从外部获取技术等。

（2）D公司以公司整体发展战略为核心制定专利，利用与业务部门经营目标实施计划，提供专利使用效率，充分发挥无形资产对提高企业产品质量和市场影响力的重要作用。

（3）D公司结合公司发展战略，将所有的专利分为三类，其分类的实质就是对不同类型的无形资产施以不同的管理方式。第一类核心技术申请专利，应予以保留并投入资金进行新技术的开发研究，确保企业无形资产的技术升级与更新换代符合企业发展的需要。

第四节　行政管理内部控制与管理

行政管理是指依靠企业行政组织、按照行政渠道管理企业的一系列措施和方案。行政管理是公司参与社会化大生产及市场的客观要求。在现代经济生活中，随着社会生产力的发展，生产经营分工日趋专业化，这就要求一个生产经营流程中各个环节最大可能协调一致。因此，要有效地组织企业生产经营，就必须有一定强制力的权威与服从机制——行政管理，否则，公司的各项生产经营目标就可能因缺乏组织性而不能实现。

一、采购管理概览

本部分将重点关注信托公司的采购管理环节，进一步探讨信托公司相关流程管理的风险与内部控制。

采购管理主要是指公司在一定的条件下，从供应市场获取产品或服务作为资源，以保证公司生产及经营活动正常开展的一项企业经营活动。具体来看，采购人员根据确定的供应协议和条款，以及企业的物料需求时间计划，以采购订单的形式向供应方发出需求信息，并安排和跟踪整个物流过程，确保物料按时到达以支持公司的正常运营的过程。

信托公司的采购业务管理，一方面，应当建立健全采购管理规章制度，统筹安排采购计划，明确申购、审批、付款、采购后评估等环节的职责和审批权限，按照规定的审批权限和程序办理采购业务；另一方面，建立全方位立体式监督机制，采购机构要从决策管理、比质比价采购、价格质量监督等方面制定详细的制度，并实行由采购人员、质量价格监督人员、合同管理人员共同参与对采购渠道、采购方法、采购价格进行集体讨论。在确保物资采购满足信托公司经营需要的前提下，尽可能降低采购物品或者服务的使用周期总成本，防范舞弊风险。

采购管理的主要关键子流程包括：采购申请、采购验收、采购付款、供应商管理和评估。图7－9展示了采购管理中所涉及的环节。

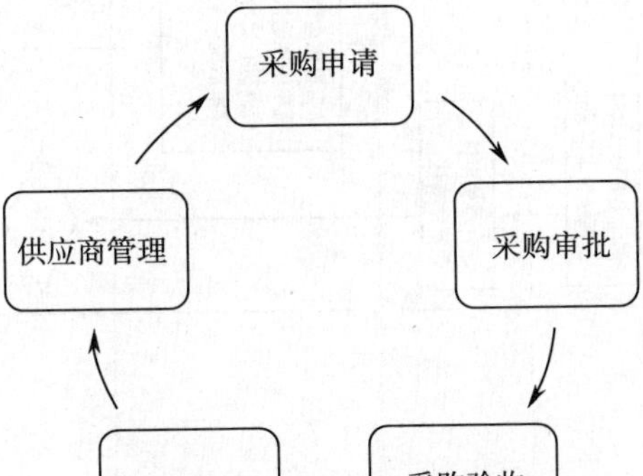

图7－9　采购管理流程的环节

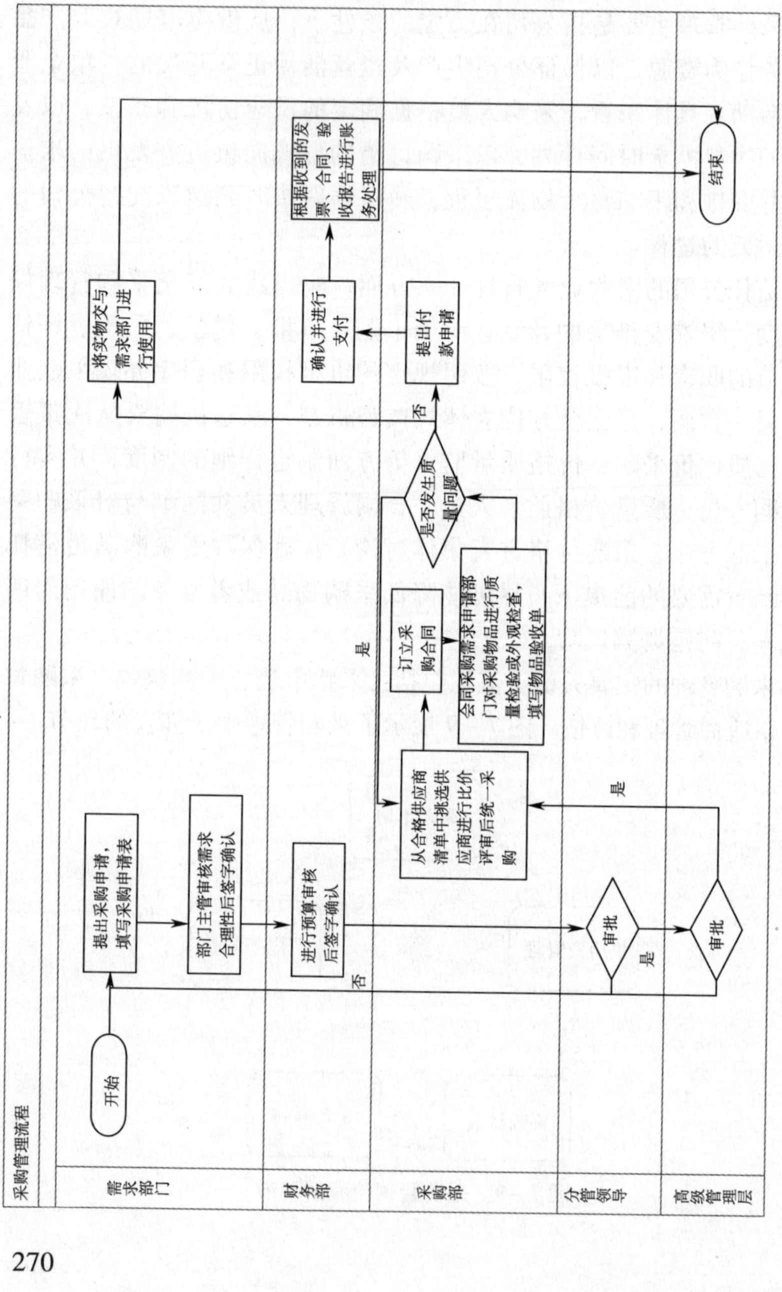
采购管理流程
需求部门
财务部
采购部
分管领导
高级管理层
开始
提出采购申请，填写采购申请表
部门主管审核需求合理性后签字确认
进行预算审核后签字确认
审批
是
否
审批
是
从合格供应商清单中挑选供应商进行比价评审后统一采购
订立采购合同
会同采购需求申请部门对采购物品进行质量检验或外观检查，填写物品验收单
是否发生质量问题
是
否
提出付款申请
确认并进行支付
根据收到的发票、合同、验收报告进行账务处理
将实物交与需求部门进行使用
结束

图7-10 采购管理流程

信托公司采购管理流程的各环节中主要涉及采购需求部门、采购部门、财务部门等。图 7－10 全面展现了采购管理过程中通常所涉及的各操作环节，并对应到相关部门。

公司通过建立采购管理相关岗位的岗位说明书，明确各层级、各部门和各岗位的职责、权限，确保此业务开展过程中不相容岗位相互分离、制约和监督。按照不相容职责分享的原则，表 7－19 展示了至少应当分离的职能。

表 7－19　　采购管理流程至少应当分离的职能

	A	B	C	D	E	F	G	H	I
A		×	×						×
B			×						×
C							×	×	
D					×	×			
E						×			
F							×	×	
G								×	
H									
I									

A　采购申请
B　采购申请的审批
C　验收入库
D　付款申请
E　付款申请审批
F　付款
G　凭证编制
H　凭证审核
I　供应商清单的维护

二、采购管理流程风险与内部控制

（一）采购申请环节

1. 风险识别

在信托公司采购管理活动中的采购申请子流程主要涉及的风险点如下：

- 未建立采购物资定价机制；

- 未建立采购申请制度；
- 采购计划安排缺失（不合理）。

法律直通车

《企业内部控制应用指引第7号——采购业务》

第一章 总 则

第一条 为了促进企业合理采购，满足生产经营需要，规范采购行为，防范采购风险，根据有关法律法规和《企业内部控制基本规范》，制定本指引。

第二条 本指引所称采购，是指购买物资（或接受劳务）及支付款项等相关活动。

第三条 企业采购业务至少应当关注下列风险：

（一）采购计划安排不合理，市场变化趋势预测不准确，造成库存短缺或积压，可能导致企业生产停滞或资源浪费；

（二）供应商选择不当，采购方式不合理，招投标或定价机制不科学，授权审批不规范，可能导致采购物资质次价高，出现舞弊或遭受欺诈；

（三）采购验收不规范，付款审核不严，可能导致采购物资、资金损失或信用受损。

第四条 企业应当结合实际情况，全面梳理采购业务流程，完善采购业务相关管理制度，统筹安排采购计划，明确申购、审批、购买、验收、付款、采购后评估等环节的职责和审批权限，按照规定的审批权限和程序办理采购业务，建立价格监督机制，定期检查和评价采购过程中的薄弱环节，采取有效控制措施，确保物资采购满足企业生产经营的需要。

2. 控制活动

采购申请，或者称为请购，是采购活动的源头。围绕请购的控制点的设计，都是为了确保所采购的货物或者服务均是公司业务所需要的。表 7－20 展示了主要风险点与关键控制活动的映射关系及内容。

表 7－20　　采购申请环节主要风险点与关键控制活动

主要风险点	关键控制活动
未建立采购申请制度	▶ **采购申请制度建立** 行政管理部门建立采购申请制度，确定采购归口管理部门、统筹安排公司的采购计划，明确相关部门或人员的职责权限及相应的请购和审批程序。
未建立采购物资定价机制	▶ **采购申请** 行政管理部门建立采购物资定价机制，采取协议采购、招标采购、谈判采购、询比价采购等多种方式合理确定采购价格（大宗采购等应当采用招投标方式确定采购价格，其他商品或劳务的采购，应当根据市场行情制定最高采购限价，并对最高采购限价适时调整）。
采购计划安排缺失（不合理）	▶ **采购方式** 行政管理部门制定采购方式，经过部门负责人和分管领导审批后，安排采购事宜。

3. 潜在问题关注

在采购申请环节部分往往会出现以下潜在问题及应对措施。

■【潜在问题】

公司未建立明确的采购申请制度，采购业务归口管理不明，造成公司重复采购。

潜在问题关注

【应对措施】

信托公司应当在《采购管理办法中》建立采购申请制度，依据购买物资或接受劳务的类型，确定采购业务的归口管理部门，根据不同的职位要求设置相应的请购权，明确相关部门或人员的职责权限及相应的请购和审批程序。

■【潜在问题】

公司缺少明确的采购框架和指引，导致采购负责人员暗箱操作，收取回扣。

【应对措施】

信托公司应建立合理的集中采购框架，体现集中和分散采购的结合，以及配套的监督控制机制。大件的固定资产、无形资产以及服务的采购权限由总公司管理，分公司有权采购小金额的、非标准的固定资产及部分办公用品等。信托公司除小额零星物资或服务外，不得安排同一机构办理采购业务全过程。

■【潜在问题】

采购预算管理未建立有效的风险控制机制，缺乏对资金收支的管控，给公司造成经济损失。

【应对措施】

信托公司应当实行采购预算管理，强化资金收支管控，根据市场变化趋势合理安排采购计划。每年，采购归口管理部门应当对需求部门提出的年度采购需求进行审核，并进行归类汇总，统筹安排信托公司的年度采购计划和预算。具有请购权的部门对于预算内采购项目，应当严格按照预算执行进度办理请购手续，并根据市场变化提出合理采购申请；对于超预算和预算外采购项目，应先履行预算调整程序，由具备相应审批权限的部门或人员审批后，再行办理请购手续。

潜在问题关注

（二）采购验收环节

1. 风险识别

采购验收环节的关键风险点如下：

- 未建立采购验收制度；
- 采购验收不规范；
- 未进行资产入库登记；
- 业务核算与保障不当。

2. 控制活动

采购验收是确保公司所购买的货物或服务质量的一个重要环节。表7－21展示了主要风险点与关键控制活动的映射关系及内容。

表7－21　　采购验收环节主要风险点与关键控制活动

主要风险点	关键控制活动
未建立采购验收制度	▶ **采购验收制度** 行政管理部门建立采购验收制度，经过部门负责人和分管领导审批后下发。此外，行政管理部根据公司发展定期更新相关制度。
采购验收不规范	▶ **资产验收** 行政管理部门建立严格的采购验收制度，确定检验方式，由专门的验收机构或采购验收部门的验收人员对采购项目的品种、规格、数量、质量等相关内容进行验收，出具验收证明，并进行双人复核。
未进行资产入库登记	▶ **入库登记** 行政管理部门安排双人进行资产入库登记，并且在入库登记本上填写关键信息，并进行复核签字确认。

（三）采购付款环节

1. 风险识别

在信托公司采购管理活动中的采购和付款子流程主要涉及的风险点如下：

- 采购预算执行不力；

- 采购定价管理缺失或不完善；
- 采购计划安排缺失或不合理；
- 采购付款管理不当；
- 未有效执行验收退货机制。

2. 控制活动

要完成一笔采购交易需要经过采购和付款流程，其核心的控制点是三单匹配，即合同、验收凭证以及发票之间的核对。在现代信托公司，对三单匹配的控制，除了手工控制以外，往往是通过信息系统执行两次“二单核对”予以完成的。表 7 – 22 展示了主要风险点与关键控制活动的映射关系及内容。

表 7 – 22　采购付款环节主要风险点与关键控制活动

主要风险点	关键控制活动
采购预算执行不力	▶ **采购预算执行** 行政管理部门协同财务部门加强采购付款的管理，完善付款流程，明确付款审核人的责任和权利，严格审核采购预算、合同、相关单据凭证、审批程序等相关内容，审核无误后按照合同规定及时办理付款。
采购付款管理不当	▶ **付款与定金管理** 行政管理部门协同计划财务部门加强付款和定金的管理。在采购过程中，涉及大额或长期的预付款项，应当定期进行追踪核查，综合分析预付账款的期限、占用款项的合理性、不可回收风险等情况，发现有疑问的预付款项，应当及时采取措施。
采购计划安排缺失或不合理	▶ **采购计划** 行政管理部门按照公司内部需要，制订相应的采购计划，经过部门负责人和分管领导审批后执行。
未有效执行验收退货机制	▶ **采购验收** 行政管理部门一旦发现采购货物与实际采购需求不符，应当书面通知供应商，并按照合同事宜进行退货。行政管理部门还需协同财务部门办理退款手续。

3. 潜在问题关注

在采购付款环节部分往往会出现以下潜在问题及应对措施。

■【潜在问题】

财务部门未严格按照采购付款流程进行付款，无法进行有效财务入账。

【应对措施】

在付款过程中，应当严格审查采购发票的真实性、合法性和有效性。发现虚假发票的，应查明原因，及时报告处理。

重视采购付款的过程控制和跟踪管理，发现异常情况的，应当拒绝付款，避免出现资金损失和信用损失。

应当合理选择付款方式，并严格遵循合同规定，防范付款方式不当带来的法律风险，保证资金安全。

■【潜在问题】

财务部门缺乏有效的采购付款记录控制，造成重复或者遗漏付款。

【应对措施】

信托公司在进行付款业务的同时，及时登记相关的会计账簿和凭证，并做好有关的会计核算。财务部门要对已经办理了支付手续的采购付款业务进行会计核算，编制记账凭证，并登记有关的资金账户。财务部门还要及时核销已经完成了付款程序的采购业务，并对应付账款、预付账款等重要账户进行严格管理。财务部门要定期进行会计账簿的核对，对付款业务的相关记录进行核对，预防错误和舞弊的发生。

潜在问题关注

（四）供应商管理和评估环节

1. 风险识别

供应商管理和评估流程关键风险点如下：

- 未建立科学的供应商评估和准入流程

2. 控制活动

基于上述供应商管理和评估流程关键风险点，本节将分析总结供应商管理和评估流程相对应的关键控制活动。表 7－23 展示了主要风险点与关键控制活动的映射关系及内容。

表 7－23　　供应商管理和评估环节主要风险点与关键控制活动

主要风险点	关键控制活动
未建立有效的供应商管理和评估流程	► **供应商管理与评估** 供应商的选择主要是由采购部执行，同时，财务部和其他有关部门也要参与谈判等工作，并对供应商选择结果进行评价。采购部门在采购业务开展之前，要向供应商索取采购商品的报价、规格、折扣、信用条件等信息，并进行经济效益分析，选择对企业最有利的供应商。在选择供应商的决策过程中，应对供应商的情况进行综合分析，不仅要对质量、价格进行考察，同时还要考虑运输条件、信用条件等。
未建立有效的供应商选择的组织制度	► **供应商管理与评估** 公司应设立专门的机构进行供应商的选择评估，这一专门的机构即为供应商评估小组。公司要对评估小组进行一定的资金和人员支持，对供应商的各种资格和财务、信誉等情况进行分析和评价。供应商评估小组成员一般包括采购、质量、设计及工艺、财务等部门。供应商评估小组的主要工作包括： ✓ 评价供应商的主要经营状况，包括公司的财务状况、历史经营业绩、经营信誉、管理者的品质等。 ✓ 评价供应商的生产制造能力，生产能力是否能够充分发挥、生产设备的能力和保养、企业员工的业务素质。 ✓ 评价供应商的研发能力，主要是技术研究水平和现有技术的先进性、产品的市场竞争力。具有较高技术研发能力的企业能提供更加优质的产品。 ✓ 评价供应商的管理水平，即供应商的管理流程是否合理健全、供应商管理系统的信息含量、生产和经营管理过程的稳定性以及定价系统的科学性。 ✓ 供应商的信誉评估，考察供应商的诚信，主要是考察供应商的品质和信誉管理制度以及员工的道德素质教育状况。

3. 潜在问题关注

在供应商管理和评估环节往往会出现以下潜在问题及应对措施。

■【潜在问题】

行政管理部门未建立有效的供应商考评指标体系以及评估和准入机制，导致低劣的供应商给公司在采购过程中造成经济损失。

【应对措施】

供应商考评可以确保供货的质量，同时通过考评对不同供应商进行比较，以便发现优秀的供应商与之进行合作，淘汰较差的供应商。供应商的考评指标概括起来有四类：质量指标、供应指标、经济指标、服务指标。质量指标是衡量供应商最基本的指标。供应商指标是与供应商管理水平相关的指标，主要指准时交货率、交货周期、订单变化接受率。经济指标是与采购价格、成本相联系的，如价格水平。服务指标主要反映供应商的合作态度、售后服务等。

信托公司应当建立科学的供应商评估和准入机制，确定合格供应商清单，与选定的供应商签订质量保证协议，建立供应商管理信息系统，对供应商提供物资或劳务的质量、价格、交货及时性、供货条件及其资信、经营状况等进行实时管理和综合评价，根据评价结果对供应商进行合理选择和调整。信托公司还可以委托具有相应资质的中介机构对供应商进行资信调查。

潜在问题关注

案例 7-5

“三家报价”是否已经足够防范采购风险?

某信托公司尚未建立供应商数据库，在需要进行采购时，往往由采购部门的经办人员上报 3 家供应商的报价表，由对应管理人员进行选取审批。粗看一下，似乎有着很好的采购内控制度。但是事实上，经办人员主观选择的 3 家供应商往往与经办人员有着极其“密切”的关系，虽然是表面公允的竞争询价，但实际上形成“围标”情势，通过蓄谋地抬高或压低价格，有目的地操纵报价，在初始就背弃了公允原则，而滋生商业回扣的舞弊行为，无法保证采购环节得到有效控制。

省思

从专业角度考虑，信托公司应当建立科学的供应商评估和准入制度，建立供应商数据库，明确合格供应商清单。在执行询价之前，应当在供应商数据库中进行随机选取，保证询价操作在公开市场是公平、公允的。

三、印章管理概览

本部分将重点关注信托公司的印章管理环节，进一步探讨信托公司相关流程管理的风险与内部控制。

印章是公司身份和权利的证明。盖有企业印章的文件，是受法律保护的有效文件，同时意味着公司对文件的内容承担法律责任。公司印章如被他人盗用或冒用，很可能给公司带来不必要的纠纷和无法承担的责任。

印章是公司经营管理活动中行使职权的重要凭证和工具，印章的管理，关系到公司正常的经营管理活动的开展，甚至影响到公司的生存和发展。

信托公司涉及的印章管理主要是指印章的刻制、保管、使用、清收、销毁等环节。另外，随着电子手段的进步，逐步推进无纸化，运用电子印章取代实物图章，是管好印章的重要的努力方向。其中图 7 – 11 展示了印章管理流程中所涉及的环节。

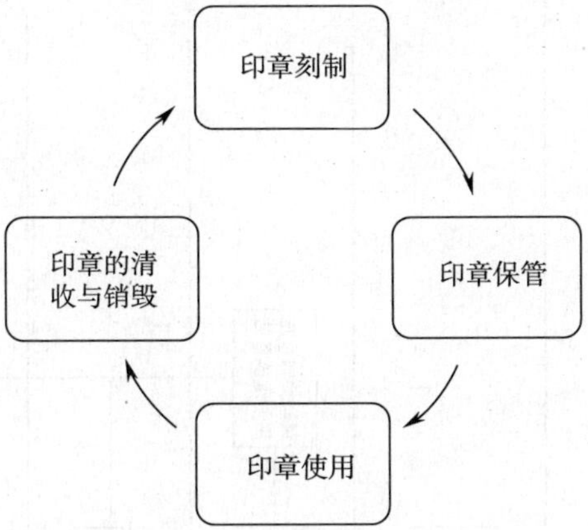

图 7 – 11　印章管理流程的环节

印章管理流程的各环节中主要涉及印章刻制、印章保管、印章使用和印章的清收与销毁等。图 7 – 12 全面展现了印章管理过程中通常所涉及的各操作环节，并对应到相关部门。

公司通过建立印章管理相关岗位的岗位说明书，明确各层级、各部门和各岗位的职责、权限，确保此项业务开展过程中不相容岗位相互分离、制约和监督。按照不相容职责分享的原则，表 7 – 24 展示了至少应当分离的职能。

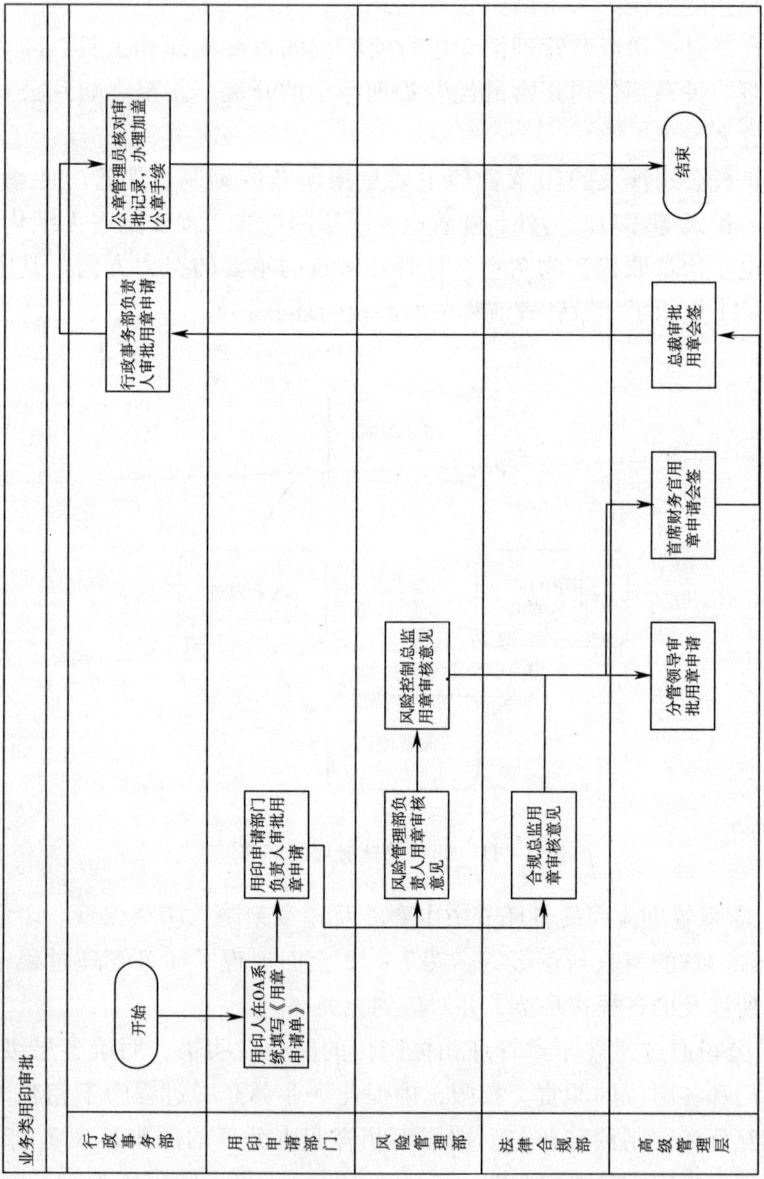

图7-12 印章管理流程图

表 7－24　　印章管理流程至少应当分离的职能

	A	B	C
A		×	×
B			×
C			

A　印章授权审批人
B　印章日常保管人
C　印章使用人员

四、印章管理流程风险与内部控制

1. 风险识别

印章管理流程环节的风险点包括：

- 制度和流程未能及时修订与完善；
- 未建立公司印章保管流程；
- 印章使用未经审批或授权；
- 印章销毁管理流程不当。

2. 控制活动

印章管理的控制活动主要围绕对印章的刻制、保管、使用、清收、销毁等环节。另外，随着电子手段的进步，逐步推进无纸化，运用电子印章取代实物图章，是管好印章的重要的努力方向。表 7－25 展示了主要风险点与关键控制活动的映射关系及内容。

表 7－25　　印章管理流程主要风险点与关键控制活动

主要风险点	关键控制活动
未建立公司印章保管流程	▶ **印章保管** 各部门负责印章保管的人员需要签署相应的《印章管理责任书》，业务章由部门主管指定两位正式员工为印章保管人，即第一保管人和第二保管人，第一保管人外出，暂交第二保管人进行保管。两位印章保管人不得同时外出，印章不得交给两位保管人之外的任何人代管。

续表

主要风险点	关键控制活动
印章管理不当	▶ **印章盘点** 印章保管部门每月进行印章盘点，并记录盘点结果，递交部门负责人审核。
印章使用未经审批或授权	▶ **印章使用** 根据不同的用印内容，需要经过不同级别的有权签字人审批后才能用印，并根据用印内容不同决定是否需要用印登记。对于需要用印登记的，在用印完毕后须在《用印登记本》上进行登记，记录用印时间、用印事由、审批人、经办人等信息，并归档保管。
印章使用未经审批或授权	▶ **印章刻制** 公司总部各种专用章由公司行政部门负责按照公安机关规定标准进行刻制，并交送印章保管人在“印章保管、交接登记本”上进行登记。
印章销毁的管理流程不当	▶ **印章销毁** 业务和财务专用章销毁按照当地公安机关规定的程序销毁，销毁前应将印章上缴清单与实物进行核对，核对无误后方可按规定销毁，并由销毁经办人和监销人员共同在销毁清单上签字确认并填写“销毁印章清单”；经印章所属单位财务部负责人、行政部负责人、分管副总审批后备案。
印章管理不当	▶ **印章丢失** 印章如发生丢失，应迅速查明原因，及时上报印章管理部门和涉及的业务主管部门，同时对丢失印章所使用范围的单位发出原丢失印章申请作废的通知，并按当地公安机关要求登报声明作废。为保证业务正常进行，需按程序补刻新章。

3. 潜在问题关注

在印章管理流程中往往会出现以下潜在问题及应对措施。

■【潜在问题】

信托业务部门为图方便和省事，有时将需要审批同意后才可盖章的文件不送审就直接盖章，而且事后也不上报备案。信托业务部门管理人员越权代办，违规操作，或管理人员利用职权之便私盖印章等。

信托公司没有强制性的印章使用记录，无法保证印章使用记录真实，事后审查无法落实，责任不明，印章使用记录统计查询困难。

印章管理制度中的风险防范完全依赖于人的职业道德，而没有任何技术性的风险防范措施，上级管理部门无法做到实时有效的监控。如果碰到某单位的管理者和印章保管人联手作弊，私盖公章，违规操作时，问题会更加严重，会导致人情印、关系印、权力印、腐败印屡查屡犯。

【应对措施】

信托公司的公章由财务部门负责管理，未经总经理批准不得随意交由他人管理和使用。因故需要临时交接，须经总经理批准并严格办理交接手续。

公章禁止带出公司外使用，如因特殊需要，必须经总经理批准，由行政管理部门携带前往，用后立即带回。

公章一律不得用于空白介绍性、空白纸张、空白单据等。如遇特殊情况时，必须经总经理同意。公章一般应在上班时间内使用，如无特殊情况，下班后停止使用公章。

公章管理人员必须认真负责，严格遵守纪律，秉公办事。没有总经理及相关负责人的签字，不得随意盖章。公章管理人员应妥善保管公章，不得随意乱放。下班时间和节假日期间应采取防盗措施。

案例 7-6

情景

某公司办公室工作人员孙某在未经过领导同意的情况下，在一张空白的介绍信上盖章，交给张某使用。张某利用这张空白的介绍信，以单位的名义为个人办私事提供方便，给公司造成严重的负面影响。事后，孙某受到了严肃批评并调离岗位的处理。

省思

公章保管是由专人负责管理，不得随意交由他人管理和使用。因故临时交接，须经领导批准同意并严格办理交接手续。一般介绍信及身份证明，须经领导批准同意或审核后，方可盖章。公章严禁带出使用，如因特殊需要，必须由领导批准同意，由专人携带前往，用后立即带回。公章一律不得用于空白介绍信、空白纸张、空白单据等。

五、文件及档案管理概览

本部分将重点关注信托公司的文件及档案管理环节，进一步探讨信托公司相关流程管理的风险与内部控制。

文件及档案管理包括档案的收集、整理、保管、鉴定、统计和提供利用的活动，包括档案收集、档案整理、档案价值鉴定、档案保管、档案编目、档案检索和档案统计等。档案管理的对象是档案，服务对象是档案利用者，所要解决的基本矛盾，即是档案的分散、凌乱、质杂、量大、孤本等状况与社会利用档案要求集中、系统、优质、专制、广泛之间的矛盾。社会对档案需求的满足程度取决于档案管理水平的不断提高，档案管理水平则要适应不断增长的社会需求。二者处在从不适应到适应的不断矛盾过程中，从而推动档案管理工作向前发展。从档案管理的历史来看，档案管理经历了由非独立系统到独立系统、由简单管理到复杂管理、由经验管理到科学管理、由手工管理到计算机管理、由封闭系统到开放系统而不断发展的过程。

档案管理就其基本性质和主要作用来说，是一项管理性的工作，服务性的工作，政治性的工作。企业进行档案管理工作：一是从数量上要保证档案齐全，不致残缺短少；二是从质量上要保持档案的有机联系，不能人为割裂分散或凌乱堆砌；三是力求档案本身不受损坏，尽量延长档案的寿命；四是保护档案免遭有意破坏，档案机密不被盗窃。便于利用是全部档案管理活动的最终目的，也是检验档案管理工作的一个标准。档案管理不仅对局部单位的工作和生产有意义，对整个社会也有意义，不仅具有当前的、现实的意义，也具有长远的、历史的意义。图 7 – 13 展示了文件及档案管理中所涉及的环节。

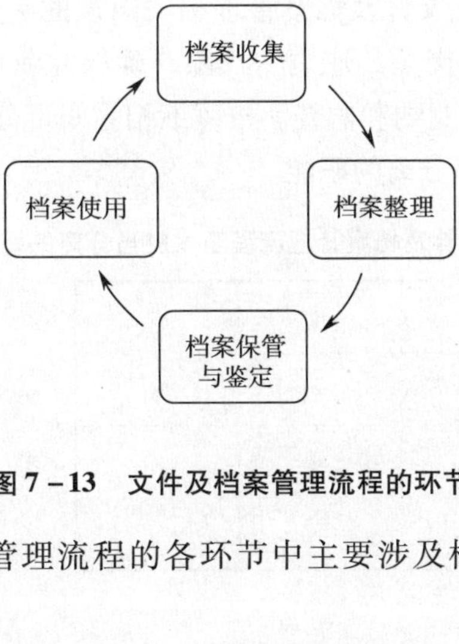

图 7 – 13　文件及档案管理流程的环节

文件及档案管理流程的各环节中主要涉及档案收集、档案整理、档案保管与鉴定和档案使用等。图 7－14 全面展现了文件及档案管理过程中通常所涉及的各操作环节，并对应到相关部门。

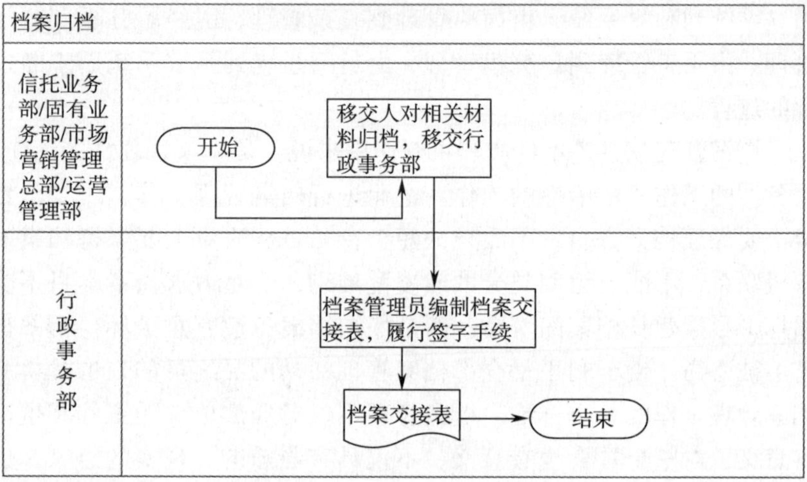

图 7－14　文件及档案管理流程图

公司通过建立文件及档案管理相关岗位的岗位说明书，明确各层级、各部门和各岗位的职责、权限，确保此业务开展过程中不相容岗位相互分离、制约和监督。按照不相容职责分享的原则，表 7－26 展示了至少应当分离的职能。

表 7－26　　文件及档案管理流程至少应当分离的职能

	A	B	C
A		×	×
B			×
C			

A　档案管理授权审批人

B　档案日常保管人

C　其他业务部门

六、文件及档案管理流程风险与内部控制

1. 风险识别

文件及档案管理流程环节的风险点包括：

- 未建立有效的档案管理制度；
- 档案交接不规范；
- 未对档案进行保管。

2. 控制活动

信托公司的文件及档案管理，主要是指在信托业务工作中形成的各种文件、材料、单证、图标、照片、录音（像）带等（不包括单证管理）。表 7 – 27 展示了主要风险点与关键控制活动的映射关系及内容。

表 7 – 27　文件与档案管理流程主要风险点与关键控制活动

主要风险点	关键控制活动
未建立有效的档案管理制度	▶ **档案管理制度** 行政管理部门建立健全保密制度、库房管理制度、档案借阅制度、档案统计制度等管理制度和档案工作人员岗位责任制。
档案交接不规范	▶ **档案交接** 行政管理部门与其他部门进行凭证、会计档案，以及其他文书、审计、声音、基建等各种档案的交接工作时，必须签署档案交接证明，并经过交接双方签字确认。
未对档案进行保管	▶ **档案保管** 行政管理部门设置与本公司档案业务发展相适宜的档案库房，定期检查档案保管情况，并签署档案检查表。

3. 潜在问题关注

在文件及档案管理流程中往往会出现以下潜在问题及应对措施。

■【潜在问题】

信托项目档案管理不完善。

首先，前端档案管理控制不足。信托项目文件在形成的时候就缺乏规范性，文件的结构、规格、书写材料和制成材料不统一，给后期的归档工作带来困难。

其次，中期管理不严。信托项目档案由信托公司多个部门生成，没有严格的规章制度规定哪个部门在什么时间对其档案材料进行整理归档，这样容易造成档案材料的丢失，无法保证其完整性。

最后，后期查询利用信息化程度不高。信托项目档案的信息化管理程度不高，很大程度上依赖于人工查询和人工调档，效率较低。

【应对措施】

1. 完善管理制度。加强前端控制，制定内部的管理制度，在信托项目档案文件形成时加强其规范性，文件的结构、规格、书写材料和支撑材料必须统一要求，方便后期的归档工作。
2. 完善中期档案管理。信托项目档案由信托公司多个部门生成，各部门应该协调管理，制订出一套严格的规定，明确各个部门完成档案材料整理归档的时间。信托公司内应成立专门的档案管理部门，监督有关档案材料的及时归档，保证材料完整性。
3. 提高查询利用信息化的程度。在加强前端控制和完善中期管理的基础上，也要加强信托公司信托项目档案信息化建设，使各个管理环节形成紧密的良性连接和互动机制。此外，在查询利用的环节，明确规定各个职能部门的查阅权限，保证档案信息的安全。

潜在问题关注

案例 7－7

情景

某信托公司财务部 2012 年 12 月会计年度结束后，按照会计档案归档要求，将有关会计资料，包括会计凭证、会计账簿、财务会计报告、全年的银行存款余额调节表、银行对账单及该年度的财务预算表等整理成卷，装订成簿。为了查阅的方便，决定把这些会计档案暂不移交会计档案管理科，待 2013 年底再移交，在此期间暂由出纳王某看管，2013 年 5 月 6 日职工刘某因申请借阅其 2012 年 3 月出差时的一张发票，出纳王某即将发票从会计凭证中抽出交与刘某。

省思

该企业档案管理的相关制度执行不严格。第一，一般情况当年产生的档案应于次年一季度完成移交工作；第二，档案资料的借阅必须凭相关负责领导人签字同意的借阅审批单据，方可办理借阅手续。

第五节　信息科技管理内部控制与管理

一、信息科技管理概述

本章主要对信托业务所依赖的信息系统以及日常信息科技管理存在的主要风险和控制活动进行探讨。

众所周知，信息技术已广泛地应用于企业生产活动和日常运营的方方面面。信息系统的日新月异，推陈出新使得信托公司也逐渐需要运用它来应对不断扩张的业务和日益繁复的经营管理（即通过技术力量和信息化手段，将以前手工操作流程进行自动化、系统化、流程化管理），从而提高信托公司风险管理和内部控制工作的效果和效率，最终提升信托公司的股东价值和可持续发展能力。

国内的许多信托公司，无论信托业务还是固有业务，从项目发起及审批、项目成立、资金管理、项目存续期管理至项目到期整个生命周期的大多实现系统化。信息系统的作用已经从业务支持逐步走向与业务及流程的融合。但信息技术的应用也带来了信息科技风险，近年多家金融机构发生了因信息科技内部控制不足导致的系统故障，充分反映出加强信息科技内部控制的必要性和紧迫性。试想，若缺乏业务系统的支持，信托公司的业务拓展和运营效率都会受限制，可能影响甚至降低经营效率和管理水平。

信息科技内部控制和管理的目标是促进信托公司有效实施科技方面的监管要求，科技管理的规范流程以及内部的规章制度，提高信托公司现代化管理水平，减少人为操纵因素。同时，增强信息系统的安全性、可靠性和合理性以及业务信息的保密性、完整性和可用性，为建立有效的信息与沟通机制提供支持保障。

信息科技内部控制分为信息系统整体控制和信息系统应用控制两大类。信息科技整体控制主要包括信息系统开发流程控制、系统的运行与维护控制、访问安全控制、物理环境控制等。信息系统应用控制大致包括应用系统中有关业务信息的输入、交互、数据运算和输出控制，这些控制活动会穿插在业务流程的控制活动中讲解。

信息系统整体控制是信息科技内部控制的基础，如果缺乏有效的控制就会直接影响应用系统控制的有效性。这里重点讨论信息系统开发流程以及系统的运行维护控制两大环节，即信息系统开发流程与系统的运行与维护。

二、信息系统开发流程风险与内部控制

虽然信息系统的开发有自行开发、外购调试、业务外包等多种方式，但基本流程大体相似，主要分为五个子流程：项目计划、需求分析、系统设计、编程和测试、上线环节。以上五个部分，都会产生一些信息科技相关的风险。

1. 风险识别

信息系统开发流程的风险点包括：

项目计划

- 信息系统建设缺乏项目计划或者计划不当

需求分析

- 需求不合理、不明确

系统设计

- 需求开发与方案不符：设计方案偏离用户需求
- 成本效益不平衡：系统设计不能保证系统建设质量、进度和成本效益的平衡

编程和测试

- 编程结果偏离设计方案
- 程序版本控制缺失，导致重复修改或修改不一致等问题
- 程序可读性差，导致后期维护成本增加
- 测试不充分，导致系统上线后不能正常运行

系统上线

- 缺乏完整及可行的上线计划，系统可能不能正常运行
- 人员不能得到充分培训，导致不能够正确使用系统，业务处理错误
- 初始数据设置准备不充分，可能导致新旧系统数据不一致及业务处理错误

法律直通车

《企业内部控制应用指引第18号——信息系统》

第三条 企业利用信息系统实施内部控制至少应当关注下列风险：

（一）信息系统缺乏或规划不合理，可能造成信息孤岛或重复建设，导致企业经营管理效率低下。

（二）系统开发不符合内部控制要求，授权管理不当，可能导致无法利用信息技术实施有效控制。

（三）系统运行维护和安全措施不到位，可能导致信息泄露或毁损，系统无法正常运行。

《商业银行信息科技风险管理指引》（信托公司参照执行）（中国银行业监督管理委员会令2009年第6号）

第七条 银行业金融机构信息科技部门应建立重要信息系统投产及变更管理机制、制度与流程，承担技术管理工作，协调业务、管理部门开展重要信息系统投产及变更工作，保障信息科技资源投入。

第三十六条 商业银行应制定并落实相关制度、标准和流程，确保信息系统开发、测试、维护过程中数据的完整性、保密性和可用性。

2. 控制活动

基于以上识别的风险点，建立该环节内部控制活动时，关键控制活动至少包括但不限于项目计划、需求分析、系统设计、编程和测试、系统上线的控制方案。表7－28展示了主要风险点与关键控制活动的映射关系及内容。

表 7－28　　信息系统开发流程主要风险点与关键控制活动

主要风险点	关键控制活动
信息系统建设缺乏项目计划或者计划不当	▶ **项目计划** 信息科技部门制订合理可行的项目实施计划，并按照规定的权限和程序审批后实施。计划包括整个项目实施的主要步骤，涉及目标、工作、组织结构、进度、预算、成本及风险管理计划等。
需求不明确，不合理	▶ **需求分析** 信息科技部门建立需求分析沟通机制，加强系统分析人员和最终用户的交流。此外，信息科技部门建立健全需求评审和需求变更流程，需求评审必须由相关人员参与并有明确书面记录，变更流程必须得到业务与技术双方主管领导的确认。
需求开发与方案不符	▶ **系统设计** 开发方与需求部门就总体设计方案进行充分沟通和讨论；需求部门应对选定的设计方案予以书面确认。信息科技部门充分考虑信息系统建成后的控制环境，将各类信托业务流程、关键控制活动等嵌入系统程序，实现手工环境下难以实现的控制功能。信息科技部门在设计过程中充分考虑信息系统运行环境下的控制风险。通过信息系统权限管理功能控制用户的操作权限，避免将不兼容职务的处理权限授予同一用户。
编程结果偏离设计方案	▶ **程序的编制** 信息科技部门实现测试环境须与开发环境，生产环境物理或逻辑分离。
测试不充分，导致系统上线后不能正常运行	▶ **程序的测试** 信息科技部门区分单元测试、集成测试、验收测试等不同测试类型，建立严格的测试工作流程。最终业务用户应参与用户接受测试工作中，各类测试结果以书面方式予以确认。
缺乏完整及可行的上线计划，系统可能不能正常运行	▶ **系统上线** 信息科技部门制订上线计划（包括人员培训、数据准备、进度安排、应急预案等），并经业务需求部门审核批准。系统上线涉及新旧系统切换的，需制订详细的应急预案，并对应急预案进行测试。涉及数据迁移的，需制订详细的数据迁移计划。

3. 潜在问题关注

在信息科技开发流程中往往会出现以下潜在问题及应对措施。

■【潜在问题】

因业务需求无法得到快速响应导致系统的使用无法得到业务部门满足，系统无法有效支持业务。强势的业务部门只提出粗略的系统需求提交科技部门，而科技部门又无法准确理解并及时反馈需求是否可以进行分析设计阶段；弱势的业务部门又无法提出很明确的系统需求，造成需求的响应周期被人为延长。满足业务的系统功能无法及时地设计开发并投入使用。

【应对措施】

业务部门与科技部门及相关的软件提供商建立沟通平台，设计快速响应机制。对于碎片化需求集中处理，转化为整体升级方案。对于问题类需求建立问题支持小组，能够快速有效解决相关系统问题。

■【潜在问题】

开发过程被不断变更的需求影响严重干扰开发计划的落实和系统版本的管理，可能造成业务系统迟迟无法投入使用，并且完成的产品与需求产生差异。

【应对措施】

建立需求定版机制，在整体框架，主要业务功能没有异议的情况下确定需求的版本。设计及开发过程中出现的新需求可建立需求二次分析窗口，对于影响整体项目计划的则延缓到后期设计开发。

潜在问题关注

三、信息系统运行与维护流程风险与内部控制

信息系统的运行与维护的主要关键子流程包括日常运行维护、系统变更和安全管理。

1. 风险识别

信息系统运行于维护的风险点包括：

日常运行与维护

- 没有建立规范的信息系统日常运行管理规范
- 缺乏例行检查，恶意攻击长期隐藏在系统中
- 未能定期数据备份，可能导致损坏后无法恢复

系统变更

- 没有建立严格的变更申请、审批、执行、测试流程

安全管理

- 硬件设备种类繁多，安全标准不一致；管理不善，可能导致设备生命周期缩短
- 信息安全意识薄弱，对系统和信息安全缺乏有效的监管手段
- 对系统程序的缺陷或漏洞安全防护不够
- 对各种计算机病毒防范清理不够，导致系统运行不稳定甚至瘫痪
- 缺乏对信息系统操作人员的有效监控，可能导致舞弊和利用计算机犯罪

法律直通车

《商业银行信息科技风险管理指引》（信托公司参照执行）（中国银行业监督管理委员会令 2009 年第 6 号）

第二十四条　商业银行应根据信息安全级别，将网络划分为不同的逻辑安全域（以下简称域）。应该对下列安全因素进行评估，并根据安全级别定义和评估结果实施有效的安全控制，如对

法律直通车

每个域和整个网络进行物理或逻辑分区、实现网络内容过滤、逻辑访问控制、传输加密、网络监控、记录活动日志等。

第三十七条 商业银行应建立并完善有效的问题管理流程，以确保全面地追踪、分析和解决信息系统问题，并对问题进行记录、分类和索引；如需供应商提供支持服务或技术援助，应向相关人员提供所需的合同和相关信息，并将过程记录在案；对完成紧急恢复起至关重要作用的任务和指令集，应有清晰的描述和说明，并通知相关人员。

第四十三条 商业银行应制定详尽的信息科技运行操作说明。如在信息科技运行手册中说明计算机操作人员的任务、工作日程、执行步骤，以及生产与开发环境中数据、软件的现场及非现场备份流程和要求（即备份的频率、范围和保留周期）。

第四十六条 商业银行应建立连续监控信息系统性能的相关程序，及时、完整地报告例外情况；该程序应提供预警功能，在例外情况对系统性能造成影响前对其进行识别和修正。

第四十八条 商业银行应及时进行维护和适当的系统升级，以确保与技术相关服务的连续可用性，并完整保存记录（包括疑似和实际的故障、预防性和补救性维护记录），以确保有效维护设备和设施。

第四十九条 商业银行应制定有效的变更管理流程，以确保生产环境的完整性和可靠性。包括紧急变更在内的所有变更都应记入日志，由信息科技部门和业务部门共同审核签字，并事先进行备份，以便必要时可以恢复原来的系统版本和数据文件。紧急变更成功后，应通过正常的验收测试和变更管理流程，采用恰当的修正以取代紧急变更。

2. 控制活动

基于以上识别的风险点，建立该环节内部控制活动时，关键控制活动至少包括但不限于日常运行及维护、系统变更、安全管理的控制方案。表7－29展示了主要风险点与关键控制活动的映射关系及内容。

表7－29　　信息系统运行与维护流程主要风险点与关键控制活动

主要风险点	关键控制活动
没有建立规范的信息系统日常运行管理规范	▶ **日常运行及维护** 信息科技部门制定信息系统使用操作手册，信息管理制度。
未能定期数据备份，可能导致损坏后无法恢复	▶ **数据备份** 信息科技部门建立健全公司整体的电子数据备份方案及相关应急预案、恢复测试的管理机制。
没有建立严格的变更申请、审批、执行、测试流程	▶ **系统变更** 信息科技部门建立健全变更申请、审批、执行、测试过程，保证变更过程得到适当的授权与管理层的批准，并由开发人员、系统操作人员和用户对变更进行充分测试。系统变更程序（如软件升级）需要遵循与系统开发项目同样的验证和测试程序，必要时还应当进行额外测试。信息科技部门需要建立紧急审批流程和事后跟踪的管理办法，既能加快变更速度，又能检查可能出现的违规操作。
对系统程序的缺陷或漏洞安全防护不够	▶ **安全管理** 信息科技部门综合利用防火墙、路由器等网络设备，漏洞扫描、入侵检测等软件技术以及远程访问安全策略等手段，加强网络安全，防范来自网络的攻击和非法侵入。
对各种计算机病毒防范清理不够，导致系统运行不稳定甚至瘫痪	▶ **病毒防范** 信息科技部门安装安全软件并在安装前对其进行充分评估和测试，来防范信息系统受到病毒和蠕虫等恶意软件的感染和破坏或黑客的侵袭。

3. 潜在问题关注

在信息系统运行及维护流程中往往会出现以下潜在问题及应对措施。

■【潜在问题】

公司本身缺乏必要的技术能力管理系统导致对业务系统的功能认识不足，出现了技术问题无法得到快速有效的解决，影响系统的使用效率和效果。通常外包开发的业务系统，公司自身人员对其掌握不够深入，意识上不够重视，出现问题习惯寻找外部厂商，一旦发生厂商不提供技术支持的情况，系统使用和维护就会存在困难。

【应对措施】

与软件供应商的合作过程中，加强自身信息科技人才的储备和知识的积累。购买必要的系统监控和管理工具，实现自动化的管理手段。与相关信息技术公司签订必要的运行维护协议，聘请专业技术人员不定期进行维护服务。增加对业务系统使用、运行维护的培训和交流。

■【潜在问题】

公司系统变更的过程缺乏充分有效地监控导致变更内容无法得到跟踪，一旦发生系统变更错误或未授权变更，无法快速地定位和解决差错，造成系统无法快速地恢复正常运行。

【应对措施】

建立公司的系统变更操作流程，任何变更都需要按照公司流程进行。注重变更文档的管理，对于变更的内容和程序升级包进行有效保存，变更过程需要由公司专人负责。监控系统变更前后系统运行情况，对于异常问题启动应急处理机制。通过培训、运用和维护工作加强对自身科技人员在系统代码、业务功能等方面的熟悉和掌握。

案例 7-8

某券商“客户资料泄露”事件

2009 年 4 月 9 日相关报道，某金融集团旗下的证券公司的员工因将客户近 5 万笔个人资料外泄并转卖，导致客户陆续接到推销投资的电话，不堪骚扰，公司为挽回声誉，决定对每一笔被泄露的资料赔偿 1 万日元。

这名员工曾在未经授权的情况下，将近 150 万名客户的资料带回家中，这个数目几乎是证券公司的所有个人客户的数量。随后，他将近 5 万名客户的信息售出，用于偿还个人贷款。出售的信息包括客户的姓名、家庭住址、电话号码、职业、年收入等。

遭泄露的个人资料是由该证券公司计算机与信息部门的代理部长，其借职务之便导出这些资料。该员工承认从 2008 年 10 月至 2009 年 1 月底将新开户的客户资料出售给 3 家投资顾问公司。

省思

核查中发现，该证券公司业务系统的访问控制机制薄弱，缺乏对客户信息资料的必要保护。计算机部门人员没有充分的授权和监督机制，可以直接访问数据库。对数据泄露的防护缺乏必要的技术保护措施。

针对以上典型信息泄露事件的分析，对于金融机构来说信息泄露将直接影响公司声誉和对客户的服务质量。公司需要在以下几个方面加强管控措施。

1. 人员意识：加强业务人员和技术人员信息安全意识教育，完善竞业/保密协议。

案例 7－8

2. 访问控制：建立完整的访问控制制度，增强在业务系统的安全访问控制，必要的密码强度要求、双人分段掌握密码，必要的系统操作日志记录等，严密控制对关键信息的访问。

3. 技术手段：防数据泄露的技术产品能够一定程度地起到辅助作用。

4. 安全审计：审计部门应定期开展对关键系统的数据使用的安全审计。

第八章　内部审计在内部控制中的地位

内部审计是对企业中各类业务和控制进行独立评价，以确定是否遵循公认的方针和程序，是否符合规定和标准，是否有效和经济地使用了资源，是否在实现企业目标，其目的是为企业增加价值并提高机构的运作效率。它采取系统化、规范化的方法来对风险管理、控制和治理程序进行评估和改善，从而帮助企业实现目标。

一、内部审计在内控建设中的作用

传统的内部审计功能主要定位在财务、资产投资、经济责任、舞弊调查以及特殊项目审计工作。[①] 自从 2002 年《萨班斯—奥克斯利（以下简称 SOX）法案》的颁布，大大地改变了上市公司的商业环境。萨班斯法案对公司治理和内部控制的关注，改变了公司内部各个层面的程序和责任。特别在法案的 404 条款中，要求公司确认财务报告风险、识别或建立相关的控制、评估控制有效性、确认差异，并制定相应的规章制度。而内部审计部门是受 SOX 法案 404 条款影响最大的部门。由于内审人员在业务流程分析、财务、企业运营、合规性与信息系统控制测试和 COSO 内部控制框架认识等诸多方面有专业的技能，其地位在公司内部控制制度建设和实施中又有着独立性的先天优势，因此内部审计对于内控体系的建设和完善是一种重要的成功因素。内部审计和内部控制的关系如图 8 – 1 所示。

① 张洪波：《经济师》，2011（3）。

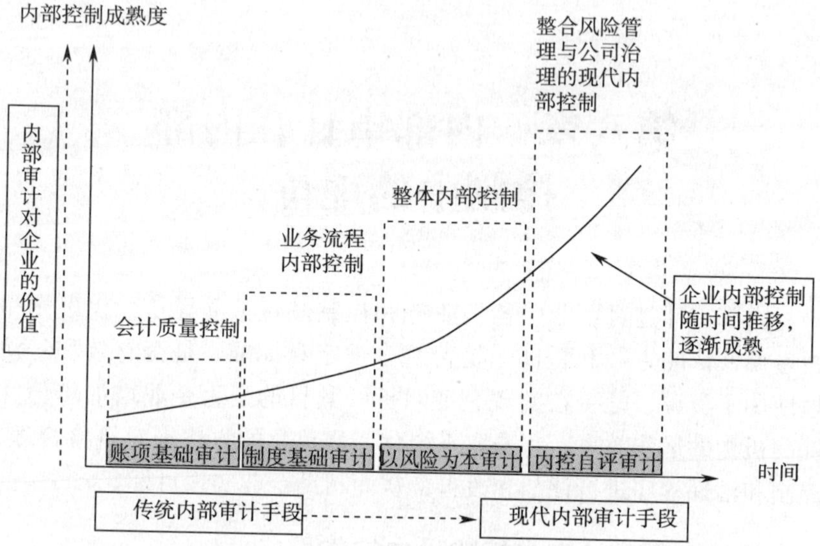

图8-1　内部审计和内部控制的关系图

从内部控制理论的发展进程看，经历了会计质量控制、业务流程内部控制、整体内部控制和整合风险管理与公司治理的内部控制四个阶段。由图8-1可以看出，内部审计与内部控制是同步发展的，经历了账项基础审计、制度基础审计、风险为本的审计和内控自我评估审计四个阶段。但随着内部控制的发展，给内部审计带来的既是机遇，也是挑战。这对内部审计从机构设置和审计人员构成都提出了新的要求，从传统的审计业务向以内部控制为核心开展的审计业务，需要与之相应的审计机构设置和人员配置。内部审计功能和董事会审计委员成为坚实的控制框架中不可缺少的组成部分，内部审计功能是能够合理确保业务在期望的状态下运作的必要条件。因此，内部审计必须加强独立性，并具备与董事会进行直接沟通的渠道，董事会须确保内部审计中合理的人员任命、资源配置和计划制订。

内部审计目标提高到了更高层面，审计工作的开展要以内部控制为中心，紧紧围绕企业生产经营过程中、业务发展过程中出现的管理层关心的问题和约束企业发展的问题，帮助公司实现效益和规范之间的平衡。

内部审计关注点由事项审计转为动态过程审计，把审计的作用产生在审计过程中，把事后检查转为事前和事中控制，不要等事情发生了再秋后算账，加强与被审计单位的业务联系和信息沟通，以减少与被审计单位的对立情绪，使被审计单位由被动应付审计向主动要求审计转变，以开放的心态接受内控测试和审计。

内部审计人员面临着迅速转型的需要，首先内控意识的培养，内部审计人员不仅是控制及其执行方面的专家，应该把如何进行内部控制和风险管理的观念传授给企业内部的其他人员。所以，内部审计人员自己要深化自身的内控意识，并在内控测试和评审中对业务流程执行层面人员进行灌输，达到在日常工作中自觉遵守内部控制的各项要求；内部审计人员在业务流程重组和设计中应充分考虑控制目标和控制活动的各项要求。

二、内部审计在内控自我评估中的作用

内部控制自我评估是一个管理层借以检查和提高他们所负责的控制活动有效性的理想程序。管理层通过内控自我评估能够对威胁控制活动目标形成的风险进行管理，确认他们所负责的职能得到了充分的保障。内部控制自我评估能够深化企业对其风险和控制的理解，改善其实现目标的能力。它通过在控制系统中建立人力结构，增强人员能力来达到目标。而人员的敏感性、预测能力和适应性是应对企业所面对的机遇和威胁的能力中最重要的因素。从这个意义上讲，内部控制自我评估对公司治理具有重大贡献。

内部审计是公司治理的一个基本组成部分，提供关于风险和控制的保证，有助于改进风险管理和控制系统，加强对企业情况、风险和控制的理解。这直接增强了控制系统中内审人员的作用，使人

们能够对风险更加敏感，能够预期需要加以控制的条件和情况。当内审人员在内部控制自我评估过程中推进职能小组的学习时，对企业情况、风险和控制的知识就得到了发展和深化。因此，掌握和发展内部控制自我评估技术，内部审计才能更好地在公司治理中发挥独特作用。

内部审计在信托公司内部控制自我评估工作开展的不同阶段都应该发挥积极的作用：

- 对于尚未建立内控自我评估的信托公司，内部审计应该通过多样化的培训和编制白皮书等方式，在公司中大力宣传内部控制自我评估工作的作用以及重要性。内部审计应该通过引导会议法，把管理当局和员工召集起来就特定的问题或过程进行讨论。通过这种方法，可以从代表一个企业多种层次的工作组中收集有关内部控制的信息，为制定内部控制自我评估计划做好充足的准备。
- 对于已经建立了内部控制自我评估体系，但工作内容尚不全面的信托公司，内部审计部门应该使用多种多样的方法，了解内部控制自我评估工作中的不足之处。内部审计部门可以使用问卷调查法。问卷调查法可以有效地获取内部审计希望得到的信息，利用问卷工具使得受访者只需作出简单的“是/否”或“有/无”的反应，就能将内部控制自我评估工作的实际情况反馈至内部审计部门。
- 对于已经熟练地开展了内部控制自我评估的信托公司，内部审计部门应该评估企业文化，并开展持续的监督。内部控制自我评估的成功与员工的有效参与直接相关。员工的反应和接受能力在很大程度上是一个企业文化的函数，企业化反映了管理当局对内部控制自我评估指导原则的态度。只有在一个结构化的环境中，内部控制自我评估过程才能得到充分、彻底的支持并得到不断重复以求不断改进。内部审计部门应该对内部控制自我评估工作实施持续的监督，内容包括员工在进行例行活动时取得证据证明内部控制活动是否持续运行；通过与外界的沟通得以证实内部产生的信息是否正确，或指出问题；定期将实物资产与会计系统记录的数据进行比较；对内外部审计人员提出的加强内部控制的建议作出回应；管理层通过培训、研讨、规划会议和其他会议得知控制是否有效；定期询问员工是否了解并遵循公司的行为守则、是否按规范开展重要的控制活动以及内部稽核活动的有效性等。对员工个体的监督包括：对内部控制系统进行个别评估的范围和频率，如考虑被评估的是否是内部控制系统的适当部分、是否由具备必要技术的人员进行评估、评估范围的广度和深度及其频率是否适当；评估程序的适当性，如评估人员是否充分了解企业的活动、是否了解系统如何运作以及实际如何运作、是否将评估结果与既定的标准相结合进行分析；评估系统所用的方法是否符合逻辑、是否适当，如这些方法是否包括检查表、问卷或其他工具，评估团队的成员是否一起设计评估程序，并保证合作、评估过程由具有相当权力的主管进行管理；书面记录水平的适当性，是否具备政策手册、组织系统图、业务指导等类似文件，是否考虑记录评估过程等。

三、内部审计在内控自我评估中的工作步骤

（一）拟订工作方案

内部审计部门负责拟订评价工作方案，明确评价范围、工作任务、人员组织、进度安排和费用预算等相关内容，报经董事会或其授权的审计委员会审批后实施。

（二）实施内部控制评价工作

根据经批准的内控评价方案，构建内部控制评价工作组，具体

实施内部控制评价工作。评估工作可有选择性地进行独立评价，可执行运行有效性测试或利用各部门的自评工作进行检查。参与内控评价工作组成员应当吸收企业内熟悉业务情况的业务骨干参加，应当对本部门的内部控制评价工作实行回避制度。

（三）确认缺陷并审阅整改方案

就评估工作中发现内部控制实质性缺陷和薄弱环节，与相关部门沟通并编制缺陷点汇总表，审阅整改方案、跟踪整改情况。

（四）报告内控评价工作

向董事会及其审计委员会、监事会作内控评价报告。

四、内控自我评估报告的介绍

（一）内部控制自我评估报告编制

内控自我评估的牵头部门在完成内部控制自我评估各项工作后编制内控自我评估报告。内控控制自我评估报告主要包括以下几个部分：

- 董事会声明；
- 内部控制评价工作的总体情况；
- 内部控制评价的依据；
- 内部控制评价的范围；
- 内部控制评价的程序和方法；
- 内部控制缺陷及其认定；
- 内部控制缺陷的整改情况；
- 内部控制有限性的结论。

（二）内部控制自我评估报告路径

内控自我评估的牵头部门将内部控制自我评估报告递交董事会或其授权的审计委员会审批；对外披露的内部控制评价报告由董事会或其授权的审计委员会批准并向外披露。

（三）内部控制自我评估报告示例

某股份有限公司
2013 年度内部控制评价报告

（经 2014 年 2 月公司第二届董事会第一次会议审议通过）

某股份有限公司全体股东：

根据《企业内部控制基本规范》（以下简称基本规范）、《企业内部控制评价指引》（以下简称评价指引）等相关要求，董事会对本公司（以下简称公司）内部控制的有效性进行了自我评价。

一、董事会声明

公司董事会及全体董事保证本报告内容不存在任何虚假记载、误导性陈述或重大遗漏，并对报告内容的真实性、准确性和完整性承担个别及连带责任。

建立健全并有效实施内部控制是公司董事会的责任，监事会对董事会建立与实施内部控制进行监督，经理层负责组织领导公司内部控制的日常运行。

公司内部控制的目标包括合理保证经营合法合规、资产安全、财务报告及相关信息真实完整，提高经营效率和效果，促进实现发展战略。由于内部控制存在固有局限性，故仅能对达到上述目标提供合理保证。

二、内部控制评价工作的总体情况

为全面落实监管要求和提升公司内控水平，顺利推进内控实施工作，公司成立了《企业内部控制基本规范》实施领导小组及工作小组。

领导小组由组长、副组长和组员组成。领导小组对内控设计、测试、评价与报告的总体方案和重大事项进行决策。

工作小组由相关部门选派人员组成，并选举组长和副组长。工作小组具体负责内控实施方案的制订；对公司各部门的内控实施工作进行督导；负责与外部咨询机构的沟通与协调；开展内控测试与评价工作等。

在领导小组的指导下，工作小组对纳入评价范围的风险领域、各业务部门进行评价。另外，因内控实施工作涉及公司各业务部门，工作小组与各业务部门间建立了联络机制，由公司各部门指定兼职合规风控专员或业务骨干配合工作小组的工作。

工作小组以评价结果和认定的内部控制缺陷为基础，综合公司内部控制工作整体状况，客观、公正、完整地汇总评价情况，并报送公司经理层、董事会和监事会。

三、内部控制评价的依据

本评价报告旨在根据中华人民共和国财政部等五部委联合发布的《企业内部控制基本规范》及《企业内部控制评价指引》的要求，结合公司内部控制制度和评价办法，在内部控制日常监督和专项监督的基础上，对公司截至2013年12月31日内部控制的设计与运行的有效性进行评价。

四、内部控制评价的范围

本次评价工作紧紧围绕控制环境、风险评估、控制活动、信息与沟通、内部监督等要素开展，评价的范围涉及公司所有业务部门和管理部门。

纳入评价范围的控制事项和业务流程包括：

1. 公司层面内部控制，包括公司风险治理、风险评估以及信息沟通等方面。

2. 流程层面内部控制，包括集合信托业务、单一信托业务、自营业务等方面。

3. 信息系统控制，包括外包管理、运维管理和项目管理。

内部控制评价过程中关注的风险领域主要包括：

1. 操作风险

2. 信用风险

3. 市场风险

4. 其他风险

上述业务和流程的内部控制涵盖了公司经营管理的主要方面，不存在重大遗漏。

五、内部控制评价的程序和方法

内部控制评价工作严格遵循基本规范、评价指引及公司内部控制评价办法规定的程序执行，公司组织了专门的评价人员，在董事会审计委员会的指导下，制订评价工作方案，实施现场测试，认定控制缺陷，同时，与被评价部门和单位进行了反馈、沟通，对需要进一步完善的方面提出建议，并在此基础上编制评价报告。

在评价过程中，公司采用了访谈、调查问卷、专题讨论、穿行测试、实地查验、抽样和比较分析等方法，广泛收集公司内部控制设计和运行是否有效的证据，如实填写评价工作底稿，分析、识别内部控制缺陷。董事会相信，所采用的评价程序和证据是充分、适当的，为发表内部控制评价意见提供了基础。

六、内部控制缺陷及其认定

董事会根据基本规范、评价指引对重大缺陷、重要缺陷和一般缺陷的认定，充分考虑了内部控制缺陷的重要性及其影响程度，并结合公司规模、行业特征、风险水平等因素，研究确定了公司的内部控制缺陷认定标准。

1. 财务报告内部控制缺陷认定标准

2. 非财务报告内部控制缺陷认定标准

公司内部控制缺陷包括财务报告内部控制缺陷和非财务报告内部控制缺陷。

本公司管理层对本年度上述所有方面的内部控制进行了自我评估，评估发现：自本年度1月1日起至本报告期末，存在缺陷包括：

1. 公司层面

✓ 风险治理

✓ 风险评估

✓ ……

2. 流程层面

✓ 集合信托业务

✓ 单一信托业务

✓ ……

3. 信息系统控制

✓ 外包管理

✓ 运维管理

✓ ……

在对内控缺陷等级评估时，公司全面考虑各部门存在缺陷的实际情况。同时，公司还考虑了针对同一细化控制目标是否存在其他补偿性控制活动。

根据上述认定标准，报告期内不存在内部控制重大缺陷。

七、内部控制缺陷的整改情况

针对报告期内发现的内部控制缺陷，内控工作小组向董事会风险管理委员会进行了汇报，并根据有关建议，采取积极有效的整改措施。在整改过程中，内部控制工作小组和相关责任部门进行了多次沟通，讨论相关缺陷并提出了整改建议，同时，对相关责任部门的整改情况进行了持续的跟踪和监控，并对整改结果进行了测试和评价。

公司已采取的整改措施包括：……

截至本报告签署日，尚未整改完毕的缺陷包括：……

如上所述，公司在报告期末不存在重大缺陷。针对其他内控缺陷，公司已制定了相关制度、完善了相应的流程，大部分缺陷已基本整改完毕，部分缺陷尚需一定时间来完成，整改工作正在持续进行中。

八、内部控制有效性的结论

公司已经根据基本规范、评价指引及其他相关法律法规的要求，对公司截至 2013 年 12 月 31 日的内部控制设计与运行的有效性进行了自我评价。

本公司管理层认为，自本年度 1 月 1 日起至本报告期末止，本公司内部控制制度健全、执行有效。

报告期内，公司对纳入评价范围的业务与事项均已建立了内部控制，并得以有效执行，达到了公司内部控制的目标，不存在重大缺陷。

内部控制自我评价报告基准日至内部控制评价报告发出日之间未发生对评价结论产生实质性影响的内部控制的重大变化。

本报告已于 2014 年 1 月经公司总经理办公会议审议通过，本公司管理层及其全体成员及对其内容的真实性、准确性和完整性承担个别及连带责任。

董事会注意到，内部控制应当与公司经营规模、业务范围、竞争状况和风险水平等相适应，并随着情况的变化及时加以调整，建设高质量的控制环境，提高员工的内部控制和风险意识，不断强化合规管理、稳健发展和事前防范的风险管理理念，加强信息系统建设与完善，持续优化公司的内部控制。

未来，公司将继续完善内部控制制度，规范内部控制制度的执行，强化内部控制监督检查，促进公司健康、可持续发展。

某股份有限公司董事会

2014 年 2 月